U0062571

钱基博国学著作选粹

钱基博 著

古籍举要 版本通义

上海古籍出版社

图书在版编目(CIP)数据

古籍举要　版本通义／钱基博著. —上海：上海
古籍出版社,2024.5
（钱基博国学著作选粹）
ISBN 978-7-5732-1129-3

Ⅰ.①古… Ⅱ.①钱… Ⅲ.①古籍—研究—中国—民
国 Ⅳ.①Z126.276

中国国家版本馆 CIP 数据核字(2024)第 076938 号

钱基博国学著作选粹

古籍举要　版本通义

钱基博　著

上海古籍出版社出版发行

（上海市闵行区号景路 159 弄 1-5 号 A 座 5F　邮政编码 201101）

(1) 网址：www.guji.com.cn

(2) E-mail：guji1@guji.com.cn

(3) 易文网网址：www.ewen.co

启东市人民印刷有限公司印刷

开本 890×1240　1/32　印张 6.75　插页 3　字数 170,000

2024 年 5 月第 1 版　2024 年 5 月第 1 次印刷

印数：1-2,100

ISBN 978-7-5732-1129-3

Z·480　定价：30.00 元

如有质量问题,请与承印公司联系

出 版 说 明

　　钱基博(1887—1957),字子泉,别号潜庐,江苏无锡人,著名学者、教育家。

　　钱氏出身书香门第,四岁起即读四书五经,十五岁时读《资治通鉴》《续通鉴》《读史方舆纪要》等书。少年时期所受的教育,决定了他一生的学术走向。钱氏在思想上基本上秉持了"中学为体,西学为用"这一根本理路,以中国传统的经史之学为自撰门径,同时亦以此为驾驭新知识、新学问的一种方法。

　　辛亥革命兴,钱氏曾在军政府中任职,但其一生的事业主要还是在于教育。钱氏十九岁时始任家庭教师,二十六岁任无锡第一小学教员,二十九岁任吴江丽则女子中学教员,此后更历任上海圣约翰大学国文教授、上海光华大学教授、国立浙江大学教授、湖南国立师范学院教授兼国文系主任等职,直至最后以华中师范学院教职工的身份去世。钱氏一生可说是与教育结下了不解之缘,这种教育者的身份,使得钱氏在秉持和改造传统学术理念的同时,又十分注意传统学问的传播和普及。从三十多岁时出版的《语体文范》到四十多岁时出版的《国学文选类纂》《老子道德经解题及其读法》等一系列著作,钱氏在学术上的所作所为均有推广和规范传统学问的意旨。在研究传统学问的同时,又力图使其成为普通知识人的日常所需,这构成了钱氏治学的另一特色,而这种特色又反过来使钱氏的著作成为普通读者迈进国学门槛的绝佳指引。

　　钱氏一生著述甚多,我社曾经推出《钱基博著作集》十二种,收录钱氏有代表性的单行著作为主,同时选收有学术意义的代表性论文,

1

精择底本,核校引文,简体横排,新式标点,以适应现代阅读习惯,受到读者欢迎。今复择其中有关国学研究之作,分合篇目,编为《钱基博国学著作选粹》,包括以下十种:

《韩愈志》

《经学通志》

《国学文选类纂》

《近百年湖南学风》

《古籍举要　版本通义》

《孙子章句训义(外一种)》

《文学通论(外一种)》

《国故概论》

《国学要籍解题及其读法》

《文心雕龙校读记　读庄子天下篇疏记》

另《克劳塞维兹兵法精义》(原名《德国兵家克劳山维兹兵法精义》)篇幅短小,今附于《孙子章句训义》后。《国学必读》原分上下册,今依原题析为《文学通论》(编选历代文论)、《国故概论》(编选经、小学、史、子相关论文)二种,读者可各取所需。《骈文通义》原与《近百年湖南学风》合为一书,今以类相从附于《文学通论》后。同时修改部分标点、排印错误,重新出版,以飨读者。

上海古籍出版社

二〇二四年三月

总　目

古籍举要

序[*]

长夏无事，课从子钟汉读番禺陈澧兰甫《东塾读书记》，时有申论，随记成册。其中有相发者，有相难者，每卷得如干事，尽四十五日之力讫事。陈氏以东塾名其庐，而仆课子弟读书之室，会在宅之东偏，遂以后东塾名吾室；而董理所记，都十七卷，署曰《后东塾读书记》，而古籍之精要者粗举；以与陈《记》，合之则互为经纬，而分之则各成篇章，庶几并行不废云。

陈氏何为而作《东塾读书记》也？曰以捄敝也。曷言以捄敝也？清儒喜言东汉许、郑之学，至嘉、道之世，极炽而敝。于是专求古人名物制度训诂书数，以博为量，以窥隙攻难为功，其甚者欲尽舍程朱而宗汉之士，枝之猎而去其根，细之蒐而遗其巨。物极必反，穷而思通，于是有西汉今文之学兴。自武进庄存与方耕始治《公羊》，作《春秋正辞》，渐及群经。其为学务明微言大义，不专章句训诂之末。一门并承其绪，其外孙刘逢禄申受及长洲宋翔凤于庭复从而张之，海内风动，号为常州学派。一衍而为湖南之王闿运壬秋、四川之廖平季平，以《公羊》言礼制。又一衍而为广东之康有为长素、梁启超任公，以《春秋》言经世。此一派也。其又一派，则兼综汉、宋，不为墨守，以为清学出朱子之道问学以上窥许、郑，又谓汉儒亦明义理，力祛汉宋门户之见。于是南海朱次琦子襄及陈澧开宗于粤，义乌朱一新鼎甫、定海黄以周元①同桴应于浙，前唱后喁，蔚成学风。二者之为学不同，

＊ 据世界书局一九三三年版校印。
① 元，原作"玄"，今改正。

而要归于捄汉学之碎则一。陈澧晚年著《东塾读书记》二十五卷，其中卷十三《西汉》，卷十四《东汉》，卷十七《晋》，卷十八《南北朝隋》，卷十九《唐五代》，卷二十《宋》，卷二十二《辽金元》，卷二十三《明》，卷二十四《国朝》，卷二十五《通论》，凡十卷，则蒐采汉晋以后诸儒粹言至论，有目无书。独卷十三《西汉》补刊别行，而世所流传者，通行本十五卷，乃寻求群经大义及其源流正变得失所在。遵郑康成《六艺论》，以《孝经》为道之根源，六艺之总会，而冠于编；学《易》不信虞翻之说；学《礼》必求礼意；次考周秦诸子流派，抉其疵而取其醇；其次则表章郑学、朱子，骈称并赞，以明沟通汉、宋之旨，盖隐比顾亭林之《日知录》。然而有不同者。亭林之纂《日知录》，旨在经世；而澧之为《读书记》，专崇讲学。亭林言经学即理学，将以实事求是，捄王学之空；而澧明汉学通宋学，欲以疏通致远砭清儒之碎。前有自述一篇，中称"读郑氏诸经注，以为郑学有宗主，复有不同，中正无弊，胜于许氏《异义》、何氏《墨守》之学。读《后汉书》，以为学汉儒之学，尤当学汉儒之行。读朱子书，以为国朝考据之学，源出朱子，不可反诋朱子。尤好读《孟子》，以为孟子所谓性善者，人性皆有善，荀、杨辈皆未知也。又著《汉儒通义》七卷，谓汉儒善言义理，无异于宋儒。宋儒轻蔑汉儒者，非也。近儒尊汉儒而不讲义理，亦非也"。可以觇生平宗尚之所在焉。

《无邪堂答问》五卷，义乌朱一新鼎甫撰。一新，光绪丙子恩科曹鸿勋榜下进士，累官陕西道监察御史，以疏劾内侍李莲英，懿旨诘责，降官主事。两广总督张之洞延为肇庆府端溪书院山长，寻入广州，为广雅书院山长，为定院规，先读书而后考艺，重实行而屏华士；仿古专家之学，分经、史、理、文四者，延四分校主之。诸生人赋以日记册，质疑问难，以次答焉，成就甚众。因辑录讲论之词，成《无邪堂答问》五卷。尝谓进德莫先于居敬，修业莫先于穷理，穷理必兼学问、思辨。学问者，格致之事。思辨者，由致知以几于诚正之博而反约；则居敬尤要。故院中生徒有聪颖尚新奇者，必导而返诸正大笃实。其论学术,谓"近世汉与宋分,文与学分,道与艺分。岂知圣门设教,但有本末先后之殊,初无文行与学术治术之别"。又以道、咸以来,士大夫好讲西汉《公羊》之学,流弊至于蔑古荒经,因反复论难以正其失,至论西学、耶教、新疆、铁路、吉林边防数十条,亦复洞中窍会。傍晚纳凉庭中,与诸儿论次及之,以为《答问》可配陈澧《东塾读书记》。倘学者先读陈《记》以端其向,继之《答问》以博其趣,庶于学问有从入之途,不为拘虚门户之见。儿子钟书因言:"《答问》与陈《记》同一兼综汉、宋;若论识议闳通,文笔犀利,则陈《记》远不如《答问》!"余告之曰:"不然,陈君经生,朴实说理,学以淑身。朱生烈士,慷慨陈议,志在匡国。《答问》文笔议论,远胜陈君,信如所论。然《答问》之体,适会多途,皆朱生当日应机作教,事无常准,《诗》、《书》互错综,经史相纷纭,义既不定于一方,学故难求其条贯。又其言皆有为而发,非于晚清学风史实,烂熟心胸,未易晓其端绪;不如陈君《读书记》之部居别白,牖启涂辙,论议尽欠雄骏,开示弥征平实。又贤圣应世,事迹多端,随感而起,故为教不一。陈君宿学,但见戴学末流之嵬琐,故欲救之以通,而于《公羊》有发挥,亡贬绝。朱生晚出,及见康氏今文之狂诡,更欲讽之于正,而于《公羊》多驳难,少赞扬。此其较也。"钟书因言:"见朱先生《佩弦斋文》,中有与康长素论学论书诸书,皆极锐发。"又谓:"朱生自诩'人称其经学,而不知吾史学远胜于经。'"大抵朱生持宋学以正汉学,盖陈君之所同趣,而治经学以得史意,则陈君之所未到。又其较也。闭户讲学而有子弟能相送难,此亦吾生一乐。唯连日身体又剧不适,殊为美中不足耳。时在中华民国十九年八月,无锡钱基博记。

目　　次

---

① 原文作"廿一史考异"，今改正。

---

① 原作"蕃"，今改正。

卷一 孝 经

六经所明，不外人道。仁之为言人也。《易》为六经之冠，而《易》道乾元，君子以自强不息，体仁以长人也。孔、孟为儒家之魁杰，而《论语》首《学而时习章》，继之以有子说"孝弟为仁之本"，又次之以子曰"巧言令色，鲜矣仁"，明乎仁则为善学，不仁则不得为善学。学者，学此者也；时习者，习此者也。颜回三月不违仁，时习乎仁也。《荀子》"仁义不一，不足谓①善学"《劝学篇》语。劝学乎仁也。《论语》二十篇，归根在一"仁"字。《荀子》三十二篇，着意在一"礼"字。然而《荀子》论礼，亦以克己复礼为仁，非与《论语》有异趣，其言"人生有欲，欲而不得，则不能无求，求而无度量分界，则不能不争；争则乱，乱则穷。先生恶其乱也，故制礼义以分之，以养人之欲，给人之求，使欲必不穷乎物，物必不屈于欲，两者相持而长，是礼之所起。"《礼论篇》语。然则礼者，人之所由以耦俱无猜，而不为争民施夺者也。《论语》揭仁以立人之道之极；《荀子》论礼，以明行仁之方；明其枝流虽分，本萌于仁者也。《孟子》七篇，亦以"仁义而已"开宗明义，先立乎人道之极也；而孝弟则为仁之本。《孝经》言"爱亲者不敢恶于人，敬亲者不敢慢于人"，《孟子》言"亲亲而仁民，仁民而爱物"，由本以及末也。《孝经》言"不爱其亲而爱他人者谓之悖德"，《孟子》言"未有仁而遗其亲"，由外而验内也。故知《孝经》为道之根源，六艺之总会。

《孝经》文体有三说：（一）谓孔子自作《孝经》，"因弟子有请问之道，师儒有教诲之义，故假曾子之言，以为对扬之体。"庄周之斥鹦笑

---

① 谓，原作"为"，据《荀子》改。

鹏,罔两问影;屈原之渔父鼓枻,太卜拂龟;马卿之乌有、无是;扬雄之翰林、子墨,皆依仿其体。刘炫说。见《正义》引《述义》。(二)《孝经》为七十子之遗书,与《礼记》为近,开首"仲尼居,曾子侍"与《礼记》"孔子闲居,子夏侍","仲尼燕居,子张、子贡①、言游侍"文法正同。陈澧说。(三)《孝经》各章,皆引《诗》作结,实开荀子著书、《韩诗外传》之体。某氏说。不忆何人。

《孝经》之伪,朱子《孝经刊误》及《朱子语录》,《四库提要》详引之。新安姚际恒立方《古今伪书考》咸有论列,与陈澧意异。独山阳丁晏俭卿浏览群书,断自两汉,录其征引《孝经》者,并蒐集古注,成《孝经征文》一卷,以诏学者,征是书为汉以前人所诵习讲授,而不出于后人之矫托云。

《孝经》有今文、古文二本。今文称郑玄注,其说传自荀昶,而《郑志》不载其名。古文称孔安国传,其书出自刘炫,而隋儒已言其伪。至唐玄宗开元七年三月,诏令群儒质定,右庶子刘知幾主古文,立②十二验以驳郑。国子祭酒司马贞主今文,摘《闺门章》"文句凡鄙",《庶人章》割裂旧文,妄加"子曰"字,及注中"脱衣就功"诸语,以驳孔。两议并上。诏:郑依旧行用;孔注传习者稀,亦存继绝之典。十年六月,上注《孝经》,颁天下及国子学。天宝二年五月,上重注,亦颁天下。唐以前诸儒之说,因借掎摭以仅存。四年九月,以御注仍自八分,刻石于太学,谓之《石台孝经》。旧在陕西西安府学,为碑凡四。自是唐玄宗御注行而郑、孔两家并废,其章句盖同今文也。玄宗既自注《孝经》,诏元行冲为疏,宋真宗咸平二年,翰林侍讲学士邢昺受诏校定《孝经义疏》,特剪截元《疏》,旁引诸书,成《孝经正义》三卷。元《疏》废而邢《疏》遂行,今刊入《十三经注疏》者是也。至让清道光间,仪征阮元芸台则以《孝经》为曾子之书也,既撰《曾子注释》,以与《孝

---

① 子贡,原作"子夏",据《礼记》改。
② 立,原作"五",据《孝经》改。

经》相表里。因命次子福喜斋撰《孝经义疏补》九卷，全载唐注、邢《疏》原文，而以《曾子》十篇中，凡可以发明《孝经》，可以见孔、曾授受大义者，悉分系于各章各句之下。至明皇御注半存旧注，而郑注亦杂其中，如有郑注见引于唐以前书者，悉据以补之，而于《释文》所载郑注旧字旧义，全行载入，以存郑氏旧观，且疏证之，古籍可相辅翼，并为甄录，兼下己意，曲鬯旁通。虽曰补疏，而实与疏全经者无殊，盖专家之学，清儒莫逮也。

卷二　论　语

　　阅《东塾读书记》第二卷《论语》，提要钩玄，观于会通，不为汉儒训诂琐细之谈，亦不作宋学心性杳冥之论。一引《朱子语类》，谓："《论语》一部，自《学而时习之》至《尧曰》，都是实地做工夫处。"再引《伊川语录》曰："将《论语》诸弟子问处，便作己问；将圣人答处，便作今日耳闻，自然有得。"大处落墨，小处着想，亦平实，亦闳通，异于章句小儒。

　　《论语》二十篇，开宗明义第一章提一个"学"字，第二章说一个"仁"字，最有意思。学之为言觉也；仁之为言人也。且先教学者觉到自己是个人，做人从何做起，可谓顶门一针，当头一棒。《荀子·劝学》以为学恶乎始？恶乎终？曰："其数则始乎诵经，终乎读礼；其义则始乎为士，终乎为圣人。真积力久则入，学至乎殁而后止也。故学数有终，若其义则不可须臾舍也。为之，人也；舍之，禽兽也。"亦归根一"人"字。"其数则始乎诵经，终乎读礼"，学也。陈澧云："学者何，读书也。""其义则始乎为士，终乎为圣人"，其为人也。"真积力久则入，学至乎殁而后止"，亦勉人以时习之意也。义正相发。

　　《论语》二十，始《学而》，终《尧曰》，内圣而外王也。内圣之功，以"学而时习"策之于始；外王之治，以"四海困穷"儆之于终，旨深哉！

　　《论语》一书，标"仁"字以立人道之极，揭"君子"以示人伦之范。子者，男子之通称；君者，善群者也。君子之言，善群者之男子也，故曰："君子群而不党。""群"而不党，斯人之所由以耦①俱无猜，而讲信

----

　　① 耦，原作"偶"，据《左传》改。

修睦,示民之有常者也。仁孰大乎是?《中庸》:"仁者人也。"郑注:"人也,读如相人偶之人。"党则有偶有不偶,群则无之而不偶。含宏光大,仁之至也。然谓仁因人偶而见则可,谓非人偶无以见仁则不可。谓人偶可借以便宜说明仁之见端则可,谓人偶可附会以释《说文》"仁从人从二"之义则不可。阮文达公以《中庸》"仁者人也"郑注"读如相人偶之人",遂从《说文》"人二"之义。徐鼎臣说:"仁者兼爱,故从二人。"及《曾子制言》"人非人不济"语,以为:"独则无偶,偶则相亲。孔门所谓仁也者,以此一人与彼一人相人偶,而尽其敬礼忠恕之谓也。凡仁必于身所行者验之而始见,亦必有二人而仁乃见。若一人闭户斋居,瞑目静坐,虽有德理在心,终不得指为圣门所谓之仁",而以驳朱子"仁者心之德,爱之理",斯则拘虚之谈,未免知其一而不知其二。不知《中庸》"仁者人也",犹言人之所以为人也,与《孟子》"仁,人心也"语势正同。《孟子》加一"心"字,则所以释夫此句者既明矣。牝牡亲子之爱,犬马之所同;立人达人之仁,唯人所独。故曰"仁,人心也",而非所语于爱。《说文》:"仁,亲也。从人从二。"小徐《系传》:"从人,二声。"按此当从《系传》。二与仁双声,皆日母字,《说文》有以双声字为声者,故仁从二得声。古文仁作忎。制字之初,忎本从心,安得借口篆文从人二以难朱子"仁者心之德",《礼·表记》:"仁者,人也",其下文云:"中心憯怛,爱人之仁也。"孔、孟时小篆未兴,但有从千从心之忎,安有从人从二之仁? 言仁必以孔、孟为归,《论语》"其心三月不违仁",《孟子》"仁,人心也","君子以仁存心",皆以心之德为说,初未尝以相人偶为仁也。必待相人偶而后仁,将独居之时,仁理灭绝乎? 夷、齐西山,其意不求人偶,而《论语》"求仁得仁",又何解也? "我欲仁,斯仁至矣。""为仁由己,而由人乎哉?"何人偶之有? 如必待人偶而后仁,是仁乃外来之物。告子以义为外,今更欲以仁为外乎? 抑仁有相人偶之义,而郑注读如相人偶之人,只是拟其音,而未诂其义。盖郑注读如之例,与《说文》不同。《说文》字书,其所举者制字之本义,故读如之字,往往义寓于声,可寻声以得义。郑注乃训诂之书,凡读如者,皆拟其音,非释其义,义则别有训释以明之。段玉裁《周礼汉①读考》所立三例至确,如郑注以人相偶为解,当云"仁读为",不当云"仁读如"。读如者,拟其音也。古无反语,故为比方之词。读为者,易其字也。易之以音相近之字,故为变化之词。比方主乎音,变化主乎义。比方不易字,故下文仍举经之本字。变化字已易,故下文辄举已易之字。注经必兼兹二者,故有读如,有读为。字书不言变化,故有读如,无读为。有言读如某读为某而某仍本字者,如以别其音,为以别其义。段玉裁说。云读如,第谓与相人偶之人字同音耳,曷尝以相人偶为仁?郑君注《礼》笺《诗》,屡言人偶,其所取义,皆与仁无涉,朱一新《无邪堂答问》辨之析矣。然必谓仁不可以相人偶为解,则亦近于拘虚。人偶不足以尽仁,而仁未尝不因人偶而见。自消极言之,则曰"克己复礼为仁","我不欲人之加诸我也,吾亦欲无加诸人";而积极言之,则曰"仁者己欲立而立人,己欲达而达人",然则孔门行仁之方,何必不即人相偶而切近指点也。要之,仁根人心,见于人偶,人偶可以征仁,而不必拘牵郑注,附会许书,以蹈汉学家之作茧自缚尔。

读《论语》反复参阅,因悟以汉儒宋学解《论语》,不如属辞比事,以《论语》解《论语》。如《阳货》子曰:"礼云礼云,玉帛云乎哉?乐云乐云,钟鼓云乎哉?"然则礼不云玉帛,乐不云钟鼓,将以何云。参阅《八佾》"人而不仁,如礼何?人而不仁,如乐何?"则知礼乐之本在仁。仁心见于人偶,而人之所以耦俱无猜者,其道必由于交亲相敬,《礼·乐记》:"乐者为同,礼者为异。同则相亲,异则相敬。"斯人之所由以相偶,而仁之道也。然《记》又推言礼乐之弊,以为"乐胜则流,礼胜则离",离则不相亲,流则不相敬,人道或几乎息,而孔子之所深慨。故曰:"人而不仁,如礼何?人而不仁,如乐何"也。礼胜则离,故《学而》著有子曰:"礼之用,和为贵",乐胜则流,故又推论"不以礼节,亦不可行"。盖礼之节,必用以乐之和,而后不致繁文缛节,徒为拘苦。然乐

---

① 汉,原作"郑",今改正。

之和，必剂以礼之节，而后不致流连荒亡，失之放废。有子此言，或者睹老子废礼之论，而欲以发其蔽。李元度《论语说》曰："有子谓'知和而和'，皆为自放于礼法外者警耳。"

恶不可为也，善亦不可过也。善何以不过，曰：莫如权以礼。子曰："恭而无礼则劳，慎而无礼则葸，勇而无礼则乱，直而无礼则绞。"盖礼者，人己之权界，道德之准绳。《荀子·劝学篇》曰："礼者，法之大分，类之纲纪也。故学至乎礼而止矣。夫是之谓道德之极。"恭与慎，不可谓非道德也，然"恭而无礼则劳，慎而无礼则葸"，斯我难乎其为我矣。勇与直，亦不可谓非道德也，然"勇而无礼则乱，直而无礼则绞"，斯人难乎其为人矣。进不失人，退不失己，并行不缪，顺理成章，其唯礼乎？《记》曰"仁义道德，非礼不成"，此之谓也。朱注殊欠发挥。

子曰："能以礼让为国乎，何有？"朱注："让者礼之实。"刘宝楠《正义》亦用其文，语欠分晓。不知"让"与"礼"有别。《荀子·劝学篇》曰："礼者，法之大分。"《礼论篇》曰："人生有欲，不能无求，求而无度量分界，不能不争。故制礼义以分之。"而《正论篇》则曰："礼义之分尽矣，擅让恶用矣哉！"然则"礼"者法之大分，"让"者礼之过当。分所应得曰礼，辞其固有为让。《记·曲礼上》："退让以明礼。"《疏》："应受而推曰让。"《贾子新书·道术篇》："厚人自薄谓之让。"孔子退让以明礼，故曰"以礼让为国何有。"荀卿隆礼以薄让，则曰："礼义之分尽矣，擅让恶用矣哉！"此其较也。

子曰："上好礼，则民易使。"朱注引谢氏曰："礼达而分定，则民易使。"荀子隆礼，发挥此义最详。何谓分？西哲之所谓权界是已。惟分有群己之分，有尊卑之分。《荀子·劝学篇》曰："礼者，法之大分，类之纲纪。"类，谓人类也。《礼论篇》曰："人生有欲，不能无求，求而无度量分界，不能不争。故制礼义以分之。"《富国篇》曰："人伦并处，同求而异道，同欲而异知，性也。天下害生纵欲。欲多而物寡，离居不相待则穷，群而无分则争。穷者患也，争者祸也，救祸除患，则莫若明分使群。"故曰："礼者，法之大分，类之纲纪。"此之谓分。群己之分，礼达而分定之义一也。《王制篇》曰："分均则不偏，势齐则不一，众齐则不使。有天有地而上下有差，明王始立而处国有制。夫两贵之不能相事，两贱之不能相使，是天数也。势位齐而欲恶同，物不能澹则必争，争则必乱，乱则穷矣。先王恶其乱也，故制礼义以分之，使有贫富贵贱之等，足以相兼临者，是养天下之本也。"《富国篇》曰："礼者，贵贱有等，长幼有差，贫富轻重皆有称者也。人之生也，不能无群，群而无分则争，争则乱，乱则穷矣。故无分者，人之大害也；有分者，天下之本利也。而人君者，所以管分之枢要也。"此之谓分。尊卑之分，礼达而分定之义又一也。宋儒斷斷于尊卑之分，而置群己之分不论，未免于义有漏。

陈氏曰："何平叔《集解叙》云：'今集诸家之善，记其姓名。'朱子《集注》多本于何氏《集解》，然不称某氏曰者，多所删改故也。"按朱一新《无邪堂答问》："或引何晏《论语集解》明引其氏，而朱子《集注》不明引以为讥切，则非也。朱子《集注》引宋儒言，无不明著其姓名者，此正用何氏《集解》例。惟用前人训诂及何氏《集解》处不尽然。盖朱子以《集解》义理未纯，乃作书以补其阙，非欲人废《集解》。《集解》立在学官，人人肄习，无庸繁复。训诂则博采众家，融以己意，悉著之，将不胜琐屑也。如《集注》：'学之为言效也'，用《广雅》；'习，如鸟数飞也'，用《说文》。《说文》'学，觉悟也'，皇《疏》用此训。朱子恐觉悟之训，易混于释氏，故不用许书而用《广雅》，复截取许书觉字之义，以申《孟子》先觉后觉之说，则尊德性、道问学之意，皆在其中。开卷数语，即揭《四书》要义以示人，非苟焉已也。《集注》引《说文》例不举书名，而注《乡党》'间间如也'，独明著之。盖因《闵子侍侧章》亦有此言，闵子无诤夫子之理，故但用《说文》'和悦'二字，而《乡党》则全用'和悦而诤'四字，复虑前后之歧出也，特著明于《乡党》，以免后人之疑，其义例之密如此，而近儒犹肆攻诘。不知引书备著出处，近例始严，以为可免暗袭。然暗袭与否，仍视其人，吾见著出处而暗袭尤工者多矣。古惟疏体如是，传注不拘。后郑注《三礼》，有与先郑异义,或径用旧说者,始著之,余不尽尔。何注《公羊》,郭注《尔雅》,袭旧甚多,亦未尝尽著也。"意在表章朱注,与陈氏相发,而说益警切矣。

王弼注《易》,好为俪语,朱注《论语》,尤多排偶。然一精整,一谐畅。魏晋人气息,自与宋人不同。

卷三　孟　子

　　孟子所谓性善者有二界说：一谓人之性善，而不谓物之性善。江都焦循理堂《孟子正义》于《告子·生之谓性章》详发之。一谓人之性善，而不谓人之性纯乎善，则陈氏此记发之。

　　孟子道性善，尤重扩充。性善者，人之所以异于禽兽也。扩充者，人皆可以为尧、舜也。由性善而扩充之为尧、舜。达则兼善天下，穷则独善其身。七篇之大旨如是，而根本在性善。

　　孟子道性善，佛亦道性善。惟佛之道性善，普遍于一切众生，以为狗子有佛性也。而孟子道性善，则限于人，而不谓一切众生性善，故有"犬之性，犹牛之性，牛之性，犹人之性"之诘。《告子上》。则是佛之道性善无限，而孟子只限于人也。

　　公孙丑问夫子加齐之卿相不动心，承上章"夫子当路于齐，管仲、晏子之功可复许"之问，一意相生。而孟子"以齐王，犹反手"，独以养气为难言，庄子所谓"道之真以治身，其绪余以为国家，其土苴以治天下。帝王之功，圣人之余事"，《庄子·让王篇》。正可于此参消息。

　　齐宣王问齐桓、晋文之事，而孟子对仲尼之徒，无道桓、文之事；公孙丑道管仲、晏子之功，而孟子对管仲，曾西之所不为，更不论晏子，正是同一贵王贱霸之意。而孟子所以贵王贱霸者，谓以力服人，不如以德服人也。近来孙中山言民族主义而不言国家主义，以为："民族，是由于天然力造成的。国家，是用武力造成的。用中国的政治历史来证明。中国人说王道是顺乎自然。换一句话说，自然力便是王道，用王道造成的团体，便是民族。武力便是霸道，用霸道造成的团体，便是国家。"则是孙中山所以言民族主义而不言国家主义，即本孟子贵王贱霸之论。

梁惠王曰移民移粟,孟子告以养生送死,王道之始;齐宣王问齐桓、晋文,孟子告以恒心恒产,盖反其本。此最着眼,是孟子一生大经纶,而民不赡于救死,奚暇治礼义?民有生而后能治,亦欲生而后求治。孙中山以民生主义要三民主义之终,亦未尝不见及此,而民生主义以平均地权为入手,犹之孟子论仁政必自经界始。《滕文公上》。经界既正,分田制禄可坐而定,所以平均地权也。

尊主庇民,儒与法之所同,然法家以为君主之尊严不可侵犯,是故主独制于天下而无所制也。申子曰:"有天下而不恣睢,命之曰以天下为桎梏。"李斯《论督责书》。而儒者则以为君主之所以尊严,以其能群也。如舍群而言,则独夫尔。孟子曰:"民为贵,社稷次之,君为轻。"《尽心下》。"贼仁者谓之贼,贼义者谓之残,残贼之人,谓之一夫,闻诛一夫纣矣,未闻弑君也。"《梁惠王下》。夫治以利民,民非以殉治。君以治民,民非以奉君。荀子之言性恶,与孟子异,而孟子之论民贵,与荀子同。《荀子·君道篇》曰:"君者何也?曰能群也。能群者何也?曰善生养人者也,善班治人者也,善显设人者也,善藩饰人者也。善生养人者,人亲之。善班治人者,人安之。善显设人者,人乐之。善藩饰人者,人荣之。四统者俱而天下归之,夫是之谓能群。不能生养人者,人不亲也。不能班治人者,人不安也。不能显设人者,人不乐也。不能藩饰人者,人不荣也。四统者亡而天下去之,夫是之谓匹夫。"正与孟子"诛一夫纣,未闻弑君"之义相发。《荀子·正论篇》又曰:"诛暴国之君,若诛独夫。汤、武非取天下也,修其道,行其义,兴天下之同利,除天下之同害,而天下归之也。天下归之之谓王,天下去之之谓亡。"乃知《春秋左氏传》"天生民而立之君,岂其使一人肆于民上","称国弑君,君无道"之为儒术,而贾逵以为《左氏》"义深君父"之不免曲学阿世尔。

西洋政论家以君权为神权之化身,中国政论家以民权为神权之背景。《书·泰誓》曰:"天视自我民视,天听自我民听。"则是天之视听,胥寄诸民,神权为名,民权其实也。《孟子·万章上》特阐发此义。天子得乎丘民,人归以征天与。西洋立宪国家君主无责任,而中国儒家则以君主有责任,对于天而负责任,谁实课其责任?则人民也。余无以名之,名之曰神权民本主义。近世梁启超《饮冰室文集·论中国学术思想变迁之大势》一文,亦尝论之。

《孟子·滕文公上·有为神农之言者许行章》,当与《论语·微子·子路从而后遇丈人章》参观。丈人之以"四体不勤,五谷不分"讥孔子,犹许行之以"贤者并耕"规滕文公,而皆出于楚,疑楚人自有一种劳农学派。孟子为仲尼之徒,许行即丈人之嗣法,而必托之神农之言者,神农一号炎帝,自为南方之蛮夷大长,生于烈山,在湖北随县北。葬于茶陵,在湖南郴县西。皆古楚地,而以教民稼穑,万世利赖,其观感之系楚人者自深,此劳农学派之所以出楚人,而托之神农之言也。而许行之所为异于孟子者,孟子言必称尧、舜,许行为神农之言,宗主不同,一也。许行劳农自活,孟子通功易事,一不主分功,一主分功,二也。孔子斥樊迟学稼为"小人哉",正与孟子以"大人之事、小人之事"对许行,如出一吻。俄哲家托尔斯泰以宣传劳动主义闻于世界,谓"人不可不劳动以自支生活,无论何人,不能有利用他人之劳动而夺其生产之权利。资本主义之于工人,地主之于佃户,君主官吏之于人民,皆利用其劳动,而夺其生产,是为人类额汗上之寄生虫。今劳动之人,无一得自由者,而公然抛弃其人间之义务,利用他人之劳动,夺他人生产以生活之特权,则自古至今,犹不能废。拥护此伪特权而为辩护,则伪宗教、伪哲学、伪科学之三者也"。则与许行之斥滕君以厉民自养,先后同揆,而孟子之所谓"大人之事,劳心以食于人",不免托氏所讥"人类额汗上之寄生虫"也。故自今日论之,丈人、许行等,略似劳动主义,而孔子、孟子则持分功主义。盖科学上分功之义,说明人类社会为一种有机体,与人之个体同。人之个体,有各种器官以行分功,社会之中,有官吏,有学者,有农工商,亦所以行分功也。而分功之中,以精神与物质为二大分野。官吏、政治家、学者、文艺家,属于精神方面,其他则属于物质方面。依此而论,则劳心者食于人之特权,自不能不承认。惟托尔斯泰则以此种为伪分业,而反对之,其论甚详,不暇备述,要足为数千年前之许行张目尔。

《论语》二十,始《学而》,终《尧曰》,由内圣而推极于外王也;《孟子》七篇,始《梁惠王》,终《尽心》,由外王而洗心于内圣也。由内圣而推极于外王,然后验为学之功大;由外王而洗心于内圣,然后程为学之功密。

"博学于文,约之以礼",《乐记》云:"礼者,理之不可易者也。"须是活看作有条理讲,不必泥煞作礼制威仪看。此孔子治学之法也。"博学而详说之,将以反说约也",此孟子治学之法也。子贡多学而识,博学也。夫子一以贯之,说约也。《朱子语类》云:"尝譬之。一,便如一条索;那贯的物事,便如许多散钱。须是积得这许多散钱了,却将那一条索来一串穿,这便是一贯。若陆氏之学,只是要寻这一条索,却不知道都无可得穿。"其论一贯之必由多识,以征说约之先以博学,可谓罕譬而喻。自古学问而有成,未有不如此。如不博学而求说约,只是幻想,岂有真见,宋学之末流也。但博学而不说约,徒见断片,不成条贯,清学之琐碎也。陈氏此记成于晚年,旁推交证,立言有宗,庶几博学而说约,多识以一贯者乎?

《论语》三言两语,辞尚体要;《孟子》长篇大论,厥势雄放。《论语》多体验于人伦日用,《孟子》却高论于性天杳冥。一平实,一高朗。然不平实而高朗,好高骛远,便蹈驾空之弊。读《论语》后,乃读《孟子》,方无流弊。

昔刘炫以孔子自作《孝经》,乃假曾氏之言,以为对扬之体。而陈氏则谓孟子书,诸弟子问,而孟子答之,多客主之辞,乃战国文体。皆以师弟对问,匪为事实,同于庄生之寓言,《楚辞》之设问。虽无征信,而有思致。

卷四　周　易

　　清儒好明《易》象，而陈氏独切人事以明义。清《易》多宗虞翻，而陈氏独称辅嗣以忘象。其说《易》揭丁宽、费直为法，不采郑玄之爻辰，尤斥孟京纳甲卦气之说，以为纳甲卦气，皆《易》之外道。赵宋儒者辟卦气而用先天，近人知先天之非矣，而复理纳甲卦气之说，不亦唯之与阿哉。

　　按《汉书·儒林传》称："鲁商瞿子木受《易》孔子，以授鲁桥庇子庸，子庸授江东馯臂子弓，子弓授燕周丑子家，子家授东武孙虞子乘，子乘授齐田何子装，子装授梁丁宽子襄，而宽授同郡砀田王孙，王孙授施雠、孟喜、梁丘贺，由是《易》有施、孟、梁丘之学。"则是施、孟、梁丘之学，出于丁宽也。而《传》称其"作《易说》三万言，训故举大谊①而已"，自商瞿至丁宽六传，而其说不过如此，此先师家法也。是为《易》之正传。而《儒林传》又称："孟喜好自称誉，得《易》家候阴阳灾变书，诈言师田生且死时，枕喜膝，独传喜，诸儒以此耀之。博士缺，众人荐喜。上闻喜改师法，遂不用喜。""京房受《易》梁人焦延寿。延寿云：'尝从孟喜问《易》。'会喜死，房以为延寿《易》即孟氏学，翟牧、白生不肯，皆曰：'非也。'至成帝时，刘向校书，考《易》说，以为诸家《易》说皆祖田何、杨叔、丁将军，大谊略同，唯京氏为异，党焦延寿独得隐士之说，托之孟氏，不与相同。"则是《易》家以阴阳灾变为说，首改师法而不用训诂举大谊者，始于孟而成于焦、京。孟氏无传书，《焦

────────────

　　① 谊，原作"义"，据《汉书·儒林传》改。

氏易林》十六卷,《京氏易传》三卷,《四库全书》皆以隶术数类,盖《易》学之别传云。

汉《易》之端绪略可考者:京房、虞翻可以征孟喜,郑玄、王弼可以觇费直。孟喜,今文;费直,古文也。宋儒胡瑗、程颐本王注以发义理,清学惠栋、张惠言治虞《易》以究象数。虞翻,吴人,王弼,魏人,皆三国之《易》家也。王注参以老聃之玄说,虞《易》杂以《参同契》之丹法,皆道家之言也。譬之鲁、卫之政,而必主奴彼此,徒见其矫为立异耳。

费直《易》传于马融、郑玄、荀爽、王弼;郑出于马,王近于荀。荀悦《汉纪》云:“臣悦叔父故司空爽,著《易传》,据爻象承应阴阳变化之义,以十篇之文解说经义。”其说略见唐李鼎祚《周易集解》,大抵究爻位之上下,辨卦德之刚柔。王弼尽扫象数而独标卦爻承应之义,盖本于此。《太平御览》引颜延之《庭诰》曰:“马、陆绩得其象数而失其成理,荀、王举其正宗而略其象数。”李鼎祚《周易集解序》云:“王、郑相沿,颇行于代。郑则多参天象,王乃全释人事。且《易》之为道,岂偏滞于天人者哉?”郑、王之臧否,即征马、荀之优劣焉。

孔颖达《正义》疏王注,李鼎祚《集解》主虞义。一阐魏学以开宋儒胡、程义理之先河,一明吴《易》以为清学惠、张言象数之前导,而皆出于唐。

汉《易》两派,一派训故举大谊,丁宽、《易说》三万言,训故举大谊。费直亡章句,徒以《彖》、《象》、《系辞》十篇解说《上下经》。是也。一派阴阳候灾变,孟喜、京房是也。宋《易》亦分两派,一派图书,刘牧《易数钩隐图》三卷、邵雍《皇极经世》十六卷,是也。一派义理,倪天隐、胡瑗《口义》十二卷、程颐《易传》四卷、杨万里《诚斋易传》二十卷,是也。至朱子为《周易本义》十二卷,则阐康节之图书,以补程《传》之未逮,不名一家,盖欲观其通焉。

清《易》三家,曰:元和惠栋定宇,武进张惠言皋闻,江都焦循理堂。自惠氏首考古义孟、京、荀、郑、虞氏,作《易汉学》八卷,又撰《周易述》二十三卷,以李鼎祚《周易集解》为本,而稍增损之。其所述大抵宗祢虞氏,而有不通,则旁征荀爽、郑玄、宋咸、干宝,未为专家也。至张惠言乃独取虞注而明其统例,信其亡阙,为《周易虞氏义》九卷,又明其大指,为《消息》二卷,以存一家之学。焦循说《易》,独辟畦町,以虞氏之旁通,兼荀氏之升降,意在采汉儒之长而去其短,撰《易通释①》二十卷,复提其要,为《易图略》八卷,而于孟氏之卦气,京氏之纳甲,郑氏之爻辰,皆驳正之,以示后学。又撰《易章句》十二卷,简明切当。学者先玩《章句》,再考之《通释》、《图略》,则于《易》有从人之途,无望洋之叹矣。

　　清儒言《易》者,好张孟之卦气,京之纳甲,郑之爻辰,而必斥宋儒邵子之先天图以为谬说,则诚可谓知其一而不知其二。不知先天出于纳甲,纳甲出于纳音,纳音出于纬书,其见于古籍者,历有明征。隋萧吉《五行大义》引《乐纬》孔子曰:"某吹律定姓,一言得土曰宫,三言得火曰徵,五言得水曰羽,七言得金曰商,九言得木曰角。"亦见《南齐书·乐志》。此纳音之法,与《抱朴子·仙药②篇》引《玉策记》、《开名经》正同,与《礼记·月令正义》引《易林》亦合。萧吉阐其说甚详。纳甲之出震见丁,盈甲退辛,消丙灭乙,义本诸此。后儒惟沈括《梦溪笔谈》,卷五论纳音,卷七论纳甲。钱大昕《潜研堂集》,卷一《纳音说》。能明其故。焦循《易图略》知之而又疑之,盖欲斥汉儒以自张其学耳。其论纳甲,皆未达虞氏之意。纳甲之法,详见虞翻《易注》李氏《集解》引。及魏伯阳《参同契》。按京氏《易传》云:"甲壬配外内二象,陆绩注:"乾为天地之首,分甲壬,入乾位。"分天地乾坤之象,益之以甲乙壬癸。震巽之象配庚辛,坎离之象配戊己,艮兑之象配丙丁。"又云:"三者,东方之数。东方,日之所出。四者,西方之数。西方,日之所入。言日月终天之道,奇耦之数,取之于乾坤者,阴阳之根本。坎离者,阴阳之性命。"其言与《参同契》皆合,是纳甲出于京氏无疑。《太平御览》引京

---

① 释,原作"说",今改正。
② 药,原作"乐",今改正。

氏《易说》云：“月与星，至阴也，有形无光，日照之，乃有光。喻如镜，照日即有影见。月初光见西方，以后望①光见东方，皆日所照也。”《参同契》之言，尤与虞注及《先天图》若合符节。邵子《观物外篇》：“震始交阴而阳生，巽始消阳而阴生。兑，阳长也。艮，阴长也。震兑，在天之阴也。巽艮，在地之阳也。故震兑上阴而下阳，巽艮上阳而下阴。乾坤定上下之位，坎离列左右之门。天地之所阖辟，日月之所出入，春夏秋冬，晦朔弦望，昼夜长短，行度盈朔，莫不由此。”此即纳甲之义。熊朋来《经说》、胡渭《易图明辨》、陈寿熊《读易汉学私记》皆已言之。陈氏疏证尤明确。邵子谓图皆自中起，即京氏《易传》所谓坎离之象配戊己也；乾南坤北，即陆绩注所谓“乾坤分甲乙壬癸，阴阳之终始”也。乾南坤北之位，惠士奇《易说》误以方位为方向，而反疑邵图为误。钱大昕《养新录》亦然。果如惠氏、钱氏之说，将言天象者，鹑火必易置北方而后为向南，玄武当易置南方而后为向北乎？至于离东坎西，即《参同契》所谓“坎离匡廓，运谷正轴”为“乾坤二用”也。其方位不尽同者，即《参同契》所谓“二用无爻位，周流行六虚，往来既不定，上下亦无常”，朱子《考异》托名邹昕作。所谓“甲乙丙丁庚癸，以月之昏旦出没言之，非以分六卦之方”也。不然，虞注既言“乾坤列东，艮兑列南，震巽列西，坎离列中”，《系辞》“八卦成列”注。何又言“震春兑秋坎冬离夏”？“两仪生四象”注。惠栋辈以此为疑，则虞义先不可通，乃独疑邵子耶？《朱子语类》：“《先天图》传自希夷，希夷又自有所传，盖方士技术用以修炼，《参同契》所言是也。”又曰：“伯阳《参同契》，恐希夷之学，有些是其源流。”又曰：“《先天图》直是精微，不起于康节，希夷以前原有，只是秘而不传，次第是方士辈相传授，《参同契》中亦有些意思相似。”又曰：“《先天图》与纳甲②相应，故季通言与《参同契》合。”朱子明知此图传自道家，而仍用以注《易》者，盖欲备一

---

① 以后望，原作“望以后”，据《太平御览》改。
② 甲，原作“音”，据《朱子语类》卷六十五改。

家之学,为占验设也。先天本于纳甲,宋儒固明言之,其传自道家,宋儒亦并未讳言之。毛奇龄、朱彝尊之徒,不喜宋儒,借此以肆攻讦,无足深辨。京、焦之学,虽云传自孟长卿,而班史《儒林传》已著疑词,谓"延寿傥独得隐士之说,托之孟氏",所云得之隐士者,与《先天图》得自陈希夷略同,皆教外别传,非《易》本旨。然班史称孟长卿得《易》家候阴阳灾变书,诈言师田生且死时独传喜。上闻喜改师法,遂不用,据此,知孟氏之学已非尽《易》之本旨,况京、焦乎?但《易》无象数无以命占,故自来言象数者,能合于占验,即可自为一家之学。若卦气,若九宫,若纳甲,若爻辰,若先天,皆《易》之支流余裔,推衍繁密,附会闳多,先儒取其说之近理者以为《易》家占候。近人好言象数,而不能施之于占候,特重僵耳。此外言数者,惟河洛所托最尊,其数亦出自然,故太乙九宫,明堂则之。见《大戴礼·盛德篇》。宋儒言图书者,本之《大戴记》注言"九室法龟文",而刘牧互易图、书之数,盖以图与书同为九宫故也。《五行大义》引《黄帝九宫法》曰:"戴九履一,左三右七。二四为肩,六八为足。五居中宫,总御得失。其数则坎一,坤二,震三,巽四,中宫五,乾六,兑七,艮八,离九。太乙行九宫法从一始。"《乾凿度》郑注略同。又云:"天一之行,始于离宫。太乙之行,始于坎宫。"按此篇皆据《洪范》九畴以立说,九畴,先儒以为即《洛书》,孔安国、刘歆、马融皆有此说,故卢辩注《大戴记·明堂篇》谓"九室法龟文"。徐岳《数术记遗》有九宫算,甄鸾注与《五行大义》所引说同。宋人之图,自有所本,孙星衍谓宋人误以太乙九宫为《洛书》,非也。《五行大义》又云:"天一,地二。天三,地四。天五,地六。天七,地八。天九,地十。天地之数,合五十有五。九宫用者,天除一,地除二,人除三,余四十有九,以当蓍策之数。又四时除四,余四十五。五者,五行。四十者,五行之成数。"《乾凿度》云:"《易》变而为一,一变而为七,七变而为九。九者,气数之究也,乃复变而为一。"与《列子·天瑞篇》同。又云:"阳以七,阴以八为象。《易》一阴一阳,合而为十五之谓道。阳变七之九,阴变八之六,亦合之十五,则象变之数若一。阳动而进，变七之九，象其气之息也。阴动而退，变八之六，象其气之消也。故太乙取其数以行九宫，四正四维，皆合于十五。"郑注亦引"天一地二"以释之，谓："一变为七，是今阳爻之象；七变为九，是今阳爻之变；二变为六，是今阴爻之变；六变为八，是今阴爻之象。七在南方，象火；九在西方，象金；六在北方，象水；八在东方，象木。"其言方位进退，与宋人所言《河图》之数，一一吻合。《后汉书·刘瑜传》谓"《河图》授嗣，正在九房"，九房者，明堂九室也。盖"天一地二"以下二十字，为《河图》之数，圣人则之以演《易》，"初一曰五行"以下六十五字，为《洛书》之数，圣人则之以演畴，故孔安国谓："《河图》，则八卦是也。《洛书》，则九畴是也。"见《易·系辞正义》。刘歆云："伏羲氏继天而王，受《河图》而画之，八卦是也。禹治洪水，锡《洛书》法而陈之，九畴是也。《河图》、《洛书》相为经纬，八卦九章相为表里。"见《汉书·五行志》。此即宋儒《书》亦可为《易》，《图》亦可为《范》之说也。又《礼运疏》引《中侯握河纪》云："伏羲氏有天下，龙马负图，出于河，遂法之画八卦。《龟书》，洛出之。"《宋书·符瑞志》："伏羲受《龙图》，画八卦，所谓河出《图》者也。禹时洛出《龟书》六十五字，是谓洛出《书》者也。"汉儒相传古义如此。宋儒不取纬书，故不得二图之来历，而其图则远有端绪，并非宋人所臆造也。关子明《易传》言图书，与《乾凿度》、《五行大义》皆同。关《易》世以为阮逸伪作，然阮逸亦是宋仁宗时人，在邵子前。大抵治《易》者不言象数则已，言象数则易流于术数。当西汉时，卦变之说未兴，其言《易》以阴阳灾变为主。故卦气之学，流传最远。自是厥后，言《易》而近术数者三家，卦气主日、纳甲主月、爻辰主星，皆言天象以明人事。扬子云用《三统历》，衍《太玄》以明《易》。汉儒家法本自如此，然其源皆出于纬书，纬书多汉人附益，非尽七十子后学者所记也。汉儒以卦气、纳甲明消息，而以消息为伏羲十言之教，其说亦出于纬，与康节之《先天》托诸伏羲意同。凡言数学者皆如此。卦气见《易纬稽览图》。爻辰之法，详见《五行大义》，谓"天有九星，地有九州，以二十八宿分系于九宫。其星则天蓬、天辅等名",今太乙壬遁所用者也。《楚辞·九辨序》:"天有九星,以正机衡。"刘向《九叹》:"讯九魌与六神。"王逸注:"九魌,北斗九星也。"盖斗为天枢,运乎中央,临制四乡。测算家用七星,占验家则用九星以应九州。其术流传颇古,而每为后世道家所篡取。《南齐书·高帝纪》论太乙九宫之法,与今术士所用正同。《隋志》有费长卿《周易分野》一卷,即爻辰所从出,钱大昕《潜研堂集》中《答问》已言之。纳甲本于纳音,爻辰本于九宫,九宫纳音之法,今太乙壬遁、星卜堪舆、时日小数,无不用之,盖术数家皆自托于《易》,本古法以为推衍,故能流传后世,缪悠之言,宜为儒者所弗道。但九宫贵神诸说,乃术家所附会,固不得因此而并疑河洛也。《系辞》"五位相得,而各有合"虞注云云,正与先天说同。以"天地定位"四语合于纳甲,不自邵子始。惟虞注于"帝出乎震"章,亦以纳甲释之,兑西坎北,义不可通,因释以二三爻失位,未免牵凑。邵子知其然,乃分先后天以圆其说,用意甚巧,而托之伏羲,致启后人之疑。然谓《易》无先后天之分,可也,谓先天之学,无与于象数,不可也。谓朱子《本义》不当冠以九图,可也,谓九图不源于汉儒,不可也。汉学家非不知先天纳甲,同出一源,第恶宋儒而尊虞氏,遂讳言之。岂知卦气飞伏,九宫纳甲,爻辰先天,皆非《易》所本有,昔人特为占验而设,故其法每为术士所篡。王弼、程子专明义理,《易》道始尊,后遂立于学官,从之者自无流弊。近儒严斥先天,谓非《易》之本旨,是已,乃复附会爻辰,推尊纳甲,左右佩剑,庸有异乎?至《河图》、《洛书》,即非作《易》本旨,亦是汉儒相传古义。朱一新《无邪堂答问》论之审矣,删次其说,以资参证焉。

《易》道渊深,包罗众义,随得一隙,皆能宛转关通,有所阐发,岂徒阴阳五行,图书占验,可一一授《易》以为说,乃至宋儒王宗传景孟以禅宗明《易》,成《童溪易传》三十卷,明释智旭以《易》理参禅,成《周易禅解》十卷。近人侯官严复又陵序其所译英儒赫胥黎著《天演论》,则又据《易》理以阐欧学,其大指以为:"欧学之最为切实而执其理可以御蕃变者,名、数、质、力四者之学是已。而吾《易》则名数以为经,质力以为纬,而合而名之曰《易》。大宇之内,质力相推。非质无以见力,非力无以呈质。凡力,皆乾也。凡质,皆坤也。奈端动之例三:其一曰:'静者不自动,动者不自止。动路必直,速率必均。'此所谓旷古之虑。自其例出,而后天学明,人事利者也。而《易》则曰:'乾,其静也专,其动也直。'后二百年,有斯宾塞尔者,以天演自然言化,著书造论,贯天地人而一理之,此亦晚近之绝作也。其为天演界说曰:'翕以合质,辟以出力,始简易而终杂糅。'而《易》则曰:'坤,其静也翕,其动也辟。'至于'全力不增减'之说,则有'自强不息'为之先。'凡动必复'之说,则有'消息之义'居其始。而'《易》不可见,乾坤或几乎息'之旨,尤与'热力平均,天地乃毁'之言相发明。"可谓有味乎其言之也。然严氏尚非《易》家也,不过为阐易道以欧学者之大辂椎轮尔。至海宁杭辛斋出,耽研《易》义,博及诸家传注,而蒐藏言《易》之书六百二十余种,并世之言《易》藏者莫备焉。著有《易楔》六卷,《学易笔谈初集》、《二集》各四卷,《易数偶得》二卷,《愚一录易说订》二卷,《读易杂说》一卷,《改正揲蓍法》一卷。其平日持论以为:"《易》如大明镜,无论以何物映之,莫不适如其本来之象。如君主立宪,义取亲民,为《同人》象;民主立宪,主权在民,为《大有》象;社会政治,无君民上下之分,为《随》象。乃至日光七色,见义于白《贲》;微生虫变化物质,见象于《蛊》。又如《系辞传》言:'坤,其静也翕,其动也辟',而所谓'辟'者,即物理学之所谓离心力也;'翕'者,即物理学所谓向心力也。凡物之运动,能循其常轨而不息者,皆赖此离心、向心二力之作用。地球之绕日,即此作用之公例也。凡近世所矜为创获者,而《易》皆备其象,明其理于数千年之前。盖理本一源,数无二致。时无古今,地无中外,有偏重而无偏废。中土文明,理重于数,而西国则数胜于理。重理,或流于空谈而鲜实际;泥数,或偏于物质而遗精神。惟《易》则理数兼赅,形上道而形下器,乃足以调剂中西末流之偏,以会其通而宏其指。"此则推而大之,以至于无垠,而异军突起,足为《易》学辟一新途者焉。

卷五　尚　书

　　清儒疑古文《尚书》为晋梅颐作，然按《汉书·谷永传》永上封事引经曰："亦惟先正克左右。"师古注："《周书·君牙》之辞也。"《君牙》乃今孔传之一篇，不特伏生今文无之，即马、郑《逸书》亦无之。而陈寿《三国志·蜀志》，先主上言用"恶直丑正，实繁有徒"。《吴志》骆统上疏引"众非后，无能胥以宁；后非众，无以辟四方"，又陆抗疏"与其杀不辜，宁失不经"，皆出古文《尚书》。湘潭王闿运壬秋《湘绮楼日记》历举之。假云梅颐作，不应西汉、三国时人已引其文也。又疑孔安国《传》出王肃作。然案《禹贡》"三百里蛮"，《传》云："以文德蛮来之"，孔颖达《疏》："郑云：'蛮者，听从其俗，羁縻其人耳，故云蛮。蛮之言缗也。'王肃云：'蛮，慢也，礼义简慢。'与孔异。"《洪范》"农用八政"《传》曰："农，厚也。厚用之，政乃成。"孔颖达《疏》："郑云：'农，读为醲。'则农是醲意，故为厚也。张晏、王肃皆言'农，食之本也。食为八政之首，故以农言之。'然则农用止为一食，不兼八①事，非上下之例，故《传》不取。"此皆《传》与郑说同，而与王肃说不同，则似非王肃所作也。陈氏此《记》，亦明论之。假云王肃、梅颐之说而信，置其为假托之孔安国，而论其为魏晋间人之传，则未尝不与何晏、杜预、郭璞、范宁等先后同时。焦循《尚书补疏序》。不唯言多近理，而去古未远，训诂终有所受。嘉定王鸣盛西庄作《尚书后案》三十卷，力屏古文《尚书》孔安国之伪，而于马、郑、王注之外，仍列孔《传》。吴县江声艮庭作《尚书集注音疏》十二卷，蒐录汉人旧说，而于孔《传》亦多取之。

────────────

　　① 八，原作"人"，据《尚书注疏》改。

32

阳湖孙星衍渊如撰《尚书今古文注疏》三十卷，屏孔《传》而缀辑马、郑，然今文二十八篇，不能不有取诸孔《传》之经。至钱塘张尔田孟劬著《史微》，乃谓伏生《尚书大传》乃孔子口说之微言大义，而孔安国传古文《尚书》则旧史相传之传记耳。

清儒太原阎若璩百诗撰《古文尚书疏证》八卷，力斥古文《尚书》孔安国《传》之伪，其说实发于宋吴棫、朱子。而金坛段玉裁懋堂为《戴东原年谱》云："国朝言地理者，于古为盛，有顾景范、顾宁人、胡朏明、阎百诗、黄子鸿、赵东潜、钱晓征，而先生乃皆出乎其上。盖从来以郡国为主而求其山川，先生则以山川为主而求其郡县。"极意扬诩，而不知其法亦本于宋儒。郑樵《通志·地理志略》云："州县之设，有时而更。山川之形，千古不易。所以《禹贡》分州，必以山川定经界。使兖州可移，而济河之兖州不可移。使梁州可迁，而华阳黑水之梁州不可迁。是故《禹贡》为万世不易之书。"盖即戴震以山川而求郡县之所自昉也。

宋儒之说《禹贡》者，自程大昌撰《禹贡论》五卷、《后论》一卷、《山川地理图》二卷外，以傅寅《禹贡说断》四卷为最著，刊入纳兰容若《通志堂经解》，其说最为清儒所取。清儒自德清胡渭朏明撰《禹贡锥指》二十卷、《图》一卷外，以宝应成孺芙卿《禹贡班义述》二卷为最精。《汉书·地理志》言"推表山川"，本释《禹贡》，两汉经师遗说多存其中。成氏据以释本经，最得家法，援据精博，专门之学也。又以《班义述》详于考古，乃复拟撰《禹贡今地释》一书，首取今地释汉地，更取汉地证禹迹，期补前书之未备，而未成书。当涂徐文靖位山《禹贡会笺》十四卷，简而甚疏，其依胡氏《锥指》以立义者，亦多有之。《锥指》体大思精，错误亦复时有，不足为病也。

说《禹贡》者，必据《汉书·地理志》，顾其书简奥，非有疏证，不能通其说，郦道元①《水经注》，即班《志》之义疏也。朱子言："两山之

---

① 元，原作"源"，今改正。

间,必有大川,两川之间,必有大山。水道通,斯山脉可得而理。"然山势终古不易,水道随时变迁,不证今,无以考古。天台齐召南次风撰《水道提纲》三十卷,沿源竟委,了如指掌,盖可为证今之索引云。

《汉书·五行志》与《尚书·洪范》相表里。《洪范》以庶征为五事之应,伏生《五行传》以五事分配五行,又以皇极与五事为六,又以五福六极分配之。《汉书·五行志》云:"董仲舒治《公羊春秋》,始推阴阳。刘向治《穀梁春秋》,传以《洪范》,与仲舒错。至向子歆,治《左氏传》,其《春秋》已乖矣,言《五行传》又颇不同。"此如孟、京之为《易》外别传,而非本真如此。故伏生《大传》四十一篇,而《洪范五行传》别出为书也。

宋儒蔡沈撰《洪范皇极内外篇》五卷,远出《易乾凿度》,近宗《皇极经世》,邵雍撰。又与刘向不同。刘向借五行而衍祀祥,蔡沈衍九畴以明术数。

《尚书》之学,伏《传》一变而郑注,再变而孔《传》,三变而蔡《传》,伏生有《大传》今文。郑注出缀辑。古文。孙星衍辑《尚书马郑注》十卷,焦循有《禹贡郑注释》二卷。古文《尚书》孔安国《传》十三卷,蔡沈《书集传》六卷,皆全书存。唐孔颖达《尚书正义》二十卷,为孔《传》作疏。宋史浩《尚书讲义》二十卷,以《注疏》为主。黄度《尚书说》七卷,以孔《传》为主。陈经《尚书详解》五十卷,采取《注疏》,参以新意。魏了翁《尚书要义》十七卷,摘《注疏》中精要之语。胡士行《尚书详解》十三卷,以孔《传》为主而存异说于后。皆宗孔《传》者也。元陈栎《尚书集传纂疏》六卷,采辑诸家,疏通蔡《传》。董鼎《尚书辑录纂注》六卷,以蔡《传》为主,继以《朱子语录》,谓之辑录。附以诸家之说,谓之纂注。陈师凯《书蔡传旁通》六卷,名物典制补蔡《传》之遗。王天与《尚书纂传》四十六卷,虽列《注疏》居前,而大旨以朱子之说为主。朱祖义《尚书句解》十三卷,株守蔡《传》。明胡广等《书传大全》十卷,剿陈栎《纂疏》、陈师凯《旁通》之说。王樵《尚书日记》十六卷,以蔡《传》为主,采旧说补所未备。清康熙钦定《书经传说汇纂》二十四卷,亦主蔡《传》而兼采古义。皆本蔡沈《书集传》,其说原出朱子,而与朱子颇有异同。大抵南宋以前之说《书》者,多守孔《传》,而南宋以后之说《书》者,咸本蔡学。逮于清代,有据蔡《传》以攻孔《传》者,如阎若璩《尚书古文疏证》,是也。有据孔《传》以攻蔡《传》者,如萧山毛奇龄西河撰《尚书古文冤词》八卷,是也。有据马、郑而攻孔《传》、蔡《传》者,如江声《尚书集注音疏》、孙星衍《尚书今古文注疏》、王鸣盛《尚书后案》,是也。然则《尚书》家当以郑注、孔《传》蔡《传》为三大宗矣。

《尚书》家有训诂名物、考证典制者,如唐孔颖达之《尚书正义》二十卷,宋林之奇《尚书全解》四十卷,元黄镇成之《尚书通考》二十卷,陈师凯之《书蔡传旁通》六卷,及清衡阳王夫之而农之《书经稗疏》四卷,是也。有议论得失、推究治乱者,如宋苏轼之《东坡书传》十三卷,黄度之《尚书说》七卷,是也。《尚书》古史,说者自以实事求是为宜,或训诂名物,考证典制;或论议得失,推究治乱,皆《尚书》中应有之义也。顾亦有运实为虚、畅发心学者,如宋杨简之《五诰解》四卷,袁燮之《絜斋家塾书钞》十二卷,提撕本心,其传原出陆九渊,是亦一大派。

殷虚甲骨者,逊清光绪戊戌己亥间,河南安阳县西北五里之小屯,洹水厓岸,为水啮而崩,得龟甲牛骨,镌古文字,所记皆殷先王室所卜祭祀征伐行幸田猎之事,故殷先公先王及土地之名,所见甚众。上虞罗振玉叔言撰《殷虚书契考释》,兼及书契中所见之人名地名及制度典礼,审释殷帝王名号。海宁王国维静安缵成其业,成《殷卜辞中所见先公先王考》、《续考》及《殷周制度论》各一卷,以甲骨文证补《尚书》,而治《尚书》者辟一新途径,为好事之所诵说。其尤得意者,商自成汤以前,绝无事实,《史记·殷本纪》惟据《世本》纪其世次而已,而《尚书》尤不少①概见。王氏于卜辞中发见王亥、王恒之名,复据《山海经》、《竹书纪年》、《楚辞》②、《吕氏春秋》中之古代传说,于荒

---

① "少"字原缺,据文意补。
② 楚辞下原有"问"字。

诞之神话中,求历史之事实,更由甲骨断片中发见上甲以下六代之世系,与《史记》纪表颇殊。又王氏之《殷周制度论》,从殷之祀典世系以证嫡庶之制,始于周之初叶,由是对周之宗法丧服及封子弟尊王室之制,为有系统之说明,有裨于古史不鲜。瑞安孙诒让仲容始治甲骨文,成《契文举例》二卷。以《说文》董理甲骨,而以甲骨证补《尚书》,则成功于王国维。

卷六　诗

　　陆德明《经典释文·叙录》曰:"鲁人申公受《诗》于浮丘伯,以《诗经》为训故①以教,无传,疑者则阙不传,号曰《鲁诗》。"又称:"《毛诗》者出自毛公。一云子夏传曾申,申传魏人李克,克传鲁人孟仲子,孟仲子传根牟子,根牟子传赵人孙卿子,孙卿子传鲁人大毛公,毛公为《诗故训》传于家,以授赵人小毛公。"而《汉书·楚元王传》云:"申公受《诗》于浮丘伯。伯者,孙卿门人也。"则是《鲁诗》与《毛诗》俱出孙卿,而传自子夏。《释文》引沈重云:"按《郑诗谱》意,大序是子夏作,小序是子夏、毛公合作。卜商意有不尽,毛更足成之。"《仪礼·乡饮酒礼》贾公彦《疏》以"《南陔》,孝子相戒以养也"之类是子夏序文,其下云"有其义而无其辞"是毛公续序,与沈重足成之说同。大抵以为小序首句是子夏作也。观蔡邕本治《鲁诗》,而所作《独断》,载《周颂》"《清庙》一章八句,洛邑既成,诸侯朝见,宗祀文王之所歌也;《维天之命》一章八句,告太平于文王之所歌也"云云,三十一篇之序,皆只有首二句或三句,与《毛诗》序文有详略而大指略同。盖《诗》自子夏五传至孙卿,大毛公受之,以授赵人小毛公,则为《毛诗》。浮丘伯受之,以授鲁人申公,则为《鲁诗》。以师传同门而异户,故序指大同而小异也。采《四库提要》说。诸家所引《韩诗》,如"《关雎》,刺时也。""《汉广》,说人也。""《汝坟》,辞家也。""《芣苢》,伤夫有恶疾也。""《黍离》,伯封作也。""《蝃蝀》,刺奔女也。""《溱与洧》,说人也。""《鸡鸣》,谗人也。""《夫栘》,燕兄弟也。""《伐木》,文王敬故也。""《鼓钟》,刺昭王

---

　　① 故,原作"诂",据《经典释文》改。

也。"《宾之初筵》,卫武公饮酒悔过也。""《抑》,卫武公刺王室以自戒也。""《假乐》,美宣王之德也。""《云汉》,宣王遭乱仰天也。""《雨无极》,正大夫,刺幽王也。""《四月》,叹征役也。""《閟宫有侐①》,公子奚斯作也。""《那》,美襄公也。"文格皆与《毛诗序》首句一例。而《唐书·艺文志》称:"《韩诗》二十二卷,卜商序,韩婴注",是《韩诗》亦有序,其序亦出子夏也。顾《韩诗》遗说之可考见者,往往与《毛序》异。采《四库提要》说。《齐诗》序不可考。

说《诗》者不出宗序、攻序二派。唐孔颖达撰《毛诗正义》四十卷,成伯玙撰《毛诗指说》一卷,宋范处义撰《诗补传》三十卷,吕祖谦撰《家塾读诗记》三十二卷,吕氏此《记》以小序为主,博采诸家,存其名②氏,先列训诂,后陈文义,剪裁③贯串,如出一手,后来说《诗》者多宗之。若论毛学,于孔《疏》外别自名家者,唯吕此《记》。林岊撰《毛诗讲义》十二卷,严粲撰《诗辑》三十六卷,以吕氏《读诗记》为主,而杂采诸家以发明之。明李先芳撰《读诗私记》二卷,以毛、郑为宗,参取吕氏《读诗记》、严氏《诗辑》。朱谋㙔撰《诗故》十卷,清乾隆《御诗撰义折中》二十卷,以及吴江朱鹤龄长孺撰《诗经通义》十二卷,力驳废序之说,以毛、郑为主,唐用孔颖达,宋用欧阳修、苏轼、吕祖谦、严粲,清用陈启源,博采众家。陈启源长发撰《毛诗稽古编》三十卷。训诂主《尔雅》,篇义准小序,而诠释经旨则一准诸《毛传》,佐以郑《笺》。皆宗序者也。至宋朱子撰《诗集传》八卷,其初稿亦用小序,及见郑樵所作《诗辨妄》,遂改从之,而攻小序。杨简撰《慈湖诗传》二十卷,亦不信小序,并《左传》、《尔雅》郑玄《笺》、陆德明《释文》皆遭诋斥。辅广撰《诗童子问》十卷,发明《集传》,掊击小序,更过朱子。朱监编《诗传遗说》六卷,采朱子《文集》、《语录》论《诗》之语,辑为此诗,以为《集传》参证。元刘瑾撰《诗传通释》二十卷,意在发明朱《传》,而卜序之是非置不甚论。朱公迁撰《诗经疏义》二十卷,于朱《集传》如毛《故训传》之有疏,故曰疏义。刘玉汝撰《诗

---

① 侐,原作"恤",据《诗经》改。
② "名"字原缺,据《四库提要》"吕氏家塾读诗记"条补。
③ 裁,原作"栽",据《四库提要》改。

缵绪》十八卷,缵朱《集传》之绪而发明之。梁寅撰《诗演义》十五卷,演朱《集传》之义。明胡广等撰《诗集传大全》二十卷,袭刘瑾《通释》而稍点窜成书。皆攻序者也。大抵唐以前,咸宗毛、郑以用小序;而元明之际,则从朱传以攻小序,而宋其转关,其中亦有和气平心,以意逆志,不宗序,亦不攻序者,则有宋欧阳修撰《毛诗本义》十六卷,自康定《五经正义》以后,与毛、郑立异同者,自此书始,然修不曲徇毛、郑,亦不诋毛、郑也。苏辙撰《诗经传》二十卷,王质撰《诗总闻》二十卷,戴溪续《吕氏家塾读诗记》三卷,不墨守小序,与吕《记》小异。明姚舜牧撰《诗疑问》十二卷,张次仲撰《待轩诗记》八卷,朱朝瑛撰《读诗略记》六卷,清康熙钦定《诗经传说汇纂》二十卷,《序》二卷,桐城钱澄之饮光撰《田间诗学》十二卷,长洲惠周惕元龙撰《诗说》三卷,江阴杨名时宾实撰《诗经劄说》一卷,会稽范家相蘅洲撰《诗沈》二十卷,象山姜炳章石贞撰《诗序补义》二十四卷,常熟顾镇备九撰《虞东学诗》十二卷,则又于宗序、攻序二派之外,各自名家者焉。

汉兴,鲁申公为《诗训故》,而齐辕固、燕韩婴皆为之传,《韩诗》今存《外传》十卷,齐、鲁《诗》亡,独《毛诗故训传》存。郑《笺》宗毛,而有不同,《毛传》不破字,而郑《笺》多破字。又有从韩、鲁说者,如《唐风》"素衣朱襮",以绣黼为绡黼;《十月之交》为厉王诗;《皇矣》侵阮徂共为三国名,皆从《鲁诗》。《衡门》"可以乐饥",以乐为瘵;《十月之交》"抑此皇父",抑读为意;《思齐》"古之人无斁",斁作择;《泮水》"狄彼东南",狄作鬄,皆《韩诗》说。详见陈启源《毛诗稽古编》。《后汉书[1]·玄本传》称:"从东郡张恭祖受《韩诗》。"《六艺论》云:"注《诗》宗毛为主,毛义若隐略,则更表明;如有不同,即下己意。""下己意"者,即不拘于毛而旁采韩、鲁《诗》说也。孔颖达《毛诗正义》以刘焯《毛诗义疏》、刘炫《毛诗述义》稿本,故能融贯群言,包罗古义。虽或过于护郑,且有强毛合郑之处,而名物训诂极其该洽。朱子《集传》于名物训

---

① 后汉书,原作"汉书",据文意补,此当指《后汉书·郑玄传》。

诂，亦采孔《疏》者为多。陈氏说："毛《传》简约，郑《笺》多纡曲，而朱《传》解经，务使文从字顺。此经有《毛传》郑《笺》，必当有朱《传》也。"元延祐科举法，诗用朱子《集传》，而《毛传》几废。清儒治汉学，始尊毛而攻朱，晚清尚西汉，今文家又尊齐鲁韩三家而攻毛。独长洲陈奂硕甫撰《毛诗传疏》三十卷，专为《毛诗》一家之学。先是，金坛段玉裁若膺撰《毛诗故训传定本》三十卷，正讹补夺，申毛说而不主郑《笺》，奂为其高弟，本师说以作《疏》，而有不同，精深博大，远在段氏《定本》及桐城马瑞辰元伯所撰《毛诗传笺通释》三十二卷、泾县胡承珙墨庄所撰《毛诗后笺》三十卷之上。《鲁颂·泮水》而后，陈奂所编。《毛诗》之有陈奂，犹虞《易》之有张惠言矣。齐鲁韩三家《诗》早亡，宋王应麟始掇拾残胜，辑《三家诗考》三卷，至清乾隆之世，范家相补苴罅漏，成《三家诗拾遗》十卷，然犹不如后来侯官陈寿祺恭甫所辑《三家诗遗说考》十五卷之尤该备。特是功在辑逸，而罕所发明。至邵阳魏源默深撰《古诗微》二十二卷，于三家《诗》有发明，而又好为臆说，未能笃守古义。然学者入手，先读二陈及魏书，可以知《诗》今古之大概矣。

言《诗》之名物训诂者，以吴陆玑撰《毛诗草木鸟兽虫鱼疏》二卷为最近古。其后宋有蔡卞撰《毛诗名物解》二十卷，所征引颇有出于陆玑书外者。元有许谦撰《诗集传名物钞》八卷，宗朱子而不为墨守，多采陆氏《释文》、孔氏《正义》。梁益撰《诗传旁通》十五卷，以朱《集传》名物训诂多所未详，乃仿孔、贾作疏。明有冯应京撰《六家诗名物疏》五十四卷，六家者，齐、鲁、韩、毛、郑、朱也。因蔡卞之《解》而广征之。清有衡阳王夫之而农撰《诗经稗疏》四卷，常熟毛晋子晋撰《毛诗陆疏广要》三卷，因陆玑之《疏》为之注释。钱唐姚炳彦晖撰《诗识名解》十五卷，以《诗》中鸟、兽、草、木分列四门，故以多识为名。无锡顾栋高震沧撰《毛诗类释》二十一卷、《续编》三卷。自宋蔡卞以来，皆因玑书而辗转增损者也。古今名物不同，未易折衷一是。然不知雎鸠为何物，则不能辨挚而有别，言挚至与言鸷猛之孰优；不知苯苢为何草，则不能定毛与三家乐有子与伤恶疾之孰是。多识草木鸟兽，乃足以征《诗》义。三家既亡，独《毛诗故训传》存。毛公之学,称出子夏,张揖进《广雅表》云:"周公著《尔雅》一篇,今俗所传三篇,或言仲尼所增,或言子夏所益。"据此,则《毛诗》与《尔雅》同渊源于子夏。《尔雅》之《释草》、《释木》、《释鸟》、《释兽》,与《毛传》略同。钱大昕《潜研堂答问》中有一条曰:"毛公所见《尔雅》胜于今本,如草木鱼虫增加偏旁,多出于汉以后经师,而毛公犹多存古。"陈奂作《诗毛氏传疏》,凡声音训诂之用,天地山川之大,宫室衣服制度之精,鸟兽草木虫鱼之细,初仿《尔雅》,编①作《义类》。以为毛公之作《诗故训传》,《传》义有具于《尔雅》,有不具于《尔雅》。动植物学今方讲明,宜考《尔雅》,以征《毛传》,参以图说,实以目验,审定古之何物为今之何物,非但取明经义,亦深有裨实用,未可以其琐而忽之也。

---

① 编,原作"篇",据陈奂《诗毛氏传疏》改正。

卷七 周 礼

　　《周官》晚出，疑之者以为刘歆伪作。然萧山毛奇龄大可《周礼问》曰："歆能伪作《周礼》，不能造为《周礼》出处踪迹以欺当世。假使河间献王不献《周礼》，成帝不使向校理《周礼》，歆可造此诸事以欺同朝诸臣乎？且《景十三王传》云：'献王所献，皆古文先秦旧书，《周官》、《尚书》、《礼记》、《孟子》、《老子》之属，皆经传说记'，言有经，即有传与说记也。此必非歆可预造其语者。乃考之《艺文》所志，在当时所有之书，则实有《周官经》六篇、《周官记》四篇。此班氏所目睹也。此必非袭刘歆语也。"江都汪中容甫有《周官征文》凡六事，语见《述学》，陈氏引而申之，以为"足征《周礼》是周室典制，但无以见其必为周公所作耳。郑君知《周礼》为周公以致太平之迹，以《周礼》之中，实有周公之制也"，可谓得实之论。而毛氏《周礼问》亦谓："《周礼》断断非周公所作。然周制全亡，所赖以略见大意。而其为周制，则尚居十七。"与陈氏意同。独瑞安孙诒让仲容序《周礼正义①》，谓《周礼》周公作，而非特周一代之典，盖恢廓而言之，以为："周公成文、武之志，光辅成王，宅中作雒，爰述官政，以垂成宪，有周一代之典，炳然大备。然非徒周一代之典也，盖自黄帝、颛顼以来，纪于民事以命官，更历八代，斟酌损益，以集于文、武，其经世大法，咸萃于是。故虽古籍沦佚，百不存一，而其政典沿革，约略可考。如《虞书》羲、和四子，为六官之权舆，《甘誓》六卿为夏法，《典礼》六大五官，郑君以为殷制，咸

----

①　义，原作"则"，今改正。

与此经多相符①会，是职名之本于古也。至其闳章缛典，并包远古，则如五礼六乐三兆三易之属，咸肇端于五帝，而放于二王，以逮职方州服，兼综四朝，太史岁年，统赅三统。若斯之类，不可殚举。盖鸿荒以降，文明日启，其为治，靡不始于粗粝而渐进于精详。此经上承百王，集其善而革其弊，盖尤其精详之至者，故其治跻于纯太平之域。作者之圣，述者之明，蟠际天地，经纬万端，究其条绪，咸有原本，是岂皆周公所臆定而手创之哉？此经在西周盛时，盖百官府咸分秉其官法以为司存，而太宰执其总会，司会、天府、太史藏其副贰。成、康既没，昭、夷失德，陵迟以极于幽、厉之乱，平之东迁，而周公之大经良法，荡灭殆尽。然其典册散在官府者，世或犹遵守勿替，虽更七雄去籍之后，而齐威王将司马穰苴，尚推明《司马法》，为兵家职志；魏文侯乐人窦公，犹裹《大司乐》一经于兵火丧乱之余。他如朝事之仪，大行之赞，述于《大小戴记》，《职方》之篇列于《周书》者，咸其支流之未尽澌灭者也。"特是《周礼》非古名，《史记·封禅书》云："上与公卿诸生议封禅，群儒采封禅《尚书》、《周官》、《王制》之望祀射牛事。"《汉书·艺文志》云："河间献王与毛生等共采《周官》及诸子言乐事者，以作《乐记》。"《景十三王传》亦言："献王所献，皆古文先秦旧书，《周官》"云云。皆以《周官》为言，而不云《周礼》。荀悦《汉纪》曰："刘歆奏请《周官》六篇列之于经，为《周礼》。"陆德明《经典释文·序录》曰："刘歆始建立《周官经》以为《周礼》。"则是《周礼》之名，起于刘歆，而非《周礼》之书，起于刘歆也。

桐城方苞望溪著《周官辨》十篇，指《周官》之文为刘歆窜改，以媚王莽，证以《汉书·莽传》事迹，辞极辨核。而其县人姚范南青《援鹑堂文集》中《复某公书》，极言送难，大指以为："《周官》自孝武时已出，平帝元始之间，歆劝莽立博士。其书布在中外久矣，歆不能隐挟而更窜之也。且歆待莽行一事而后，岌岌私窜之耶？抑预卜数年后莽必

---

① 符，原作"附"，据《周礼正义》序改。

行是令,民必犯是法,而先著于经,使其事相类,令天下知莽所行,一无悖于《周官》之旧,何其迂曲而鲜通也?莽行十一之法,其增赋无明文。近郊十一,远郊二十而三,甸稍县都无过十二,悉虚拟而预增之,何哉?且九锡之事,莽所汲汲者,而《周官》无之;九百二人,但云《周官》、《礼记》宜于今者,为九命之锡。歆在当时,何不以所云九锡者窜入而张大之乎?莽畏备臣下,以宦者领帑藏钱谷,并典吏民封事,此岂出《周官》耶?窃谓《周官》之书,周之制度存焉。中更春秋战国,或儒生述造,更窜不一。如云出元公手定之书,完好如后世剞劂篇籍,谁其信之?"则是谓《周官》一书,存周之制度,而不出周公手定,亦与陈氏意同。

郑玄注《周礼》,发凡起例,籀其大义,曰补,曰诂。补者,补经义之所未发也。其法有三,陈氏所谓"《周礼》有隐略而尚可考见者,后郑则引证以明之;若无存而可见者,则约而知之;又有推次之法。""推次"者,推甲以知乙也。"引证"者,引彼以证此也。而"约而知"者,则约他经之所见,而解此经之所不言也。三者,皆所以补经也。诂者,诂经言之所难晓也。诂者,古也。从言,古声,为以今言解古言也。汉人之诂经言也,或言读如读若,或言读为读曰。读如读若者,拟其音也。古无反语,故为比方之词。读为读曰者,易其字也。易之以音相近之字,故为变化①之词。段玉裁《周礼汉读考》序。古语则以后世之语通之,古官、古事则以后世之官、后世之事况之,贾公彦《疏》所谓"举今以晓古"者,其义一也。古地理亦以今地名释之。此之谓诂。诂者,以今言解古言也,例证不具详。

郑玄注《周礼》,以汉制况周制。贾公彦《疏》用郑注之法,以唐制况周制。而陈氏遂推极言之,以为:"读《周易》,当读《大清会典》及历代《职官表》,凡今有而古无,古有而今无,与名同而实异,实同而名异者,详为考证,以清官清制况周官周制。"至孙诒让治《周礼》,更恢廓

---

① 化,原作"代",据《周礼汉读考》序改。

其意,以为:"中国开化数千年,而文明之盛莫尚于周,故《周礼》一经,政法之精详,与今泰西所以致富强者,若合符契。然则华盛顿、拿破仑、卢梭、斯密亚丹之伦,所经营而讲贯,今人所指为西政之最新者,吾二千年之旧政已发其端。"遂捃摭其与西政合者,甄缉之,成《周礼政要》二卷,都四十篇,以欧政欧制况周制,然后知"其或继周,百世可知",孔子之言,不吾欺也。

王应麟《困学纪闻》、顾炎武《日知录》皆以阉人、寺人属于冢宰,则内廷无乱政之人。九嫔、世妇,属于冢宰,则后宫无盛色之事。自汉以来,惟诸葛孔明宫中府中俱为一体,为得其意。陈氏引之,以为周公致太平之迹,此其荦荦大者,然不如孙诒让序《周礼正义》权其大较,要不越政、教二科:"政则自典法刑礼诸大端外①,凡王后世子燕游羞服之细,嫔御阍阘之昵,咸隶于治官,宫府一体,天子不以自私也。而若国危、国迁、立君等非常大故,无不曲为之制,预为之防。三询之朝,自卿大夫以逮万民,咸造在王庭,与决大议。又有匡人、撢人、大小行人、掌交之属,巡行邦国,通上下之志。而小行人献五物之书,王以周知天下之故。大司寇、太仆树肺石,建路鼓,以达穷遽。诵训、士训夹王车,道图志,以诏观事辨物。所以宣上德而通下情者无所不至,君民上下之间,若会四肢百脉而达于囟②,亡或离阂而弗豳也。其为教,则国有大学、小学。自王世子公卿大夫士之子,暨夫邦国所贡,乡遂所进贤能之士咸造焉。旁及宿卫士庶子、六军之士,亦皆辈作辈学,以德行道艺相切劘。乡遂则有乡学六,州学三十,党学百有五十,遂之属别如乡。盖郊甸之内,距王城不过二百里,其为学辜较已三百七十有奇,而郊里及甸公邑之学,尚不与此数。推之郎县置之公邑采邑,远极于畿外邦国,其学盖十百倍蓰于是。亡虑大数九州之内,意当有学数万。信乎教典之详,殆莫能尚已。其政教之备如

---

① "外"字原缺,据《周礼正义》序补。
② 囟,原作"胸",据《周礼正义》序改。

是，故以四海之大，亡不受职之民，亡不造之学。不学而亡职者，则有罢民之刑。贤秀挟其才能，愚贱贡其忱悃，咸得自通于上，于以致纯太平之治，岂偶然哉？今泰西之强国，其为治非尝稽核于周公、成王之法典也，而其所为政教者，务博议而广学，以暨通道路，严追胥，化工朴物之属，咸与此经冥符而遥契。盖政教修明，则以致富强，若操左契，固寰宇之通理，放之四海而皆准者。自胜衣就傅，先太仆君_{孙衣言}即授以此经，而以海疆多故，世变日亟，瞻怀时局，抚卷增喟。私念今之大患，在于政教未修，而上下之情暌阂不能相通，民窳而失职，则治生之计陋隘，而谲觚干纪者众。士不知学，则无应事偶变，效忠厉节，而世常有乏才之憾。夫舍政教而议富强，是犹泛绝潢断港而蕲至于海也。然则处今日而论治，宜莫若求其道于此经。而承学之士，顾徒奉《周经》汉注为考证之渊薮，几何而不以为已陈之刍狗乎？既写定，辄略刺举其可剀今而振敝，一二荦荦大者，用示橥楬，俾知为治之迹，古今不相袭，而政教则固百世以俟圣人而不惑者。"大言炎炎，闳意眇指，括囊靡遗矣。近儒言《周礼》者，当推武进庄存与方耕所撰《周官记》五卷、《周官说》二卷，与孙氏《正义》为宏通博雅可观览。庄氏病《周官》礼经六篇，《冬官司空》独亡，以为周家制度，莫备于《周官》。《周官》式法根柢，皆在《冬官》。《冬官》存，举而错之天下无难也，欲为《冬官》补亡，而阙失不可理，遂原本经籍，博采传记诸子，为《周官记》五卷。于《冢宰记》著官府，于《司徒记》表均土分民之法，于《司马记》补其阙文，无《宗伯司寇记》，于《司空记》则为拟补其文，而特加《冬官》之目以别异诸篇，别有《司空记》一篇，则采撮周秦之书，备材于事典云尔。自为之序，以见大意，于建邦之纲纪法度，举凡郊坛宗社民堂辟雍之兆位，朝市宅里仓廪厩库之营建，律度量衡器用财贿之法制，分州定域度山量水治地辨土任民饬土尚农审时之大经，以及营卫车辇道路舟梁之细务，靡不该举。盖将通贯六官以陈一官之典，括囊群籍以观一经之通焉。次复采经中大典，如郊庙族属之类，原本郑氏，又遍览古人所论列者，件系而折中之，为《周官说》

二卷,合记凡七卷。而孙氏《正义》则以《尔雅》、《说文》正其诂训,以《礼经》、《大小戴记》证其制度,研阐累载,博采汉唐宋以来迄于乾嘉诸经儒,旧诂异谊,参互证绎,以发郑注之渊奥,裨贾《疏》之遗阙。以视庄氏,一为专经之家,一为通人之作;一精辟,一闳侈,又有间矣。

《周礼》众家,有考典制以明训诂者,汉郑玄、唐贾公彦《周礼注疏》四十二卷为其渊海,而清有吴县惠士奇天牧撰《礼说》十四卷,于古音古字多所分别疏通,于周制及郑注所云汉制皆旁引经史,考求源委。吴江沈彤果堂撰《周官禄田考》三卷,因欧阳修有《周礼》官多田少,禄且不给之说,故详究周制,以与之辨。凡《官爵数》、《公田数》、《禄田数》三篇,积算特为精密。婺源江永慎修撰《周礼疑义举要》七卷,融会郑注,参以新说,多所阐发。及庄存与《周官记》五卷、《周官说》二卷,足相羽翼,而孙诒让《周礼正义》集大成焉。有阐义理以谈经制者,宋王安石撰《周礼新义》十六卷,开其先河,而王昭禹撰《周礼详解》四十卷,易祓撰《周官总义》三十卷,王与之撰《周礼订义》八十卷,清安溪李光坡耜卿撰《周礼述注》二十四卷,胥相发明,而孙诒让《周礼政要》挈其纲要焉。然窃以为《周礼》经制,纤悉委备,可以治国,而不可以平天下。故用之于列国并建之世,则纲目毕张,而以治强,姬旦、宇文周是也。管仲治齐,商君治秦,以及近世英、法、德之强,亦皆得其意。施之于一统无事之日,则官民交困,而以崩乱,新莽、王安石是也。大抵治国之法,蕲于臂使指联,大小相维,而欲以集事。平天下之政,又贵政简刑清,纲目疏阔,而安于无事。《大学》一书,于国言治,于天下言平。治贵有制,平蕲无治。《周礼》者,治国之制,而非所以平天下之道也。此意恐非经生所知。而晚近世,太平天国用之以败江南,阎锡山用之以败山西。诅诵未已,覆辙又寻。我瞻四方,蹙蹙靡骋。

方苞作《周官辨》,证以《汉书·王莽传》,以为出于刘歆伪托,以佐新莽。质言之,即新莽之托古改制也。至晚近世,南海康有为益推衍其义,以为一切古文经皆伪,皆出于刘歆,著《新学伪经考》。伪经者，谓古文《周礼》、《逸礼》、《左传》以及《诗》之《毛传》，凡西汉末，刘歆所力争立博士者也。新学者，谓新莽之学。时清儒诵法许、郑者，自号曰汉学。有为以为许、郑古学，推本刘歆，可谓之为新代之学，而非汉代之学，故正名焉，而讳其本于方氏。

卷八　仪　礼

　　自韩文公以为《仪礼》难读，而陈氏因古人已成之书，籀其读法，约以三事：一曰分节，二曰绘图，三曰释例。分节者，自朱子《仪礼经传通解》厘析经文，每一节截断，后一行题云右某事，使读之者心目俱朗。至清儒济阳张尔岐稷若撰《仪礼郑注句读》十七卷，宁乡王文清九溪撰《仪礼分节句读》十七卷，仁和吴廷华中林撰《仪礼章句》十七卷，而吴氏《章句》后出为密。其书以张尔岐《句读》墨守郑注，王文清《句读》笺注太略，遂折衷先儒，以补未逮云。绘图者，宋杨复以《仪礼》十七篇各详其陈设之方位，为图二百有五，凡十七卷。至清儒武进张惠言皋文成《仪礼图》六卷，因杨图而加详密。释例者，清儒婺源江永慎修撰《仪礼释例》一卷，歙县凌廷堪次仲撰《礼经释例》十三卷，而凌氏《释例》后出为密。陈氏每欲取《仪礼》经文，依吴中林《章句》分节写之，每一节后，写张皋文之图，又以凌次仲《释例》分写于经文各句下，名曰《仪礼三书合钞》，如此则《仪礼》真不难读矣。惜乎为之而未成也。既明礼文，尤当明礼意。十七篇中冠、婚、丧、祭诸篇为要，盖古今同有之礼，倍宜钻研，此陈氏之大指也。

　　郑玄注《仪礼》，礼家所宗，而有发问送难者。元敖继公撰《仪礼集说》十七卷，自序称："郑康成注，疵多而醇少，删其不合于经者。"而清儒则有歙县程瑶田易畴撰《仪礼丧服文足征记》十卷，中如《丧服缌麻章》末"长殇、中殇降一等"四句，郑氏以为传文。《不杖期章》"惟子不报"传文，"公妾以及士妾为其父母"传文，郑氏以为失误。《大功章》"大夫之妾为君之庶子，女子子嫁者为世父母、叔父母、姑姊妹"，旧读以"大夫之妾"为建首，下二"为"字皆贯之，郑氏谓"女子"别起贯

49

下,斥传文为不辞。皆一一援据经史,疏通证明,以规郑氏失,若与敖继公同指,特程氏显为褒弹,语多峻历,而敖继公则含而不露,于郑注之中录其所取,而不攻驳所不取,巧为立言,若无意于排击者,此其较也。

敖继公撰《仪礼集说》,以破郑注,而清儒长洲褚[①]寅亮揩升又撰《仪礼管见》四卷,以驳敖说,谓:"其说有不通,甚且改窜经文,以曲就其义",贯串全经,疏通证明。而嘉定钱大昕莘楣序其书,于敖改褚驳之处,颇能挈其纲要云。

褚寅亮《仪礼管见》,申郑以难敖,而绩溪胡培翚竹邨撰《仪礼正义》四十卷,则又申郑而不为墨守,虽敖氏说,亦所平心持择。自述纂例,大端有四:曰补注,补郑君注所未备也。曰申注,申郑君注义也。曰附注,近儒所说,虽异郑注,义可旁通,附而存之。广异闻,佚专己也。曰订注,郑君注义,偶有违失,详为辨正。别是非,明折衷也。精核博综,诚为绝学。惟其订注义诸条,时或义短于郑,欲为高密诤友,而不免蠹生于木、还食于木之讥。此固其一短。书未成而卒。其卷三《士婚礼篇》及卷五至卷七《乡饮酒礼》篇,卷八至卷十《乡射礼篇》,卷十一、卷十二《燕礼篇》,卷十三至卷十五《大射仪篇》皆其弟子江宁杨大堉雅抡所补者也。昔贾公彦为郑玄作疏,《丧服》经传而外,所据者仅齐皇庆、隋李孟悊二家。至清秀水盛世佐庸三撰《仪礼集编》四十卷,裒合古今说《仪礼》者一百九十七家。今核胡氏《正义》增多盛氏《集编》者,又几及二百家,而杨大堉之所补者,则附益《集编》以为蓝本,盖不免续貂之讥云。

余读鄞县万斯大充宗撰《仪礼商》二卷,取十七篇,篇为之说,颇有新义,而勇于疑古。前有仁和应㧑谦潜斋一序,称:"喜其覃思,而嫌其自用",亦笃论也。窃按《三礼》之学,有抉发经疑,别自名家者,莫如桐城方苞望溪,所著自《周官辨》十篇而外,有《仪礼析疑》十七

---

① 褚,原作"诸",今改正。

卷、《礼记析疑》四十六卷。其说皆融会旧文，断以己意，而不断断于信而好古。苞之学，源出宋人，文章衍曾南丰之一派，而说经则得朱新安之一体，朱子疑《尚书》古文，刊《大学》、《孝经》，疑古改经。此其倣落。再传而为王柏，乃撰《书疑》、《诗疑》。勇于自信，改经疑古，而出于疏证，不为苟同。其著《周官辨》，指《周官》之文为刘歆窜改以媚王莽，证以《汉书·莽传》事迹，历指某节某句，为歆所增。言之凿凿，如目睹其笔削者。自以为学力既深，鉴别真伪，发千古之所未言。晚清自南海康有为以下，袭其绪余，遂肆倡狂，以得大名，而又故示偃蹇，菲薄桐城。盗憎主人，甚可笑也。然苞之经学，其涂辙实自万氏启之，先尝问业斯大之弟斯同季野。斯大考辨古礼，颇多新说，所著书于《仪礼商》之外，有《学礼质疑》二卷、《周官辨非》二卷，学本淹通，用思尤锐，其合处往往发前人所未发。盖方苞之学所自昉云。因附记之于此。

卷九　礼　记

　　按《礼记》四十九篇，有记礼，有记言。记礼之文，与《礼经①》相经纬；记言之文，与《论语》相表里。记礼之文，凡宏纲阔目，著《仪礼》者，则为解释之体；而细事琐文，不见明文者，则为然疑之辞。如《郊特牲》、《冠义》一节，孔颖达《疏》："以《仪礼》有《士冠礼》正篇，此说其义。下篇有《燕义》、《昏义》，与此同。"《乡饮酒义》孔颖达《疏》："《仪礼》有其事，此记释其义。"《聘义》孔颖达《疏》："此篇总明《聘义》，各显聘礼之经于上，以义释之于下。"此宏纲阔目，著见《仪礼》，而为解释之文者也。《檀弓》云："大功废业，或曰大功诵，可也。"又："小殓之奠，或云东方，或云西方。""同母异父昆弟，鲁人或云为之齐衰，或云大功。"《深衣》："古者深衣，盖有制度。"孔颖达《疏》："言盖者，疑辞也。"如此之类，作记者时代在后，其述古事，述古制，述旧说，疑以传疑，而为不定之辞，盖其慎也。此细事琐文，不见明文，而为然疑之辞者也。记言之文，或如《论语》而记子曰之直言，《坊记》、《表记》、《缁衣》，是也；或仿《孝经》而为主客之对扬，《礼运》、《儒行》、《哀公问》、《仲尼燕居》、《孔子闲居》，是也，而要于根本仁义，揆叙万类，圣人垂教，弟子所记，《论语》之外篇，五经之锟铻也。

　　何谓礼？《仲尼燕居》云："子曰礼也者，理也。"《乐记》云："礼者，理之不可易者也。"自古记礼者，多致谨于度数节文之末，如十七篇是也。独四十九篇发其理之不可易，而不断断于度数仪文。纲纪万事，琱琢六情。传自游、夏，讫于秦、汉，歧途诡说，纷纭多端。于是博物

---

　　① 经，原作"记"，据文意改。

通人，知今温故，考前代之宪章，参当时之得失，俱以所见，各记旧闻，综错鸠聚，以类相附。《礼记》之目，于是乎在。其传疑出于荀卿，尤可征见者：《三年问》全出《荀子·礼论篇》，《乐记》、《乡饮酒义》所引，俱出《乐论篇》，《聘义》子贡问贵玉贱珉，亦与《法①行篇》大同。此篇章之相袭，可证者一也。所谓不可易者何也？曰："称情而立文，因以饰群别亲疏贵贱之节而不可损益也。"用《荀子·礼论》、《礼记·三年问》文。所谓"饰群，别亲疏贵贱之节"者，《曲礼》云："礼者，所以定亲疏，决嫌疑，别异同，明是非也。"而荀子则详申其指曰："人生而有欲，欲而不得，则不能无求；求而无度量分界，则不能不争；争则乱，乱则穷。先王恶其乱也，故制礼义以分之，以养人之欲，给人之求，使欲必不穷乎物，物必不屈于欲，两者相持而长，是礼之所起也。故礼者，养也。君子既得其养，又好其别。曷谓别？曰：贵贱有等，长幼有差，贫富轻重皆有称者也。"《礼论篇》。"天下害生纵欲。欲恶同物，欲多而物寡，寡则必争矣。离居不相待则穷，群而无分则争。穷者，患也。争者，祸也。救患除祸，则莫若明分使群矣。"《富国篇》。此明分以使群，大义之相发，可征者二也。"道德仁义，非礼不成"，亦见《曲礼》，而《荀子·劝学》则曰："礼者，法之大分，群类之纲纪也。故学至于礼而止矣。夫是之谓道德之极。将原先王，本仁义，则礼正其经纬蹊径也。"此隆礼以修道，大义之相通，可征者又一也。《礼运》曰："礼也者，义之实也。协诸义而协，则礼虽先王未之有，可以义起也。"《郊特牲》曰："礼之所尊，尊其义也。失其义，陈其数，祝史之事。故其数可陈，其义难知也。知其义而谨守之，天子之所以治天下也。"此记者明言礼之所尊，在义不在数，其谊亦同荀子。《荀子·劝学》曰："学恶乎始？恶乎终？曰其数则始乎诵经，终乎读礼。其义则始乎为士，终乎为圣人。真积力久则入，学至没而后止也。故学数有终，若其义则不可须臾舍也。为之，人也；舍之，禽兽也。"又《荣辱篇》曰："循法则度

---

① 法，原作"德"，据《荀子》改。子贡问贵玉贱珉见《法行篇》，《荀子》无《德行篇》。

量刑辟图籍,不知其义,谨守其数,慎不敢损益也,父子相传,以持王公,是故三代虽亡,治法犹存,是官人百吏之所以取禄秩。"曰"官人百吏之所以取禄秩",明非"天子之所以治天下"。此尊义以后数,大义之相通,可征者四也。《仪礼》所陈之数,《礼记》多明其义。朱子心知其意,《答潘恭叔书》云:"《礼记》须与《仪礼》参通修作一书,乃可观。"《乞修三礼札子》云:"以《仪礼》为经,而取《礼记》及诸经史杂书所载有及于礼者,皆以附于本经之下,具列《注疏》诸儒之说。"札子乃不果上,晚年,竟本此义,修成《仪礼经传通解》三十七卷。《答应仁仲书》:"前贤常患《仪礼》难读。以今观之,只是经不分章,记不随经,而《注疏》各为一书,故使读者不能遽晓。今定此本,尽去此诸弊。恨不得令韩文公见之也。"得意可想。至清婺源江永慎修撰《礼书纲目》八十五卷,依仿朱子《经传通解》,而融贯全经,考证益详,厘正发明,足补朱子所未备。其自序称:"裒集经传,欲其该备而无遗;厘析篇章,欲其有条而不紊。"读礼者可由此入门。然《礼记》四十九篇,亦有不为《仪礼》作传而说其义者。大抵《仪礼》之十七篇,礼家之今文学也;《周官》六篇,礼家之古文学也。《礼记》四十九篇,非一手所成,或同今文,或同古文。《王制》多同《公羊》、《穀梁》,《冠义》、《昏义》、《乡饮酒义》、《射义》[①]、《燕义》、《聘义》、《丧服四制》、《问丧》、《祭义》、《祭统》诸篇,皆《仪礼》十七篇之传,为今文说。而《玉藻》为古《周礼》说,《曲礼》、《檀弓》、《杂记》为古《春秋左氏》说,《祭法》为古《国语》说,皆古文说。则今古学糅者也。善化皮锡瑞鹿门说。见《礼经通论》。而《周官》可以明《左氏》,《王制》则以说《公羊》。以《王制》为今学大宗,比《周官》为古文大宗云。

《礼记》四十九篇,据郑玄《目录》,考之于刘向《别录》,以类相从,属制度者六:《曲礼》上下、《王制》、《礼器》、《少仪》、《深衣》,是也。属通论者十六:《檀弓》上下、《礼运》、《玉藻》、《大传》、《学记》、《经解》、

---

① 义,原作"仪",下"燕仪"同,据《礼记》改。

《哀公问》、《仲尼燕居》、《孔子闲居》、《坊记》、《中庸》、《表记》、《缁衣》、《儒行》、《大学》，是也。属《丧服》者十一：《曾子问》、《丧服小记》、《杂记》上下、《丧大记》、《奔丧》、《问丧》、《服问》、《间传》、《三年问》、《丧服四制》，是也。属世子法者一：《文王世子》，是也。属子法者一：《内则》，是也。属祭祀者四：《郊特牲》、《祭法》、《祭义》、《祭统》，是也。属乐记者一：《乐记》，是也。属吉事者六：《投壶》、《冠义》、《昏义》、《乡饮酒义》、《燕义》、《聘义》，是也。盖其目次之大凡如是。而《唐书·魏徵传》则曰："尝以《小戴礼》综汇不伦，更作《类礼》二十篇。太宗美其书，录置内府。"《谏录》载诏曰："以类相从，别为篇第，文义粲然。"《唐书·儒学·元行冲传》载："玄宗时，魏光乘请用魏徵《类礼》列于经。帝命行冲与诸儒集义作疏，为五十篇。于是右丞相张说建言：'魏孙炎始因旧书摘类相比，至徵更加整次，乃为训注。'"则是魏徵《类礼》乃因孙炎书者也。朱子惜不之见。迨元吴澄撰有《礼记纂言》三十六卷，其书每卷为一篇，亦魏徵《类礼》之属也。大抵以《戴记》经文庞杂，疑多错简。故每一篇中，其文皆以类相从，俾上下文意义联属贯通，而识其章句于左。其三十六篇次第亦以类相从，曰通礼者九：《曲礼》、《内则》、《少仪》、《玉藻》，通记大小仪文，而《深衣》附焉。《月令》、《王制》，专记国家制度，而《文王世子》、《明堂位》附焉。曰丧礼者十有一：《丧大记》、《杂记》、《丧服小记》、《服问》、《檀弓》、《曾子问》六篇记丧，而《大传》、《间传》、《问丧》、《三年问》、《丧服四制》五篇，则丧之义也。曰祭礼者四：《祭法》一篇记祭，而《郊特牲》、《祭义》、《祭统》三篇，则祭之义也。曰通论者十有二：《礼运》、《礼器》、《经解》一类，《哀公问》、《仲尼燕居》、《孔子闲居》一类，《坊记》、《表记》、《缁衣》一类，《儒行》自为一类。《学记》、《乐记》，其文雅驯，非诸篇比，则以为是书之终也。他如《大学》、《中庸》，依程朱别为一书。《投壶》、《奔丧》归于《仪礼》。《冠义》等六篇，别辑为《仪礼传》。虞集称其始终先后，最为精密，推重甚至。惟其篇次之类，纵或与刘向有出入。然刘向类次亦有可议，特其中有可说而不必易次者,有不可说而必更从者。陈氏谓:"《别录》以《曲礼》、《少仪》属制度,《内则》属子法。澧按《曲礼》'凡为人子之礼'数节,正可谓之子①法也,而属制度者,盖以《少仪》为况也。郑《目录》云:'名曰《少仪》者,以其记相见及荐羞之小威仪而已。'同属制度,而有不同矣。"此可说者也。又曰:"《王制》、《礼器》、《深衣》三篇,《别录》属制度。《王制》篇首所记,与孟子答北宫锜之说略同。此为周室班爵禄之制,信而有征。《王制》记大制度,《深衣》但记一衣,以其云'古者深衣,盖有制度',故亦属制度耳。"此亦可说者也。又曰:"《月令》、《明堂位》,《别录》皆属明堂阴阳记,其实皆制度之类。《汉书·艺文志》有《明堂阴阳》三十三篇,班氏自注云:'古明堂之遗。'又有《明堂阴阳说》五篇。盖明堂阴阳,在礼家内自为一家之学,故《别录》于制度之外,又分出此一类也。"此亦可说者也。至谓《礼器》当属通论,《别录》属制度;《玉藻》当属制度,《别录》属通论,皆非其类也。此不可说而必更从者也。惟《礼记》分类,昉于《别录》,而《礼记》必分类读,则用志不纷,易得门径。陈氏所论,故为不易耳。

---

① 之子,原作"子之",据《东塾读书记》卷九改。

卷十 春 秋 上

论《春秋三传》之渊源者，莫析于马、班。《史记·十二诸侯年表序》曰："孔子明王道，干七十余君，莫能用，故西观周室，论史记旧闻，兴于鲁而次《春秋》，上记隐，下至哀之获麟，约①其辞文，去其繁重，以制义法，王道备，人事浃。七十子之徒，口授其传指，为有所刺讥褒讳贬损之文辞②，不可以书见也。鲁君子左丘明惧弟子人人异端，各安其意，失其真，故因孔子史记，具论其语，成《左氏春秋》。"《汉书·艺文志》曰："仲尼思存前圣之业，乃以鲁周公之国，礼文备物，史官有法，故与左丘明观其史记，据行事，仍人道，因兴以立功，因败以成罚，假日月以定历数，藉朝聘以正礼乐。有所褒讳贬损，不可书见，口授弟子，弟子退而异言。丘明恐弟子各安其意，以失其真，故论本事而作传，明夫子不以空言说经也。《春秋》所贬损大人当世君臣，有威权势力，其事实③皆形于传，是以隐，所以免时难也。及末世口说流行，故有公羊、穀梁、邹、夹之传。"大抵左丘明论本事而作传，主于记事。公羊、穀梁受传指而索隐，嫥为诂经。公羊、穀梁二家皆解正《春秋》，《春秋》所无者，公羊、穀梁未尝言之。而左氏叙事见本末，或先经以始事，或后经以终义，或依经以辩理，或错经以合异。因孔子史记，具论其语，则有《春秋》所无而左氏著其事者焉，有《春秋》所有而左氏不著其事者焉。故汉博士谓左氏不传《春秋》，而推本公、穀，以为真《春秋》之意也。陈氏之学，所贵在通，尤崇郑玄，尝谓："郑氏有宗主，复

---

① "约"字据《史记》补。
② 辞下原有"也"字，据《史记》删。
③ "实"字原缺，据《汉书》补。

有不同，不为何休之《墨守》，亦不同许慎之《异义》。"论《春秋》盖以《左传》为主，以为"欲知其义，必先知其事"也。顾论《左传》凡例与所记之事有违反者，历指其例之不可通，谓"当以一传为主，而不可尽以为是"，可谓有宗主，复有不同者矣，盖郑氏之家法也。

古无例字，属辞比事皆比例。《汉书·刑法志》师古曰："比，以例相比况也。"《礼记·经解》引孔子曰："属辞比事，《春秋》教也。"又曰："《春秋》之失乱。"记者引此为夫子自道。夫子以《春秋》口授弟子，必有比例之说，故自言"属辞比事"为《春秋》教。《春秋》文简意繁，若无比例以通贯之，必至人各异说，而大乱不能理，故曰"《春秋》之失①乱。"故说《春秋》者多言例。何休《公羊解诂序》曰："往者略依胡母生条例，多得其正。"胡母生条例散见《解诂》，未有专书。何休《文谥例》见徐彦《疏》引。《公羊传》条例虽佚，而著见《七录》。则是说《公羊》例者不一家矣。范宁解《穀梁》亦有例，杨士勋《疏》引之，有称范氏《略例》者，而有称范例者，有称范氏《别例》者，皆即《略例》也。范氏注中已有例，又别为《略例》，故称《别例》，则是说《穀梁》者有例矣。《左氏》之例，始于郑兴、贾徽，其子郑众、贾逵，各传家学，亦有条例。颖容已有释例。皆不传。独杜预撰有《春秋释例》十五卷，其大指以经之条贯，必出于传，传之义例，总归于凡。《左传》称凡五十，其别四十有九，皆周公之垂法，史书之旧章。仲尼因而修之，以成一经之通体。诸称"书"、"不书"、"先书"、"故书"、"不言"、"不称"、"书曰"之类，皆所以起新旧，发大义，谓之变例。亦有旧史所不书，适合仲尼之意者，仲尼即以为义，非互相比较，则褒贬不明，故别集诸例及地名、谱第、历数，相与为部，先列经传数条以包通其余，而传所述之凡系焉。更以己意申之，名曰《释例》。唯《公羊》、《穀梁》家以时月日为褒贬，而《左氏》无时月日例。至清武进刘逢禄申受撰《春秋公羊经何氏释例》三十篇，其《释时月日例第四》，引子思赞《春秋》"上律天时"，以

---

① 失，原作"说"，据《礼记·经解》改。

为"《春秋》不待褒讥贬绝，以时月日相示，而学之者湛思精悟"，推阐甚析。《穀梁》时月日例，更密于《公羊》，海州许桂林同叔撰《春秋穀梁传时月日书法释例》以发明之。而章炳麟《太炎文录》卷二有《再与刘光汉》、《丙午与刘光汉》两书，极称杜预《释例》，以为"《左氏》初行，学者不得其例，故傅会《公羊》以就其说，侍中刘歆所奏，有云：'《左氏》同《公羊》，什有七八。'贾、服虽善说经，然于五十凡例外，间有所补，或参用《公》、《穀》，不尽《左氏》。亦犹释典初兴，学者多以老、庄皮傅。征南生诸儒后，始专以五十凡例为揭橥，不复杂引二传，则后儒之胜于先师者也。"独陈氏主《左传》之记事而不取五十凡例并历斥《公》、《穀》之时月日例，以为："《春秋》所重者固在其义，然圣人所谓窃取者，后儒岂易窥测之。与其以意窥测而未必得，孰若即其文其事，考据详博之有功于经乎？《孟子》之说《春秋》，一曰其事，二曰其文。文者所以记事也。事有变而不同，则文不能一成而不易。执其同者以为常例，而以其异者为违常例，奚可哉？黄楚望云：'凡《左传》于义理时有错谬，而其事皆实，若据其实，而虚心以求义理至当之归，则经旨自明。然则学《春秋》者，姑置虚辞，存而不论，而推校《左传》之事以求圣经。'但当胪列书法之同异，有可以心知其意者则为之说，其不可知者，则不为妄说，斯得之矣。"信通人之论也。要之，《左氏传》之有裨于《春秋》，不在五十凡例，而治之者亦无事断断言例。事实而外，历法、舆地、兵制、礼制、氏族、官秩，各有专门。杜氏《释例》不专言例，而旁及地名、谱第、历数，相与为部，即前事之师也。贾、服注与杜氏异者，大义不过数十条，余皆无关宏旨。嘉兴李贻德次白辑述《春秋左传贾服注》二十卷而疏解之，是矣。长兴臧寿恭眉卿著书六卷，名为《春秋左氏古义》，而多引《公》、《穀》以汩《左氏》，不知三传各有指归，无庸强合，若文字异同，非皆古义也。贾、服注与杜氏互有得失，而二家注已不全，治《左氏》者，不得不以杜氏为主。逊清儒者，多申贾、服而抑杜，此一时风气使然，非持平之论。杜氏于日月、舆地、氏族、官制之类，分门专治。吾邑顾栋高复初得其意，成《春秋大事表》六十四卷,部居别白,心裁独出,而推溯所自,其法实在本杜氏。杜氏训诂之学虽疏,地理之学不疏。阳湖洪亮吉稚存为《春秋左传诂》二十卷,其他无论,而言地理,必欲司马彪、京相璠等之残文坠简,以相诘难,故用力多而成功少也。

陈氏之言《春秋》,宗《左》为主,而兼采《公》、《穀》,以有不同,盖祧康成而祢陆淳者也。何休《解诂》,墨守《公羊》;杜预《集解》,独宗《左氏》,虽义有拘窒,必曲为解说,盖专门之学如是。惟范宁《穀梁集解》,宗主《穀梁》而兼采三家,开唐啖、赵、陆之先声,异汉儒专门之学派。盖经学至此一变,而其变非自范氏始。郑玄从第五元先习《公羊》,其解礼多主《公羊》说,而针膏起废,兼主《左传》、《穀梁》。尝云:"《左氏》善于礼,《公羊》善于谶,《穀梁》善于经",已开兼采三传之嚆矢。晋刘兆作《春秋调人》三万言,又为《左氏传》解,名曰《全综》,作《公羊穀梁解诂》,皆纳经传中,朱书以别之,似已合三传为一书。而其书不传,未晓三传何主? 今世所传合三传为一书者,自唐陆淳《春秋纂例》始。其书十卷,本啖助、赵匡之说,杂采三家,以意去取,合为一书,盖陈氏《春秋》之学所自出。陈氏言:"《三传》各有得失,不可偏执一家,尽以为是。郑君之《针膏肓》、《发墨守》、《起废疾》,即此意也。然当以一传为主。郑君注《左氏》未成,以与服子慎,而不闻注《公羊》、《穀梁》,是郑君之治《春秋》以《左传》为主也。陆氏《纂例》云:'《左氏》功最高,能令百代之下,颇见本末,因之求意,经文可知。'盖其意亦以《左传》为主,但其书名曰《集传》,则不主一家,无师法耳。"此可以征陈氏师法之所在矣。

宋刘敞撰《春秋传》十五卷,用陆氏《纂例》之体,删改三传而为一传。善化皮锡瑞鹿门《春秋通论》极推之,以为宋儒治《春秋》最优者。而陈氏则讥讽其删改多不当。特以刘氏之褒贬义例,多取诸《公羊》、《穀梁》,陈氏主《左传》,而善化治《公羊》,所主不同故耳。

儒者论古,亦各视其身世而不同。甘泉焦循理堂为《春秋左传补疏》五卷,其序称"杜预为司马懿女婿、司马昭妹婿,作《左氏春秋集解》，于《左氏》云'称君，君无道，称臣，臣之罪'，师旷所谓'其君实甚'，史墨所谓'君臣无常位'，皆假其说而畅衍之，以解司马氏篡弑之恶，与孟子所称'孔子作《春秋》而乱臣贼子惧'之指大异。"陈氏引其说，亦言："孟子曰'孔子成《春秋》而乱臣贼子惧'，《左氏》开卷记颍考叔、石碏二人最详，此大有意也。君子曰：'颍考叔，纯孝也。'君子曰：'石碏，纯臣也。'贾逵云：'《左氏》义深于君父。'此之谓乎？"而清季世，章炳麟专攻《左氏》而言革命。乃谓："贾逵言《左氏》义深于君父，此与《公羊》反对之词耳。若夫称国弑君，明其无道，则不得以义深君父为解。杜顶于此，最为宏通。而近世焦循、沈彤辈，多谓预借此以助司马昭之弑高贵乡公，则所谓焦明已翔乎寥廓，弋者犹视乎薮泽也。"见《太炎文录》卷二《再与刘光汉书》。斯又张革命以申杜预矣。

　　章炳麟以《左氏》张革命，康有为以《公羊》说改制。应运而生，皆迫于时势之不得不然，此颂《诗》读《书》之所以有待于知人论世也。独朱一新《无邪堂答问》则深斥不改制之说，原其所以，谓："《公羊》家之说，以为周道既①微，明王不作，夫子知汉室将兴，因损益百王之法，为汉赤制。第载之空言，不如见之行事。鲁史具存，即借其事以寓褒贬，故曰'加吾王心焉。'夏尚忠，殷尚质，三王之道若循环。周末文胜，夫子欲变之以殷质，而具褒贬诛绝之法，不敢自专，寄之于鲁。此以《春秋》当新王之义，非谓真以鲁为新王也。麟为王者之瑞。夫子论次十二公之事，为万世法，王道浃，人事备，西狩获麟，于周为异，《春秋》则托以为瑞。故曰所闻世，著治升平。所见世，文致太平。此张三世之义。曰文致者，明其非真太平也。《公羊》家多非常可怪之论。西汉大师，自有所受，要非心知其意，为此学者流弊滋多。近儒惟句容陈立卓人为《公羊义疏》七十六卷，深明家法，不过为穿凿。卓人学出江都凌曙晓楼，晓楼已颇穿凿，而尚未甚。至武进刘逢禄申受、长洲宋翔凤于庭、德清戴望子高诸家，牵合《公羊》、《论语》而为

---

　　①　既，原作"即"，据《无邪堂答问》改。

一。于庭复作《大学古义说》以牵合之,但逞私臆,不顾上下文义。仁和龚自珍定庵专以张三世穿凿群经,蔓延支离,不可究诘。二千年经学之厄,盖未有甚于此者也。良由汉学家琐碎而鲜心得,高明者亦悟其非,而又炫于时尚,宋儒义理之学为所讳言,于是求之汉儒,惟董子《繁露》之言,最为滂沛;求之六经,惟《春秋》改制之说,最易附会。且西汉今文之学久绝,近儒虽多缀辑,而零篇坠简,无以自张其军,独《公羊》全书幸存,《繁露》、《白虎通》诸书又多与何注相出入。其学派甚古,其陈义甚高,足以压倒东汉以下儒者,遂幡然变计而为此。夫《春秋》重义不重制,义则百世所同,制则一王所独。惟王者受命于天,改正朔,异器械,别服色,殊徽号,以新天下之耳目,而累朝旧制沿用已久,仍复并行,此古今之通义。周时本兼有四代之制,六经无不错举其说,非独《春秋》为然。孔子殷人,杂举殷礼,见于《戴记》者甚多,安得以为改制之证?《公羊》文十三年《传》之'周公用白牡,鲁公用骍犅',何注:'白牡,殷牲也。'此乃成王所赐,岂亦孔子所改。《明堂位》兼用四代礼乐,若非经有赐鲁明文,则亦将援为孔子改制之证。且托王于鲁,犹言可也;帝制自为,不可言也。圣人有其位,则义见于制;无其位,则义寓于事。是故孟子之论《春秋》,曰其事其义,不曰其制;曰天子之事,不曰天子之制。衮褒钺贬者,正天[①]子之所有事。孔子自言窃取其义。窃取云者,取诸文王也。《公羊传》曰:'王者孰谓?谓文王也。'开宗明义,即示人以尊王之旨。圣人作《春秋》,以文王之法正诸侯,而不以空言说经,故其义悉寓于诸侯之事。若夫典章文物,一仍其旧,曾何改焉。近儒因《记·王制》兼有殷制,遂傅合于《公羊》。夫《王制》乃汉文集博士所作,卢侍中植明言之,侍中汉代大儒,出入禁闼,岂有本朝大掌故懵然不知之理?近人深斥其说。乃托《王制》以穿凿《公》、《榖》,俱倒五经。不知孝文时,今学萌芽,老师犹在,博采四代典礼,以成是篇,乃《王制》摭及《公羊》,非《公羊》本于

---

① 天,原作"夫",据《无邪堂答问》改。

《王制》。《王制》果为《公羊》而作，则师说具存，《繁露》何以不引其文，汉儒何以不述其例？直待千余年后，始烦诸儒①为之凿空乎？乃近人因《王制》未足征信，复援孟子以为助，孟子明云周室班爵禄，周制也，非殷制也。《孟子》言天子一位至子、男同一位，凡五等，《王制》言公、侯、伯、子、男凡五等，《公羊》言伯、子、男同位凡三等。三书说各不同，乌可强为沟合？《孟子》：'公侯百里，伯七十里，子、男五十里'，与《武成》分土惟三义同。近人黜为伪古文《尚书》，弃置弗道。然《汉书·地理志》已言周爵五等，而士三等，岂班《志》亦伪乎？殷制既以公、侯、伯为三等，则公、侯不能同为百里。书阙有间，但当阙疑，乌可凿空？近儒置疑于《孟子》者，徒以爵禄之说与《周官》不合。夫《周官》不合群经者多矣，何独执此而定百里为素王之制？《孟子》'十一月徒杠成，十二月舆梁成'，即《国语》引夏令十月成梁之制。周十二月，夏之十月。孟子所用周正也，非夏正也。近人谓孟、荀皆用孔子改制之说。按《荀子》有《王制篇》，所言序官之大法，大致与《周礼》同。又云：'田野什一，关市讥而不征，泽梁以时禁，发而不税。'说亦同于孟子。孟子明云文王治岐之制，岂得以为殷制？《荀子》言：'王者之制，道不过三代，法不贰后王。过三代谓之荡法，贰后王谓之不雅。'荀子意在法后王，乃后人反诬以改制之说，此正荀子所斥为不雅者也。夫子修《春秋》，以垂教万世，托始于文，托王于鲁，定、哀多微辞，上以讳尊隆恩，下以避害容身，慎之至也。圣人宪章文、武，方以生今反古戒人，岂有躬自蹈之理？《公羊》家言变周文，从殷质。文王，殷人，其所用者殷制。夫子用此，与从先进义同，岂敢缘隙奋笔，僭以王者自居？《春秋》即为圣人制作之书，度亦不过一二微文以见意，岂有昌言于众以自取大戾者？且亦惟《公羊》为然，于《二传》何与，与《诗》、《书》、《礼》、《易》、《论语》又何与？今以六经之言，一切归之改制，其巨纲细目散见于六经者，转以为粗迹而略置之。夫日以制作为

① 儒，原作"传"，据《无邪堂答问》改。

事，而不顾天理民彝之大，以涂饰天下人耳目，惟王莽之愚则然耳。至以《春秋》为汉赤制，此尤纬说之无理者。盖自处士横议，秦人焚书，汉高溺儒冠，文、景喜黄、老，儒术久遏而不行。自武帝罢黜百家，诸儒乃亟欲兴其学，篡附纬说，以冀歆动时君，犹《左传》之增'其处者为刘氏'也。《后汉书·贾逵传》："五经家皆无以证图谶明刘氏为尧后者，而《左氏》独有明文。"章怀太子注："《春秋》晋大夫蔡墨曰：'陶唐氏既衰，其后有刘累，学扰龙，事孔甲。范氏其后也。'范会自秦还晋，其处者为刘氏。明汉承尧后也。"此在立学之初，诸儒具有苦心，后人若复沿袭其说，则愚甚矣。"其辞辨以核。

江都凌曙晓楼初治郑玄《礼》，嗣闻武进刘逢禄申受论何氏《春秋》而好之，转而治《公羊》，撰《公羊礼疏》十一卷、《公羊礼说》一卷。句容陈立卓人最称高第弟子，承其绪衍，成《公羊义疏》七十六卷、《白虎通疏证》十二卷。其学由《白虎通》以通《王制》，遂旁开以《公羊》言礼一派。近世湘潭王闿运壬秋、善化皮锡瑞鹿门之学，皆由此衍。言礼明，然后治《春秋》，别开湘学，又旁轶而为蜀学，集其成于井研廖平季平，继别为宗，而渊源所自，不得不推凌氏为别子之祖也。

南海康有为之言《公羊》，得之廖平。惟廖平以《公羊》言礼制，由《白虎通》以通《王制》，为湘学王闿运之嗣法。而康氏以《公羊》称大同，由《礼运》以明《春秋》，则宋儒胡安国之余论。吕祖谦与朱子书曰："胡文定《春秋传》多拈出《礼运》天下为公意思。蜡宾之叹，自昔前辈共疑之，以为非孔子语，盖不独亲其亲，子其子，而以尧、舜、禹、汤为小康，是老聃、墨子之论。胡氏乃屡言《春秋》有意于天下为公之世。"其间尤有同而不同者焉。

《左氏》浮夸，文章之士所喜诵说。乡人龚伯伟先生敬钊问《左传》文章评点孰为佳？应之曰：《左绣》为佳。而于文章之奇偶相生，《左氏》之错偶于奇，一编之中，尤三致意。每闻老辈诋《左绣》论文，不脱评点八股文习气。不过承桐城文学方张之焰，崇八家以排俪体。《左绣》独被恶名，犹之方望溪之不喜班孟坚书尔。班孟坚之于《左氏》，一脉相传，其文章之妙，在能运偶以奇，尤在凝奇于偶。运偶以奇,故举重若轻;凝奇于偶,斯积健为雄。而自命古文家者,乃必以偶为讳。阮文达《研经堂三集·书昭明太子文选序后》曰:"如必以比偶非文之古者而卑之,则孔子系《易》,自命其言曰文者,一篇之中,偶句凡四十有八。而班孟坚《两都赋》序及诸汉文,其体皆奇偶相生。齐梁以后,溺于声律,彦和《雕龙》,渐开四六之体。至唐而四六更卑,然文体不可谓之不卑,而文统不可谓之不正。班孟坚《两都赋》序,白麟神雀二比,言语公卿二比,即开明人八比之先路。八比之文,真乃上接唐宋四六为一脉,为文之正统也。"斯其论文章之奇偶相生,真乃上接《左绣》为一脉。世论不敢难文达,而独致讥《左绣》,多见其不知类也。其书出钱唐冯李骅天闲、定海陆浩大瀛之手,前有高安朱端公轼序,称:"统括全书,指其精神脉络,以尽行文之态,亦论文之至。"岂曰借誉之论。

唐刘知幾《史通·六家篇》曰:"《左传》家者,其先出于左丘明。孔子既著《春秋》,而丘明受经作传。盖传者,转也,转受经旨以授后人。或曰:'传者,传也,所以传示来世。'《国语》家者,其先亦出于左丘明。既为《春秋内传》,又稽其逸文,纂其别说,分周、鲁、齐、晋、郑、楚、吴、越八国事,起自周穆王,终于鲁悼公,别为《春秋外传国语》,合为二十一篇。其文以方《内传》,或重出小异。然自古名儒贾逵、王肃、虞翻、韦曜之徒,并申以注释,治其章句。此亦六经之流,《三传》之亚也。"昔刘勰《文心雕龙》有《史传篇》,亦云:"传者,转也,转受经旨以授于后。"而经有今文、古文之别,传有内传、外传之别,不仅《春秋》有之。内传者,一经之本训;外传者,经外之别义。世传《十三经》,其中有经有传,而今古文确可识别者:《书孔安国传》十三卷,《诗毛公古训传》三十卷,《春秋左氏传》三十卷,古文也。《仪礼子夏丧服传》一篇,《春秋公羊传》十一卷,《穀梁传》十一卷,今文也。此内传也。若论外传,则今文独多。《易京房易传》三卷,《书伏生大传》四卷。亦有三卷本。《诗韩婴外传》十卷。刘向《列女传》每事引《诗》作赞,略同韩婴,疑亦《诗外传》之一种也。《礼大戴记》十三卷,《小戴记》四十九卷,《春秋董子繁露》十七卷,而刘向受《榖梁春秋》,则采春秋至汉初轶事,以为《新序》、《说苑》,都五十篇。《新序》今存十卷,《说苑》存二十卷。而春秋时事尤多,大抵采百家传记可为法戒者,以类相从,故颇与《春秋左氏内外传》相出入,疑为《榖梁外传》。《繁露》则《公羊外传》也。皆今文也。古文,独《左氏春秋》有外传耳。如此之类,事撢别出,义多旁支,取与内传相经纬,而非一经之本训,故曰外传。然则先师传经,内传古文多,外传今文多,此其较也。然今古文之称,在今日直为不词。汉人所以称今古文者,以文字有汉篆与苍籀之异,而在今日,则一体今隶,孰为古文,特事义而有不同者,当正名曰今学古学。

欲明今学、古学事义之不同,汉儒许慎撰有《五经异义》,郑玄为驳。《隋书》、《唐书·经籍志》著录十卷,宋时已佚,近人所辑,有秀水王复本、阳湖庄葆琛本、嘉定钱大昭本、曲阜孔广森本、闽县陈寿祺本。而陈本上中下三卷,称有条理,并为疏证,极精核也。井研廖平季平本《五经异义》,以考两汉学说,成《今古学考》上下二卷,而昔人说经异同之故,纷纭而不决者,至是平分江河,了如指掌焉。

卷十一　春　秋　下

　　汉刘氏向、歆父子叙录群书为《七略》，无四部之名，而《太史公》百三十篇、冯商所续《太史公》七篇，悉以隶《春秋》。唐刘知幾《史通》论史六家，而统以二体，曰："丘明传《春秋》，子长著《史记》。载笔之体，于斯备矣。"盖《春秋》编年之体，《史记》纪传之祖也。而会稽章学诚实斋扬榷文史，撰论《通义》，独深有会于刘氏向、歆之意，而推原纪传本于《春秋》，盖纪编年以包举大端，《春秋》之经也；传列人以委曲细事，丘明之传也。一辨章流别，一考镜源流，谊各有当，不必此之为是，而彼之为非也。

　　太史公综合古今，发凡起例，创为百三十篇。本纪以序帝王，世家以纪侯国，十表以谱年爵，八书以详制度，列传以志人物。然后国故朝章，网罗一编，显隐必该，洪纤靡遗。历代作史者遂不出其范围，《汉书》以下二十三史，可考而知也。然而时移事易，体例增损，固亦有之。阳湖赵翼云崧撰《二十二史劄记》，勘比诸史，较其异同，条为五事，而参以鄙意，颇有可得而论者焉。其一曰本纪。古有《禹本纪》、《尚书》、《世纪》等书，太史公用其体以叙述帝王。惟楚义帝立自项氏，政非己出，不为立纪。项羽则宰制天下，封诸侯王，莫敢不听命，自当入本纪。《汉书》改为列传，则以断代为史，当王者贵。惟《周本纪》、《秦本纪》，自其先世为侯伯皆入之，颇失裁断。然不如是，则先后参差，不得不为变例。魏收作《魏书》，遂承用其例焉。《金史》于《太祖本纪》之前，先立《世纪》以叙其先世，此则仿《尚书》、《世纪》之名，而视太史公为典切矣。《三国志》但有《魏纪》，而吴、蜀二主，皆不立纪，以魏为正统故也。《后汉书》又立《皇后纪》，盖仿《史》、《汉·吕后纪》之例，不知太史公以政由后出，故《高纪》后即立《后纪》。至班固则先立《孝惠纪》，孝惠崩，始立《后纪》，其体例已截然，以少帝既废，所立者非刘氏子，故不得以伪主纪年，而归之于后也。若东汉则各有帝纪，即女后临朝，而用人行政，已皆编在帝纪内，何必又立后纪？《新唐书》武后已改唐为周，故朝政则编入《后纪》，而宫闱琐屑，仍立后传，似得体要。《宋史·度宗本纪》后，附瀛国公及二王，不曰帝，而曰瀛国公，曰二王，固以著其不成为君，而犹附于纪后，则以其正统绪余，已登极建号，不得而没其实也。至马令、陆游《南唐书》作《李氏本纪》，吴任臣《十国春秋》为僭大号者皆作纪，殊太滥矣。其时已有梁、唐、晋、汉、周称纪，诸国皆偏隅，何得亦称纪耶？其二曰世家。太史公《卫世家》赞"余读《世家》言"云云，是古来本有《世家》一体，太史公用之以记王侯建国。刘知幾《史通·世家篇》曰："司马迁之记诸国也，其编次之体，与本纪不殊，盖欲抑彼诸侯，异乎天子，故假以他称，名为世家。按世家之为义也，岂不以开国承家，世代相续。"然孔子以一布衣，栖皇终老，未尝开国承家，而亦列之世家者，太史公见义于赞曰："天下君王至于贤人众矣，当时则荣，殁则已焉。孔子布衣传十余世，学者宗之。"岂不以孔子开来继往，以六艺世其家，胜于天下君王开国承家，以爵土世其家邪？而宋儒王安石《读孔子世家》乃讥之曰："进退无所据"，"自乱其例"。太史公所为致叹于"非好学深思，心知其意，固难为浅见寡闻者道也"。《汉书》则有列传而无世家，虽爵土弗替之王侯，亦以入列传。然传者，传一人之生平也。王侯开国，子孙世袭，故称世家，今一体改列传，而其子孙嗣爵者，又不能不如世家之次其世系。其体世家，其名列传，斯则进退无所据矣。然自《汉书》定例后，历代因之。《晋书》于僭伪诸国数代相传者，不曰世家，而曰载记，盖以刘、石、苻、姚诸君有称大号者，不得以侯国例之也。欧阳修《五代史》则于吴、南唐、前蜀、后蜀、南汉、北汉、楚、越、闽、南平皆称世家。《宋史》因之，亦作《十国世家》。《辽史》于高丽、西夏，则又变其名曰《外记》。此本纪之变体，而非世家之本然也。

其三曰表。太史公作十表，昉于周之谱牒，曰：《三代世表》、《十二诸侯年表》、《六国表》、《秦楚之际月表》、《汉兴以来诸侯年表》、《高祖功臣侯年表》、《惠景间侯者年表》、《建元以来侯者年表》、《建元以来王子侯者年表》、《汉兴以来将相名臣年表》，与纪传相为出入。纪传之所有者，则综以挈其纲；纪传之所无者，则该以拾其遗。作史体要，莫大于是。《汉书》因之，作七表，以《太史公书·三代世表》、《十二诸侯年表》、《六国表》，皆无与于汉也，其余诸侯王，皆本太史公旧表，而增武帝以后沿革以续之，惟《外戚恩泽侯表》、《百官公卿表》则补太史公之所无。至《古今人物表》，则殊非宜。盖以汉为书，而表综古今，不知限断，刘知幾讥之，宜也。见《史通·表历第七》。《后汉书》、《三国志》、《宋》、《齐》、《梁》、《陈》、《魏》、《齐》、《周》、《隋》诸《书》及《南北史》皆无表，《旧唐书》亦无表，《新唐书》有《宰相表》、《方镇表》、《宗室世系表》，以增旧书之所无。薛《五代史》无表，欧《五代史》亦无表，但有《十国世家年谱》。按谱之建名，起于周代；表之所作，因谱象形。故桓君山有云："太史公《三代世表》，旁行斜上，并效《周谱》。"谱之于表，其实一也。《宋史》有《宰相》、《宗室》二表。而表之多者，《辽史》为最，有《世表》、《皇子表》、《公主表》、《皇族表》、《外戚表》、《游幸表》、《部属表》、《属国表》。表多，则传可省。如皇子、皇族、外戚之类，功名卓著者既为列传，此外无功过者，则传之不胜传，而又不容尽没其姓氏，惟列之于表，既著明其世系官位，而功罪则附书。内而各部族，外而各属国，亦列之为表，凡朝贡叛服征讨胜负之事，皆附书以省笔墨。故《辽史》列传不多，《辽史》列传四十六卷。而一代之事迹赅焉，此作史良法也。《金史》有《宗室》、《交聘》二表。《交聘表》数宋人三失，而惜不知守险，不能自强，而切中事机，卓然有良史之风。《元史》有《后妃》、《宗室世系》、《诸王》、《公主》、《三公》、《宰相》六表，而《明史》五表，则仍诸史之旧有者四，曰《诸王》，曰《功臣》，曰《外戚》，曰《宰辅》；创诸史之新例者一，曰《七卿》。盖明太祖废左右丞相，而分其政于吏、户、礼、兵、刑、工六部，而督察院纠核百司，为任亦重，故合而七也。其四曰书志。八书乃太史公所创，以纪朝章国典。《汉书》因之作十志：《律历志》则本于《律书》、《历书》也，《礼乐志》则本于《礼书》、《乐书》也，《食货志》则本于《平准书》也，《郊祀志》则本于《封禅书》也，《天文志》则本于《天官书》也，《沟洫志》则本于《河渠书》也。此外又增《刑法》、《五行》、《地理》、《艺文》四志。宋儒郑樵作《通志》，开宗明义，以为"书契以来，惟司马迁《史记》，会《诗》、《书》、《左传》、《国语》、《世本》、《战国策》、《楚汉春秋》之言，通黄帝、尧、舜至于秦、汉之世，勒成一书，擅制作之规模。不幸班固非其人，遂失会通之志。由其断汉为书，是致周秦不相因，古今成间隔。"盖归狱于班书之断代，无以观其会通也。然其中亦自有别。固之断汉为书者，惟本纪、列传耳。至表则有《古今人物》，所载自秦而往，不言汉事。而志之《礼乐》、《刑法》、《食货》、《郊祀》、《五行》、《地理》、《沟洫》诸篇，尤皆上溯邃古，下迄当代，何尝断汉为书而不观其会通耶？盖人物可以间世而一出，不碍断代列传，而典章必有所因而制作，何能置前不论也。至于志《艺文》，则增损刘《略》，删七为六，通著六艺诸子，皆非汉人著述，更何得谓之断汉为书？《隋书·经籍志》虽变六略而为四部，然兼录古今载籍，则与班同，以为皆其时柱下之所藏也。唐宋《经籍》、《艺文》诸志因之。独《明史·艺文》第就二百七十年各家著述，厘次成志，此则断代著录之创例耳，而班《书》不然。然则班《书》断代，只限纪传，而非所论于十志。其后《律历》、《礼乐》、《天文》、《地理》、《刑法》，历代史皆不能无。《后汉书》改《地理》为《郡国》，又增《礼仪》、《祭祀》、《百官》、《舆服》四志。《三国》无志。《晋宋》、《齐书》大概与前书同，惟《宋书》增《符瑞志》，不知何所取义？史公传《龟策》，以三代圣王重卜筮也。然且为《史通》所疑。见《史通·外篇·古今正史第二》。若东汉而后，图谶之学，直是妖言，篝火狐鸣，帛书牛腹，自昔觊觎非分者，莫不造为符命以摇惑人心。沈休文乃欲以挽力征逐鹿之风，何异扬汤而止沸也。《南齐书》亦分《祥瑞》于《五行》之外，萧子显特欲侈其先世受命，以掩其篡夺之迹耳，休文至此胡为乎？《梁》、《陈书》及《南史》无志，《魏书》改《天文》为《天象》，《地理》为《地形》，《祥瑞》为《灵征》，余皆相同，而增《官氏》、《释老》二志。《齐》、《周》及《北史》皆无志。《隋》、《唐》本亦无志，今志乃合《梁》、《陈》、《齐》、《周》、《隋》并撰者，其《艺文》则改为《经籍》。《新唐书》增《仪卫》、《选举》、《兵制》三志。薛《五代史》志类有减无增。欧《五代史》另立《司天》、《职方》二考，亦即《天文》、《地理》而变其名也。《宋史》诸志，与前史名目多同。惟《辽史》增《营卫》、《捺钵》、《部族》、《兵卫》诸志，其国俗然也。《金》、《元》二史志目，与《宋史》同，惟少《艺文》耳。《明史》志目与《宋史》同，其《艺文志》，著述以明人为断，斯为特例，盖长州尤侗之所草创也。侗有《明艺文志》五卷别行。然考其初载，亦有自来。《北史·宋隐传》载："族裔世景从孙孝王为北平王文学，非毁朝士，撰《朝士别录》二十卷。会周武灭齐，改为《关东风俗传》，更广见闻，成三十卷。"而《史通·书志篇》则云："《艺文》一体，古今是同。详求厥义，当变其体。近者宋孝王《关东风俗传》亦有《坟籍志》，其所录皆邺下文儒之士，雠校之司。所列书名，惟取当时撰者。习兹楷模，庶免讥嫌。"岂《明史·艺文志》者著录群籍，限断当代之例所自昉乎？其五曰列传。传者，转也，转受经旨以授于后，所以诂经，非以叙人物也。而叙人物以为传，则自太史公始。又于传之中分公卿将相为列传，其《儒林》、《循吏》、《酷吏》、《刺客》、《游侠》、《佞幸》、《滑稽》、《日者》、《龟策》、《货殖》等，又别立名目，以类相从。自后作史者，各就①一朝所有人物传之，故不必尽拘太史公旧名也。《汉书》省《刺客》、《滑稽》、《日者》、《龟策》四传，而增《西域传》，盖无其人不妨缺，有其人不妨增。至《外夷传》则又随各朝之交兵、通贡者而载之，更不能尽同也。惟《货殖》一款本可不立传，而《汉书》所载《货殖》，又多秦时人，与汉何涉？《后汉书》于《列传》、《儒林》、《循吏》、《酷吏》外，又增《宦者》、《文苑》、《独行》、《方术》、《逸民》、《列女》等传，独《儒林传》最为

---

① 各就，原作"就各"，据《廿二史劄记》卷一改。

后世所称,五经分类叙次,各先载班《书》所记之源流,而后以东汉习经者著为传,以征师法渊源之所自。列传则《卓茂传》叙当时与茂俱不仕莽者孔休、蔡勋、刘宣、龚胜、鲍宣等五人,《来历传》叙同谏废太子者祋讽、刘玮①、薛皓、闾丘弘、陈光、赵代、施延、朱伥、第五颉、曹成、李尤、张敬、龚调、孔显、徐崇、乐闻②、郑安世等十七人。此等既不能各立一传,而其事可传,又不忍没其姓氏,故立一人传,而同事者用类叙法,尽附见于此一人传内,其例盖仿于《三国志》。《三国志·仓慈传》后,历叙吴瓘、任燠、颜斐、令狐邵、孔乂等,以其皆良吏而类叙之;《王粲传》后,历叙徐干、陈琳、阮瑀、应玚、刘桢及阮籍、嵇康等,以其皆文士而类叙之。历官行事,随事附见,以省人人立传之烦,亦见其简而该也。《三国志》传目有减无增,《方术》则改为《方伎》,《方伎传》内,如华陀则叙其治一证,即效一证;管辂则序其占一事,即验一事,独于《朱建平传》总叙其所相者若干人,而又总叙各人之征验于后,盖仿太史公《扁鹊等传》而变通其意者也。《晋书》改《循吏》为《良吏》,《方伎》为《艺术》,不过稍易其名,又增《孝友》、《忠义》二传,其逆臣则附于卷末,不另立《逆臣》名目。《宋书》但改《佞幸》为《恩幸》,其二凶亦附卷末。而叙次则多带叙法,其人不必立传,而其事有附见于某人传内者,即于某人传内叙其履历以毕之,而下文仍叙某人之事,如此者甚多。盖人各一传,则不胜传;而不为立传,则其人又有事可传。有此带叙法,则既省多立传,又不没其人,此与《后汉》、《三国》之类叙,俱为作史良法。但《后汉》、《三国》于类聚者,多在本传后方缀履历,此则正在本传叙事中,而忽以带叙者履历入之。此则同而有不同者。其大兵刑,辄以始末备之一传,余文互见。端绪秩然,不克尚友孟坚,固已抗手蔚宗。《齐书》改《文苑》为《文学》,《良吏》为《良政》,《隐逸》为《高逸》,《孝友》、《忠义》为《孝义》,《恩倖》为《倖臣》,亦

---

① 玮,原作"祎",据《后汉书·来历传》改。
② 闻,原作"阐",据《后汉书·来历传》改。

名异而实同。其敌国者亦附卷末,而类叙传孟坚意,带叙用休文法。《梁书》改《孝义》为《孝行》,又增《止足》一款,其《逆臣》亦附卷末。《陈书》及《南史》亦同。惟《南史》则侯景等另立《贼臣》名目。《魏书》改《孝行》为《孝感》,《忠义》为《节义》,《隐逸》为《隐士》,《宦者》为《阉宦》,亦名异而实同。其刘聪、石勒、晋、宋、齐、梁,俱入《外国传》。《北齐》各传名目无所增改。《周书》增《附庸》一款。《隋书》改《忠义》为《诚节》,《孝行》又为《孝义》,余皆与前史同,而以李密、杨玄感次列传后,宇文化及、王世充附于卷末。《北史》各传名目,与前史同,增《僭伪》一款。《旧唐书》诸传名目亦同前史,其安禄山则附卷末,不另立《逆臣》名目。《新唐书》增《公主》、《藩镇》、《奸臣》三款,《逆臣》中又分《叛臣》、《逆臣》为二,亦附卷末。薛《五代史》增《世袭》一款。欧《五代史》另立《家人》、《义儿》、《伶官》等传,其历仕各朝者谓之杂传,又分忠义为《死节》、《死事》二款,又立《唐六臣传》。盖五代时事多变局,故传名亦另创也。《宋史》增《道学》一款,以别出于《儒林》,又有《周三臣传》,余与前史同。《辽史》亦多同前史,惟改《良吏》为《能吏》,另有《国语解》。《金史》无《儒学》,但改《外戚》为《世戚》,《文苑》为《文艺》,余与前史同,而以金初灭辽取宋,中间与宋和战不一,末年又为蒙古所灭,故用兵之事,较他朝独多,其胜败之迹,若人人铺叙,徒滋繁冗。《金史》则详叙一人以为主,而诸将之同功一体者,旁见侧出,以类相从,有纲有纪,最得史法。亦有《国语解》。《元史》增《释老》,余亦与前史同。《明史》各传名目,亦多同前史,惟《阉党》、《流贼》及《土司》三传,则前史之所无。盖貂党之祸,虽汉唐以下皆有,而士大夫趋势附羶,则惟明人为最夥,其流毒天下亦至酷,别为一传,所以著乱亡之源,不但示斧钺之诛也。闯、献二寇,至于亡明,剿抚之失,足为炯鉴,非他小丑可比,故别立之。至于土司,古谓羁縻州也,不内不外,衅隙易萌。大抵多建制于元,而滋蔓于明。控驭之道,与牧民殊,与御敌国又殊,故自为一类焉。而其编纂之得当,如数十人共一事者,举一人立传,而同事者各附以小传;如同事者别有专传,而此一事不复详叙,但云语在某人传而已。

史笔有二:有解偶为散以疏其气者,纪传则有司马迁之《史记》,陈寿之《三国志》,萧子显之《南齐书》,姚察之《梁书》,姚思廉之《陈书》,李延寿之《南北史》,宋祁等之《唐书》,欧阳修之《五代史》,托克托等之《宋史》《辽史》《金史》,宋濂等之《元史》,张廷玉等之《明史》;编年则有司马光之《通鉴》;记言则有《战国策》,此一体也。有寓偶于散以植其骨者,纪传则有班固之《汉书》,范晔之《后汉书》,房乔等之《晋书》,沈约之《宋书》,魏收之《魏书》,李百药之《北齐书》,令狐德芬之《周书》,魏徵等之《隋书》,刘昫等之《旧唐书》;编年则有左氏之《春秋传》;记言则有《国语》,此又一体也。大抵凝重多出于偶,流美多出于散,而其枢机之转,只看《国语》《国策》二书便见。昔年李续川与余论文章,问《国语》《国策》之异同?余告之曰:"《国语》《国策》,记言体同,而文章攸殊。《国语》寓偶于散,以植其骨,《左传》之枝流也;《国策》解偶为散,以振其气,迁史之前茅也。"续川赞其了当。

一部二十四史,从何说起,而《史记》《汉书》不可不全部读,以其四通六辟,运而无所积,一为史学之开山,一为经部之枝流;一为子家之要删,一为文章之大宗。何以言之?史家二体,编年、纪传,《史记》则以纪传革编年之体,《汉书》又以纪传为断代之祖。故曰史学之开山。《史记·孔子世家》《仲尼弟子列传》《儒林列传》《汉书·律历志》及《艺文志》之《六艺略》又《儒林列传》,则群经之叙录也。《史记·五帝》《夏》《殷》《周》诸本纪、《三代世表》,与《尚书》相表里,《十二诸侯年表》《吴太伯》《齐太公》《鲁周公》《燕召公》《管蔡》《陈杞》《卫康叔》《宋微子》《晋》《楚》《越王句践》《郑》十二世家,与《春秋左传》相表里。《礼书》《乐书》,与《礼记》相表里。至《汉书·地理志》,推表山川,则《尚书·禹贡》之传,《五行志》征应五事,又《尚书·洪范》之传,而《礼乐志》为《戴礼》之支裔,《百官志》又《周官》之继别,故曰经部之枝流。《史记》列传管、晏、老子、庄子、申不害、韩非、司马穰苴、孙武、吴起、商君、孟轲、驺衍、淳于髡、慎到、荀卿诸子,即叙次其生平,又推论其著书,于书即为叙录,于人遂为列传,而《太史公自序》要指六家,《汉书·艺文志》亦略诸子,纂言钩玄,若网之有纲。故曰子部之要删。《史记》积健为雄,疏纵而奇,以为唐宋八家行散之祢。《汉书》植骨以偶,密栗而整,以开魏晋六朝骈体之风。文章变化,不出二途。故曰文章之大宗也。读一书抵千百书。

余于二十四史,《史记》外喜读陈寿《三国志》,以其工描写而别出机杼。史公笔意诙诡,寻常人物,亦描写不寻常,如《游侠》、《滑稽》、《货殖列传》是也。陈寿辞旨雅澹,极不寻常人物,而能描写其寻常,如袁绍、公孙瓒、诸葛亮等传是也。而明人归有光《震川文集》中之《先妣事略》、《寒花葬志》、《项脊轩志①》,只以寻常笔墨,写寻常细碎,却自风神疏澹,别饶意趣。姚惜抱每谓:"归震川之文,于不要紧之题,说不要紧之话。"余谓史公能于不要紧之题,说要紧之话;陈寿乃于要紧之题,说不要紧之话,各具一付本领。而震川只于不要紧之题,说不要紧之话,后来人穷老尽气,尽自赶不上也。

三儿钟英问四史文章,孰为优劣? 余告之曰:"马、迁短长相生,而出以雄肆。班、范奇偶错综,而求为雅练。陈寿《三国》,雄肆不如太史公,雅练又逊《前》、《后汉》,而清微淡远,妙造自然。柳子厚得其清简,而化以奥峭,其品峻。欧阳永叔似其淡远,而出以荡逸,其神暇。此中低昂,非汝钝根人所能会。"

唐太宗以何法盛等前后晋史十有八家,制作虽多,未能尽善,命房乔等重加撰次,分类纂辑,以成《晋书》,借功众手,指归不一,详略失当。加之半出词臣,言多骈俪,不合史裁,诃讥者众。刘知幾《史通·杂说》则诋之曰:"近者宋临川王义庆著《世所新语》,上叙两汉三国及晋中朝江左事。刘峻注释,摘其瑕疵。伪迹昭然,理难文饰。而皇家撰《晋史》,多取此书,遂取康王之妄言,违孝标之正说。以此书事,奚其厚颜。"而清修《四库全书总目》尤相讥切,以为:"其所褒贬,

---

①　志,原作"记",今改正。

略实行而奖浮华；其所采择，忽正典而取小说。宏奖风流，以资谈柄，是直裨官之体，安得目曰史传？"至道光间，荆溪周济止庵撰《晋略》一书，举《晋书》中之繁芜浮诞，及义所未安，言之不顺者，悉汰之，文省而事增，什七折衷，依于司马光《通鉴》；事以类附，例以义起，为本纪六，表五，列传三，十六国传十一，汇传七，宗室、笃行、清谈、任达、良吏、文学、隐逸。序目一，计六十六篇。事即前史，言成一家。其诸论赞中，于攻取防守地势，必反复曲折，确有指归，俾览者得所依据。自言"此书为一生精力所萃，实亦一生志略所寓也。"则以寓平生经世之学，借史事发挥之，遐识渺虑，非徒考订笔力过人。

南朝四书，《宋》、《齐》、《梁》、《陈》，其文章当以《梁书》称首，而为八家古文之前茅。赵翼《廿二史劄记》每极称之，以为："行文自出炉锤，直欲远追马、班。盖以时争尚骈俪，即叙事之文，亦多四字为句，罕有用散文单行者。《梁书》则多以古文行之。如《韦睿传》叙合肥等处之功，《昌义之传》叙钟离之战，《康绚传》叙淮堰之作，皆劲气锐笔，曲折明畅，一洗六朝芜冗之习。《南史》虽称简净，然不能增损一字也。至诸传论，亦皆以散文行之。魏郑公《梁书总论》犹用骈偶，此独卓然杰出于骈四俪六之上，则姚察父子为不可及也。世但知六朝之后，古文自唐韩昌黎始，而岂知姚察父子已振于陈末唐初也哉？"所论精卓不磨。

北朝四书，《魏》、《齐》、《周》、《隋》，独《魏书》最被谤议，号称秽史，《北齐书》收本传具著其迹。独《四库全书总目》为之辨正，互考诸书，证其所著亦不甚远于是非，其辞甚备。而余读《北齐书》收本传曰"修史诸人，祖宗姻戚，多被书录，饰以美言"，寻所云"修史诸人"，收实总其成。而仁和谭献《复堂日记》则云："阅《魏书·恩幸传》首列王睿，其子椿即收之姑夫，而传称：'魏抚兄子收，情同己子。'乃不以旧恩曲回史笔。直道如此，犹蒙秽称。"此一事为《总目》所未及，足为古人雪谤。然魏收仕于北齐，修史正在齐宣文时，故凡涉齐神武在魏朝事，必曲为回护。而欲以齐继魏为正统，故自孝武后，即以东魏孝敬

帝继之,而孝武西迁后诸帝,不复作纪。按齐神武起兵讨尔朱氏,废
节闵,会朝臣议,金谓孝文不可无后,故立孝武,天下共以为主已三
年,寻与神武不协,乃走关中,依宇文泰。神武别立清河王亶子善见
为帝,是为东魏。而孝武为西魏,是则魏统之所系。孝武崩,文帝立。
文帝崩,废帝、恭帝继之,皆魏之正统也。魏澹作《魏书》,以西魏为正
统,自是正论,惜其书不传。故西魏文帝等纪年纪事,转见于《周书·
文帝即宇文泰纪》内,在《周书》为赘悬,在《魏书》为阙漏。让清嘉庆
间,南康谢启昆蕴山乃撰《西魏书》,以续《魏书》,为纪一,表三,考四,
传十二,载记一,凡二十四卷。著其兴衰治乱,详于因革损益。卷帙
不广,条目悉具。编年纪月以经之,旁行斜上以纬之。辑北朝之遗
闻,补《魏书》所未逮。其考纪象也,兼正光之推步,较《天象》而益精
焉。其考疆域也,订大统之版图,较《地形》而更密焉。其考氏族也,
厘代都之门望,较《官氏》[①]而尤详焉。其为《封爵》、《大事》诸表也,
则于魏收所未备者,取法于迁、固而加核焉。特以周、隋两朝人物之
曾仕西魏者凡三百余人,《周书》列传,非西魏臣者十无一二,势难废
《周书》而改为西魏,其为列传,以宇文受禅为断,而下仕周、隋者,即
不为立传,虽尉迟迥、独孤信之伦,勋业烂然,亦严立限断,听其入于
《周书》。然《封爵表》载其爵秩大事,《异域表》载其勋略,《百官表》载
其所为柱国大将军之官,以与列传互为补苴,但录其事,不载其人,以
为方纽效绩于荆襄,究非魏之勋旧。而如尉迟建功于庸蜀,自属周之
臣子也。他如孝武谋去彊臣,非为失德,而《周书》攸纪,横谓斛斯椿
为群小,王思政为诖佞,皆是曲笔,岂为谠言? 今一洗之,概从其实,
斯尤明直道之公而以征良史之笔焉。

　　《新唐书》本纪、志、表题欧阳修撰,列传题宋祁撰。论者无不右
欧阳而议宋氏,其实皆一孔之士,不足与论古。独谭献《复堂日记》
谓:“《唐书》文体宏远,亦云史才。好用新字,更改旧文,多可笑呬。

---

　　① 氏,原作"民",据《魏书·官氏志》改。

如'师老'为'师耄','不可忍'为'叵可忍','不敢动'为'不可摇',直儿童语。宋祁亦雅才,何以有此弊?究其师法,殆退之作佣耳。宋与欧阳,皆崇信退之,乃学焉而各得其性之所近。"其弟子余杭章炳麟太炎遂申其意曰:"退之石刻,转益瑰怒。而宋世效韩氏为文章者,宋子京得其辞,欧阳永叔得其势。"《天放楼文言序》。辞尤明析。而朱一新《无邪堂答问》则尤力为子京张目,以为:"《新唐书》实远过《旧唐书》。子京之文,虽未追踪班、马,亦足陵跨六代。宋人多讥之,贵远忽近之见耳。范、陈而后,自欧《五代》、李《北史》与《隋书》外,未有及《新唐书》者。然欧《五代》过求简严,多所刊略。《新唐书》则无此失,虽用字间有生窜,此学古而未纯熟,然亦不至轧苗以为古。刘刘昫撰《旧唐书》。薛薛居正撰《旧五代史》。以下诸史,文词冗沓,正当以此救之。未有不简奥而可为古文者。欧《五代史》疏漏诚有之,而近人吹垢索瘢,殊多苛论。即如钱大昕《养新录》讥'契丹立晋'之文,谓袭《春秋》'卫人立晋'而误。不知欧意,谓晋恃契丹以立国,甚其辞以丑敬瑭耳。《晋纪》徐徐无党注甚明。曾谓欧公不悟《春秋》之晋为人名乎?昔人言以字字有来历求杜诗,而杜诗反晦,汉学家亦往往有此。陈寿《三国志》以上,作史者莫不有微旨存焉。史之芜,自沈约、魏收始。故《新五代史》为足贵。特其词旨甚明,而无微显志晦之意,故去三史尚远,要亦时代为之。至近世之史,乃长编耳。"此为得实之论。其后马令、陆游《南唐书》,皆有意仿欧《五代》,而马令雅赡,陆游简洁,又以不同。然陆《书》后出,说者多以为马所不及。而谭献《复堂日记》独以为:"陆游《南唐书》简而失之略,不如马令书详赡雅令,独持正统之说为陋。徐氏于中原,岂有君臣之义哉?此则不如陆《书》,而有类族辨物之义,亦远胜陆之合传不伦。惟其前后序赞,辄冠以呜呼。欧《五代》创为此体,已有讥议,顾乃扬其波呼?"其论颇极核也。

元修《宋》、《辽》、《金》三史,论者所不贵,然余谓文章放笔为直干,赡而得老,约而能肆,得太史公之意者,二十四史中,当以《金史》为最。不为宋子京之轧苗为古,亦异欧《五代》之摇曳弄姿,其宣、哀以后诸将列传尤佳,以取材元好问手笔者为多也。自宋而后,由退之而学史公者,得二人焉:曰欧阳修,曰元好问。欧阳南士力薄,故为萧闲,摹退之之韵,以得史公之逸。元氏北人气厚,力能健举,学退之之肆,以得史公之劲。降而让清姚姬传摹史公,取径欧阳,故纡徐为妍,而多弱笔。曾湘乡学退之,不由遗山,斯娇怒作势,而有冗词。亦文章得失之林也。

《金史》简老,《明史》赡该,于近代史皆称良笔。而《明史》即以王鸿绪《明史稿》为蓝本,乾隆四年,大学士①张廷玉等成书表进,中有云"惟旧臣王鸿绪之史稿,经名人三十载之用心,首尾略具,事实颇详,爰即成编,用为初稿"者以。鸿绪《明史列传稿》二百八十卷,别出为书,实出鄞县万斯同季野手笔。斯同世娴明故,萃毕生精力为之,世有博综之目,而论者谓馆臣轻于改窜,不免点铁之讥,然余读汪由敦《松泉文集》中有《答明史馆某论史事书》曰:"王本列传,聚数十辈之精华,费数十年之精力,后来何能追躅万一? 若存诋诽之见,非愚则妄。但就其中如韩林儿四人为一传,张士诚四人为一传,似尚以卷帙②多寡而定,非别有义例也。去冬高安先生朱轼谓韩林儿、郭子兴不应同传。退而思之,太祖曾用龙凤年号,似不必为讳。且用龙凤年号,称宋后,亦何损于太祖得天下之正。今议其不当用,可也;以为不足存而删之,则事之非义者当概删耶? 似非所以传信也。昨因重费商量,谬拟群雄混合之说,亦因王本韩、郭与徐寿辉、陈友谅同传,亦无不可,与张士诚、方国珍诸人同传,虽曰调停,实仍旧贯。今若以韩林儿与群雄同列,而子兴独为一传,或与高安意允协。盖滁阳封王立庙,原与林儿不同,亦有义例,非敢模棱也。"按今《明史》,郭子兴、韩林儿同传,陈友谅、张士诚、方国珍、明玉珍同传,不同王稿,亦不用汪议。盖以郭、韩为太祖之所事,陈、张四人为太祖之所敌,亦各从其类

也。揆之事例，实为允治。汪氏书又曰："杨宪艰险小人，王本以官爵列《李善长傅》后，然人实不伦。应否别附，均裁定。"又曰："王稿视《名山藏》、《明书》诸本，不啻远胜。明邓元锡撰《明书》四十五卷，清初傅维鳞撰《明书》一百七十一卷，《名山藏》不知何人所作。今若无所据依，信笔增损，则其行文疵谬颇少，读至终篇，一无可议。然但略改文法，益足形其浅陋。惟有考证事实，或有脱落互异及前后倒乱之处，补其不逮，庶为王氏功臣。但稗官野史，脞说丛谈，无足征信，而《实录》编年系月，事迹厘然，虽是非褒贬，不足为凭，而一人之出处，及所建之言，所任之事，首尾具在，明白无疑。故查《实录》以改原文，视臆断较有把握。外间推崇王本太过，遂谓不可增损。今即以行文而论，《江陵传》自是神宗朝第一大传，而王稿竟就《史料·首辅传》删节成文，其中描写热闹处，皆弇州笔。弇州逞才使气，抑扬轩轾之间，往往过情，平心观之自见。且私书不妨装点，而乃据为信史，即令弇州知之，恐亦未免失笑。神、光以后，此类甚多"云云。据此，则知当日馆臣窜改王稿，原极矜慎，而匡正其失，亦非故为索瘢之论。至嘉庆间，礼亲王昭槤为《啸廷续录》，中有论《明史稿》一条曰："向闻王横云《明史稿》笔法精善，有胜于馆臣改录者。近日读之，其大端与《明史》无甚出入，其不及使馆定者，有数端焉。惠宗逊国，事本在疑似之间。今王本力断为无，凡涉逊国之事，皆为删削，不及史臣留《程济》一传以存疑。永乐以藩臣夺国，今古大变。王本于燕多恕辞，是以成败论人，殊非直笔。然则吴漙、刘安辈亦足褒耶？ 不及史臣厚责之为愈。至于李廷机与沈漼、沈一贯，毕自严与陈新甲同传，未免鸾枭并栖，殊无分析，不如史臣之分传也。周延儒温体仁二相为戕削国脉之人，乃不入《奸臣》，而以顾秉谦辈龌龊当之，亦未及史臣本也。其他谬戾处，不可胜纪，史臣皆为改正。盖首创者难工，继述者易善也。惟《三王福、唐、桂三王。本纪》，较史本为详。至于奏牍多于辞令，奇迹罕于庸行，则二史病处正同，殊有愧于龙门，惟视《宋》、《元》二史为差胜也。"论颇持平。又推本《春秋》诛心之律，以为："王尚书鸿绪左祖廉王，康熙之子。以谋夺嫡。读《明史稿》，于永乐篡逆，及姚广孝、茹瑺诸传，每多恕辞，而于惠帝，则指责无完肤。盖其心有所阴蓄，不觉流露于书。故古人不使奸人著史以此。王司徒允之言，未可厚非也。"则尤辞严而义正矣。

昔刘知幾撰《史通》，述史有六家，而归于二体。然编年之体，只具人事得失，而纪传攸作，兼详典章因革。若其举一朝之将相除拜、封爵袭替，而丝联绳贯以为之表，罗一代之兵刑礼乐、文物制度，而原始要终以为之志，此则纪传之所独，而为编年有未逮也。独怪后之为纪传者，马、班而还，徒萃精于纪传，如陈寿、李延寿书，皆无表、志。沈约、萧子显、魏收书，及唐初所修各史，皆有志无表。《旧唐书》《五代史》亦如之。其有志有表者，又或详略失宜，读史者病焉。至宋熊方、钱文子乃有补志、补表之作。爰及前清，踵出者众，网罗放矢，开卷厘然。上海姚文枬尝仿《史》、《汉·叙传》之体，叙录其书，然而未尽。辄为补其阙遗，著目于左。

西汉郡国、兵制，孟坚附入《刑法志》。京师卫士，见于《百官表》。不立兵制，非疏阙也。录钱文子《补汉兵志》一卷。搜采本书，使散者必萃，虽云借抒胸臆，于史学亦有功矣。

宋以前十七史，自《史记》、《汉书》外，惟《新唐书》有表，余盖阙如。录万斯同《补历代史表》五十九卷[①]。娲皇之石，厥功伟哉。

史之无表，自后汉始。录熊方《补后汉书年表》十卷，盖补表之筚路蓝缕矣。然海昏、不其、寿亭各条，《四库全书总目》纠之。后有作者，削其瑕疵，撷其未备，以成一书，抑亦熊氏之功臣也。录钱大昭《后汉书补表》八卷。

艺文有志，昉于班《书》，所以辨章学术。而隋唐宋明，亦有著录。或称经籍，名异实同。而《后汉书》以下，多阙不为者。嘉定钱氏，史

---

① 据《中国丛书综录》，万斯同《历代史表》有五十三卷、五十九卷两种版本，《补历代史表》十四卷。

学世家，考镜群籍，补其放阙。继起有作，亦复不鲜。录钱大昭《补续汉书艺文志》二卷，侯康《补后汉书艺文志》四卷、《补三国艺文志》四卷，姚振宗《补后汉艺文志》四卷、《三国艺文志》四卷，曾朴《补后汉书艺文志》一卷、《考》十卷，秦荣光《补晋书艺文志》四卷，顾怀三《补五代史艺文志》二卷，钱大昕《补元史艺文志》四卷，倪璠《补辽金元三史艺文志》一卷。

郝冀公《续后汉书》，有《职官录》，然杂《史记》前后《汉书》、《晋书》之文，纪载冗沓，未可据为三国典要。况《班书·百官表》实承《史记·将相大臣年表》之例。后世史臣，但为之志，失初意矣。录洪齮孙《三国职官表》三卷。

兵之有志，始于《新唐书》。自是乐清钱氏文子遂起而补《汉书》之阙。越数百年，乃复有钱氏者，起而补《晋书》之阙，若有渊源者然。录钱仪吉《补晋兵制》一卷。

崔鸿作《十六国春秋》，并为《年表》，今久佚矣。录张庭硕《十六国年表》一卷，以太史公《十二诸侯》、《六国年表》、《秦楚之际月表》例之，虽补入《晋书》可也。

自汉以来，言地理者宗班《志》。司马彪《续汉书·志》，差可继武。嗣后群雄纠纷，疆域割裂，志之也愈难，而志之疏且阙也弥甚。然为其所难，正当于群雄纠纷时见之。有能究心于此而为其所难，岂不可珍也哉！录洪亮吉《三国疆域志》二卷、《东晋疆域志》四卷、《十六国疆域志》十六卷。

今《隋书》十志，乃梁、陈、齐、周、隋五代史志，《史通·古今正史篇》可证，则谓《梁书》无《地理志》不可也。然《晋书》有《地理志》，而洪亮吉《东晋》一种，史学家珍之，况梁固未有专志乎？录洪齮孙《补梁疆域志》八卷。

尝怪司马彪志《舆服》，沈约、萧子显志《符瑞》、《祥瑞》，而《食货》、《兵刑》之大阙焉。轻重颠倒，莫此为甚。《后汉》、《南齐》，未有为之补辑者，录郝懿行《宋书刑法志》一卷、《食货志》一卷。

李延寿《南北史》无表、志。录汪士铎《南北史补志》十四卷。然沈约、萧子显、魏收及唐之史臣，既各为之志矣，虽阙有间，则志固可以缓补，而表则不可不补者也。录周嘉猷《南北史表》六卷。

魏收作《魏书》，立《官氏志》。托克托修《金史》，立《部族表》。有元起自北方，宜同斯例，而史臣阙焉，是安可以不补？录钱大昕《元史氏族表》三卷。

凡补志十四家，成书八十八卷，补表七家，成书九十卷，斯诚稽古之渊薮，而为史家之别录也。

读史当知史例史意。刘知幾《史通》明史例，章学诚《文史通义》籀史意，而赵翼《廿二史劄记》每一史融贯全书，而类族辨物，出以互勘，极《春秋》属辞比事之能事，史例史意，互发交明，远胜钱大昕《廿二①史考异》、王鸣盛《十七史商榷》之琐碎考证。钱氏《考异》、王氏《商榷》，咸主考证，而有不同。谭献《复堂日记》谓："钱氏《考异》，体例尤严。论著述，则钱托体高；论启发，则王为功多。"诚哉是言。

读史尤贵贯串。编年之史，莫如司马光《资治通鉴》、毕沅《续资治通鉴》。纪事则有高士奇《左传纪事本末》、袁枢《通鉴纪事本末》、陈邦瞻《宋史纪事本末》、《元史纪事本末》、谷应泰《明史纪事本末》，皆贯串群史之书。掌故则《三通》并称。然郑樵《通志》，惟《二十略》为精义独辟，余皆杂钞史文，故应不如《通典》之义蕴宏深。杜佑《通典》通经义以贯史实，与章学诚《文史通义》推史义以穷经学，疏通致远，则《书》教也，皆振古奇作。而论典制详赡，莫如马端临《文献通考》，宜与司马《通鉴》同读。《通鉴》编年系月，以通贯历代之事实；《通考》博学详说，以通贯历代之典章。《通鉴》为二十四史纪传之总会，《通考》为二十四史书志之总会，相为经纬，可改称为二通也。

读史尤当知地理。而太仓陆桴亭世仪每教人"欲知地理，须是熟看《通鉴》，将古今来许多战争攻守去处，一一按图细阅。天下虽大，

---

① 二，原作"一"，今改正。

其大形势所在,亦不过数项。如秦、蜀为首,中原为脊,东南为尾。又如守秦、蜀者,必以潼关、剑阁、夔门为险。守东南者,必以长江上流荆、襄为险。此等处,俱有古人说过做过,只要用心理会。其或因事远游,经过山川险易,则又留心审视,以证吾平日书传之所得,久之贯通,胸中自然有个成局"。然而托之空言,未及见之行事之深切著明。吾乡顾祖禹景范为《读史方舆纪要》一百三十卷,中《历代州域形势》九卷,《南北直隶十三省封域山川险要》一百十四卷,《川渎异同》六卷,《天文分野》一卷,而开方绘图以冠于编,贯穿诸史,出以己所独见,征引浩博,考证详明,于山川形势险易、古今战守攻取成败得失之迹,皆得其要领。以古今之方舆,衷之于史,即以古今之史,征之于方舆。《职方》、《广舆》诸书,袭讹踵谬,名实乖错,悉据正史考订折衷之。其后清高宗敕撰《通鉴辑览》,而地理之志,多采其说焉。此真数千百年所绝无而仅有之书也。然有开必先,未尝无所本。宋儒王应麟为《通鉴地理通释》十四卷,其书以《通鉴》所载地名异同沿革,最为纠纷,而险要厄塞所在,其措置得失,亦足为有国者成败之鉴,因各为条例,首历代州域,次历代都邑,次十道山川,次历代形势,而终以唐河湟十一州、石晋十六州、燕云十六州,旁征博引,有本有末,虽不及《读史方舆纪要》之博该,而规模粗具,叙列朝分据战攻,陈古监今,倘为顾氏之大辂椎轮焉。

有史学家,有史家。史家记事述言,次第其文,左丘明、太史公是也。史学家发凡起例,籀明其义,刘知幾、章学诚是也。刘知幾作《史通》,章学诚纂《文史通义》,千载相望,骈称绝学。然而有不同者。刘知幾别出经生,而自成史家。章学诚综该经学,而贯以史例。刘知幾著书言史法,章学诚发凡籀史意。刘知幾议馆局撰修之制,章学诚明一家著述之法。其大较然也。

章学诚尝以世士以博稽言史,则史考也。以文笔言史,则史选也。以故实言史,则史纂也。以议论言史,则史评也。以体裁言史,则史例也。唐宋至今,积学之士,不过史纂史考史例。能文之士,不过史选史评,其间独推刘知幾、曾巩、郑樵皆良史才,生史学废绝之后,能推明古人大体。然郑樵有史识而未有史学,曾巩具史学而不具史法,刘知幾得史法而不得史意。故欲遍察其中得失利病,为一家之学,上探《尚书》《春秋》,下该迁《史》班《书》,甄别名实,品藻流别,约为科律,为《文史通义》一书。窃尝隐括其意,以明史法,必备三书,具三物,历二程,参二法,而后可以成家。就类例言,当备三书,仿纪传正史之体而作《纪传》,仿律令典礼之体而作《掌故》,仿《文选》《文苑》之体而作《文徵》。三书相辅而行,阙一不可。合而为一,尤不可也。而要其原本于六经。六经皆史也,后世袭用而莫之废者,惟《春秋》《诗》《礼》三家之流别耳。《纪传》正史,《春秋》之流别也;《掌故》典要,《官礼》之流别也;《文徵》诸选,《风诗》之流别也。获麟绝笔以还,后学鲜能全识古人之大体,必积久而后渐推以著也。马《史》班《书》以来,已演《春秋》之绪矣。刘氏《政典》、杜氏《通典》,始演《官礼》之绪焉。吕氏祖谦《文鉴》、苏氏天爵《文类》,乃演《风诗》之绪焉。并取括代为书,互相资证,无空言也。就组织言,当具三物,孟子曰"其事""其文""其义",《春秋》之所取也。夫史之为道,文士雅言,与胥史案牍皆不可用,然舍是二者,则无以为史。即簿牍之事,而润以尔雅之文,而断之以义。譬之人身,事者其骨,文者其肤,义者其精神也。必断之以义,而书始成家。故史之大原,本乎《春秋》。《春秋》之义,昭乎笔削。笔削之义,不仅事具始末,文成规矩。以夫子"义则窃取"之言观之,固将纲纪天人,推明大道,所以通古今之变,而成一家之言者,必有详人之所略,异人之所同,重人之所轻,而忽人之所谨,绳墨之所不可得而拘,类例之所不可得而泥,而后微茫秒忽之际,有以独断于一心。及其书之成也,自然可以参天地而质鬼神,契前修而俟后圣,此一家之学所以可贵也。就程序言,当历二程。由比类而著述。班氏撰《汉书》,为一家著述矣。刘歆、贾护之《汉记》,其比类也。司马撰《通鉴》,为一家著述矣。二刘、范氏之《长编》,其比类也。比次之书,则掌故令史之孔目,簿书记注之成格,不名家学,不立识解,以之整齐故事，而待好学深思、心知其意者之裁定。其事虽本柱下之所藏，其用止于备稽检而供采择，初无他奇也。然而独断之学，非是不为取裁。就述作言，当参二法。一曰文集而参纪传之法，二曰纪传而参本末之法。史之纪传，事不复出，蕲于互见。如《史记》、《汉书》，于《高纪》，则云语在《项传》；于《项传》，则曰事具《高纪》。如此者多。匪惟纪传为然。古人之文，一集之中，亦无重复。且如称人之善，见于祭文，则不复见于志，见于志，不复见于他文，后之人读其全集，可以互见也。又有互见于他人之文者。刘梦得作《柳子厚文集序》曰："凡子厚名氏，与仕，与年暨行己之大方，有退之之志若祭文在。"欧阳公作《尹师鲁志》，不言近日古文自师鲁始，以为范公祭文已言之，可以互见。事无重复，文相牝牡，此之所略，彼之所详。此文集而参纪传之法者也。特是纪传苦于篇分，同为一事，分在数篇，断续相离。司马光《通鉴》病纪传之分，而合之以编年。袁枢《纪事本末》又病《通鉴》之合，而分之以事类。纪事本末之作，本无深意，而因事命篇，不为成法，文省于纪传，事豁于编年，则引而伸之，扩而充之，遂觉穷变通久，以复于《尚书》之因事裁篇，反本修古，不忘其初。而诸史有作，人有同功一体，传以类聚群分。以人为经，以事为纬，《金史》、《明史》，厥例尤夥。盖承袁氏《本末》之体，而会其意者也。此纪传而参本末之法者也。逊清作者，代不乏人。文集而参纪传之法者，余姚邵廷采念鲁《思复堂文集》是也。纪传而参本末之法者，邵阳魏源默深《元史稿》是也。邵氏之集，章学诚之所及见者也。《思复堂文》，多为明人传记，以存一代掌故，与四明全氏祖望《鲒埼亭集》同指，而全氏著书尝排诋之。然论文章，则不如思复堂远甚。盖全氏修辞饰句，芜累甚多，不如思复堂辞洁气清。若其泛滥驰骤，不免蔓衍冗长，不如《思复堂集》雄健谨严，语无枝剩。至于数人共为一事，全氏各为其人传状碑志，叙所共之事，复见叠出，不知古人文集，同在一集之中，必使前后虚实，分合之间，互相趋避，乃成家法。而全氏不然。以视《思复堂集》全书止如一篇，一篇止为一句，百十万言，若可运于掌者，相去又不可以道里计矣。魏氏之史,章学诚之所未及见也。其书大体以《开国功臣》、《平金功臣》、《平蜀功臣》、《平宋功臣》、《某朝相臣》、《某朝文臣》、《治历治水功臣》等名,为列传标题,然后以一人为主,而与之有关者,胥以类叙入,每篇之首,先提纲挈领,为之叙述,以清眉目,原始要终,主从分明。是则仍纪传之体而参本末之法,神明其意,为从此百千年后史学开山。章学诚别出心裁,而语欠融贯,为条其凡如此。

一生问:"现代史学之趋势若何?"余告之曰:现代治国史者不外两派:大抵言史例史意者一派,绍明章学诚之绪论,如张尔田、何炳松,是也。一派考证上古,以疑经者疑史,扬康有为之唾余,顾颉刚为此中健者。张尔田著《史微》,顾颉刚著《古史考》,皆为后生所喜诵说。然而语多凿空,意图骋臆。独严复每劝人读宋元明史,以为"吾侪今日思想风俗政治,直接间接,可于宋元明史籀其因果律"。顾独无为之者。不过宋元明事证确凿,时代相接,不如上古荒渺之便于凿空、史例史意之可骋臆谈耳。

丁生学贤来,谈上古史,涉《竹书纪年》。余告之曰:君子治学,总须不囿于风气,而卒为风气所囿者,俗学也。即以上古史而论,《竹书纪年》岂可为典要,而世论偏疑太史公而信《纪年》,又或执以难《尚书》,此真大惑不解。第一,世所传《竹书纪年》,不必即出西晋人所见。第二,作者原书,必出西晋忿世疾俗士,所谓"舜、禹之事,吾知之矣",以寄其慨。《晋书·束晰传》:"太康二年,汲郡人不准盗发魏襄王墓,或言安釐王冢,得竹书数十车。其《纪年》十三篇,记夏以来至周幽王为犬戎所灭,以事按之,三家分晋,仍述魏事至安釐王之二十年。盖魏国之史书,大略与《春秋》皆多相应。其中经传大略,则云夏年多殷,益干启位,启杀之,太申杀伊尹,文丁杀季历"云云。世传《纪年》起自黄帝,而不止记夏以来,至云夏年多殷,益干启位,启杀之,则又今本之所无。盖今本《纪年》夏自禹至桀十七世,有王与无王,用岁四百七十一年,商、汤灭夏以至于受二十九王,用岁四百九十六年,则是夏年不多于殷也。又云："禹立四十五年①，禹荐益于天。七年，禹崩，三年丧毕，天下归启。帝启元年癸亥，帝即位于夏邑。二年，费侯伯益出就国。六年，伯益薨，祠②之。"则是益不干启位，亦无启杀之之事也。既与《晋书》所称大异，而黄伯思《东观余论》历引杜预以为驳难，谓："预云《纪年》起自夏、商、周，而此自唐、虞以降皆录之。预云《纪年》皆三代王事，无诸国别，而此皆有诸国。预云《纪年》特记晋国起殇叔，次文侯、昭侯，而此记晋国世次自唐叔始，是二者又与《纪年》异矣。及观其纪岁星事，有杜征南洞晓阴阳之语，即此可征世所传《纪年》，匪西晋人所云《汲冢书》明也。"作者必出当日畸士，如嵇康之辈，目睹曹魏、司马氏借禅让以行篡弑，意有所郁结不得摅，托古讽今，故为谬异其说。陈寿《魏志·文帝丕传》叙受汉禅，"乃为坛于繁阳"裴松之注引《魏氏春秋》曰："帝升坛礼毕，顾谓群臣曰：'舜、禹之事，吾知之矣。'"《王粲传》附嵇康，裴松之注引《魏氏春秋》曰："山涛选曹郎，举康自代。康答书拒绝，因自说不堪流俗，而菲薄汤、武。大将军司马昭闻而怒焉。"康《与山巨源绝交书》自称："每非汤、武而薄周、孔，会显世教所不容。"而《纪年》云："益干启位，启杀之。"又云："伊尹放太甲于桐，乃自立。王潜出自桐，杀伊尹。"与孟轲称说不同。此真所谓"非汤、武而薄周、孔，会显世教之不容"者也。特干忌讳，故托出汲冢，以避世罔耳。在作者别识心裁，特以发慨。而必据为典要，以疑《尚书》，则甚矣人之好怪也。

---

① 年字原缺，据《竹书纪年》补。
② 祠，原作"词"，据《竹书纪年》改。

卷十二 小 学

诂与训有殊。诂者所以通古今之言，训者所以籀章句之指。诂者，古言也。古今异言，以今言解古言，使人易知也。训者，顺也。圣人发言为经，语有缓急，顺以为解，勿乖其指也。二者交济，莫可一阙。诂而不训，其失则拘而流于琐，汉儒是也。训而不诂，其弊也臆而失之疏，宋儒是也。自昔解诂，必本声音。先择同音之字，如《中庸》："仁者，人也。"不获，乃求之一音之转，如"义者，宜也"。不获，乃求之双声，如《易传》："象者，材也。""渐者，进也。""颐者，养也。"《孟子》："序者，射也。"又不得，乃求之叠韵，如《易传》："乾，健也。""坤，顺也。""坎，陷也。""离，丽也。"《孟子》："庠者，养也。""校者，效也。"声韵咸不可得，乃求诸习惯易知之字。《尔雅·释诂》，汉儒笺经，大率如此，可考而按也。

刘熙《释名》，以谐声解诂，得《尔雅》之意。许慎《说文》，以同体分部，本《急就》之语。

休宁戴震东原为汉学大师，皖派开山。每谓有志闻道，当先从事于字义制度名物，以通六经之语。考诸篆书，由《说文》以睹古圣人制作本始；更念《尔雅》，为承学津筏，又殚心其书，遂为后来治学者开一法门。其学一传而为金坛段玉裁懋堂。段玉裁阐扬师说，穷微极博，撰《说文解字注》，因字形以说字音字义，谓："《说文》、《尔雅》相为表里。治《说文》，而后《尔雅》及传注明。《说文》、《尔雅》及传注明，而后谓之通小学，而后可通群经之大义。"而于是汉学之机括以发。然《尔雅》本为诂经，而《说文》只以解字。桐城方东树植之为《汉学商兑》，辨之极详，其大指以为："许君自序，缘秦初作隶书，而古文绝。

汉初,犹试讽籀书,试八体。其后尉律不课,小学不修,莫达其说。宣、平以后,张敞、杜业、扬雄诸儒,通其学者,著《训纂篇》等书,始稍稍略复存之。及新莽居摄,甄丰颇改定古文,而壁书及张苍所献《春秋左氏传》,及郡国所得山川古文,时人不识,共相非訾,诡更正文,乡壁虚造,变乱常行,不合孔氏古文,谬于篆,故博采通人,考之贾逵,作《说文》。其书以秦篆为本,合以《史籀》大篆及古文。古文者,《易》孟氏,《书》孔氏,《诗》毛氏,《礼》、《周官》、《春秋》左氏、《论语》、《孝经》及山川奇字。据此云云,是许君作《说文》,本以经古文解说文字,非以文字训诂经义。许冲上表言:'今五经之道,昭炳光明。而文字者,其本所由生'云云,语意分明。盖谓经义本解已著,此特引证,用以说解文字耳。《说文》既作,复作《五经异义》,则许氏未尝以专用《说文》足证经矣。《说文》所引经文,多有一字殊见。如《易》既引'以往吝',又引'以往遴';《书》既引'旁逑孱功',又引'旁救偝功','方鸠偝功';《诗》既引'襃袢',又引'绁绊';《论语》既引'色勃如也',又引'色艴如也',此类甚多。当由经师各承一家之学,各以所见为定本,是以不合,而许君亦不能定之。今于许君所不能定,而欲求之《说文》以定,益以惑矣。《说文》所引异字,即今经文读某之字,洪容斋及近人钱大昕氏尝录出凡数百字。今经文皆不复见,不适于用,不与马、郑相应,是后人尚不能得其所异之字,又何能以之定经之说乎?许君本以六书之义解说文字,谓圣人不虚作,必有依据。所谓依据者,指六义也。凡以明圣人作此字之义,有一定依据也。若夫经义则不然。有一字作一义用,有一字作数义用。今执《说文》,以一字一义考经,所以致以文害词,以词害意,穿凿而不可通也。苏子瞻曰:'字同义异,必欲一之,雕刻彩绘以成其说,是以六经不胜异说,而学者疑焉。'又不仅是。顾亭林曰:'六经之文,左、公、穀、毛苌、孔安国、郑众、马融诸儒之说,未必尽合。况叔重生于东京之中世,所本者,不过刘歆、贾逵、杜林、徐巡等十余人之说,而以为尽得古人之意,然与否与?五经未遇蔡邕等正定之先,传写人人各异。今其书率多异字,而以今经校,则《说文》为短。又一书之中，有两引而其文各异者，后之读者，将何所从？且其书流传既久，岂无脱落？'即徐铉亦谓：'篆书日久湮替，错乱遗脱，不可悉究。'又序《韵谱》曰：'今承诏定《说文》，更与诸儒精加研复，又得李舟所著《切韵》，殊有补益。其间有《说文》不载，而见于序例注义者，必为脱漏，并存编录。'可知《说文》本有脱漏。今汉学诸人坚谓此书所阙者，必古人所无，或见他书所有而疑，或别指一字以当之，改经文以就《说文》，不亦支离回护之甚耶？"其辞颇核。而湘潭王闿运壬秋每教学者，亦曰："说经以识字为贵，而非识《说文解字》之为贵。"及为郭生序《六书讨原》，则曰："许虽博访，未求理董。至其释帝从刺，畏鬼如虎，显违经训，殆等俳优。马头四羊，犹愈于此。"则于叔重大有微辞。亦言《说文》以治经训者不可不知。

　　《说文》九千三百五十三字，以形相从，分别部居。而清儒自戴东原以下，则欲以声相从，别作一书。戴氏《答段若膺论韵书》称"作《谐声表》，使以声相统，条贯而下如谱系"云云，顾徒有其说而未成其书。段若膺遂师其意，以成《古十七部谐声偏旁表》，而序其端曰："考周、秦有韵之文，某声必在某部，至赜而不可乱。故视其偏旁以何字为声，而知其音在某部。易简而天下之理得也。许叔重作《说文解字》时，未有反语，但有某声某声，即以为韵书可也。自音有变转，同一声，而分散于各部各①韵。如一'某'声，而'某'在厚韵，'媒'、'腜'在灰韵。一'每'声，而'悔'、'晦'在队韵，'敏'在畛韵，'晦'、'痗'在厚韵之类。参差不齐，承学多疑。要其始，则同谐声者必同部也。三百篇及周、秦之文备矣。辄为《十七部谐声偏旁表》，补古六艺之散逸，类列某声某声，分系于各部，以绳今韵，则本非其部之谐声而阑入者，憭然可观矣。"而陈氏则用段氏十七部，分为十七卷，每卷若干部，以所谐之声为部首，谐其声者下一字书之，谐此字之声者，又下一字书之，有高下至四五列者，名曰《说文声表》，子母相生，朗若列眉矣。

---

①　各字原缺，据《六书音均表》卷二补。

顾炎武撰《诗本音》十卷、《易音》三卷，江永撰《古音标准》四卷，皆以《诗三百篇》之用韵，旁证《易》象《楚词》及周秦诸子有韵之辞，观其统同以明古音。论者以为明陈第撰《毛诗古音考》四卷、《屈宋古音义》三卷，开前路之驱。而远溯明以前，著一书以明古音者，实自宋武夷吴棫才老始。盖棫音《诗》音《楚辞》，据其本文，推求古读。朱子注《诗》，遂用棫说。特棫以叶韵为说，而陈第则以为古人之音原与今异，此所称叶韵，皆即古人之本音耳。然驳吴棫叶韵之说者，实自杨慎撰《古音略例》一卷先开其镝。慎书取《诗》、《礼记》、《楚辞》、《老》、《庄》、《荀》、《管》诸子有韵之词，标为略例，谓棫于《诗》必叶音，不思古韵宽缓，如字自可叶，何必穷唇齿、费简册？第因慎例，而推阐加密，遂开清儒音学之先河，不得数典而忘其祖也。

卷十三　诸　子

　　道与儒不相兼,道者明道,儒家隆礼。道之大原出于天,礼之所起施于人。天人之分,即儒、道之辨。近儒张尔田尤有味乎其言之,以为:"道家宗旨,明天者也。故其言道也,则曰:'有物混成,先天地生。吾不知其名,字之曰道。''道法自然。'《老子》。儒者宗旨,明人者也。故其言道也,则曰:'道者,非天人之道,非地之道,人之所道也。'《荀子》。孔子儒而兼道,故明天人相与之际。道家纯任天道,孔子则修人道以希天。儒家务尽人道,孔子则本天道以律人。"语见所著《史微内篇》。修人道以希天者,《春秋》教也。本天道以律人者,《易》学也。子所雅言,《诗》、《书》执《礼》。孔子以《诗》、《书》、《礼》、《乐》教,弟子盖三千焉。而《易》、《春秋》不与者,性与天道不可得闻也。其后子思、孟轲衍其道统,则曰:"天命之谓性,率性之谓道。"《中庸》。"尽其心者,知其性也,知其性,则知天矣。"《孟子·尽心上》。是"道法自然"之意也。荀卿传其儒学,则曰:"《书》者,政事之纪也。《诗》者,中声之所止也。礼者,法之大分,类之纲纪也,故学至乎《礼》而止。"《荀子·劝学篇》。是《诗》、《书》执《礼》之教也。汉代经生,近承荀学。宋儒理学,上衍道统。

　　荀子道性恶,故重师法,重师法,则不得不劝学。而学之所以有成功者,有二道焉,曰"专",曰"积"。唯"专"乃能"积"渐,唯"积"斯以征"专"。"目不能两视而明,耳不能两听而聪。螣蛇无足而飞,梧鼠五技而穷。蚓无爪牙之利,筋骨之强,上食埃土,下饮黄泉,用心一也。蟹六跪而二螯,非蛇蟮之穴无可寄托者,用心躁也。"此"专"之说也。"不积跬步,无以致千里;不积小流,无以成江海。骐骥一跃,不能十步；驽马十驾，功在不舍。锲而舍之，朽木不折；锲而不舍，金石可镂。"此"积"之说也。"积土成山，风雨兴焉；积水成渊，蛟龙生焉；积善成德，而神明自得，圣心备焉。为善不积耶，安有不闻者乎？"此荀子之所为"劝"，而学之所以有成功也。若论为学之次第，则甚致谨于"义"与"数"之辨。以为："其数始乎诵经，终乎读礼。其义则始乎为士，终乎为圣人。真积力久则入，学至乎没而后止也。故学数有终，若其义则不可须臾舍也。为之，人也；舍之，禽兽也。"此"义"与"数"之别也。而"礼"则学"数"之终，道德之极。故曰："道德仁义，非礼不成。""礼者，法之大分，类之纲纪也。故学至乎礼而止矣。夫是之谓道德之极。"此其大略云尔。

《欧阳文忠集》有《郑荀改名序》，中谓："荀卿子独用《诗》、《书》之言。"未为知荀子也。按孟子曰："颂其《诗》，读其《书》。"《万章下》。《史记·孟子列传》曰："序《诗》、《书》，述仲尼之意，作《孟子》七篇。"赵岐《孟子题辞》曰："孟子通五经，尤长于《诗》、《书》。"陈氏此《记》，历举孟子引《诗》者三十，论《诗》者四，引《书》者十八，论《书》者一，至于诸侯之礼，则曰"吾未之闻。"卷三《孟子篇》。则是独用《诗》、《书》之言者孟子，而非荀卿子也。至荀卿子著《儒效篇》，则以不知隆礼义而杀《诗》、《书》为俗儒，隆礼义杀《诗》、《书》为雅儒。其《劝学篇》则曰："礼者，法之大分，类之纲纪也。故学至乎礼而止矣。夫是之谓道德之极。将原先王，本仁义，则礼正其经纬蹊径也。若挈裘领，诎五指而顿之，顺者不可胜数也。不道礼宪，以《诗》、《书》为之，譬之犹以指测河也，以戈舂黍也，以锥飡黍也，不可以得之。"以视孟子之断断于"颂《诗》读《书》"者，不可同年而语矣。然则隆礼贵义者，荀卿之学；而颂《诗》读《书》者，孟子之学也。

阅阮元《曾子章句》、《子思子章句》而发所疑焉。窃按《汉书·艺文志》部录诸子，必谨师承，如儒家《曾子》十八篇、《宓子》十六篇之系曰孔子弟子，《李克》七篇之系曰子夏弟子，《孟子》十一篇之系曰子思弟子，皆其例也。独世称子思为曾子弟子，而《子思》二十三篇，系之曰孔子孙,而不称曾子弟子,且以次《曾子》十八篇之前。细籀二子所著书,子思称《诗》、《书》而道尽性,肇启孟子,传道统;曾子善言礼而隆威仪,毗于荀卿,为儒宗。其功夫一虚一实,其文章一华一朴,故不同也。近儒章炳麟为《征信论》曰:"宋人远迹子思之学,上隶曾参。寻《制言》、《天圆》诸篇,与子思所论述殊矣。《檀弓》记曾子呼伋。古者言质,长老呼后生,则斥其名,微生亩亦呼孔子曰丘,非师弟子之征也。《檀弓》复记子思所述,郑君曰:'为曾子言难继,以礼抑之。'足明其非弟子也。近世阮元为《子思子章句》,亦曰'师曾迪孟',孟轲之受业,则太史公著其事矣。师曾者,何征而道是耶?"见《太炎文录》。知言哉。

荀子之学,多与孟子违,然按荀子书,明称孟子者仅三篇,其中有非孟子之所学者,有引孟子之逸文者。如《非十二子篇》非思、孟之造五行,《性恶篇》驳孟子之道性善,此非孟子之所学者也。又《性恶篇》引孟子曰:"今人之性善,将皆失丧其性故也。"杨倞注:"孟子言失本性,故恶也。"《大略篇》:"孟子三见宣王,不言,门人曰:'曷为三遇宣王而不言事?'孟子曰:'我先攻其邪心。'"杨倞注:"以正色攻去邪心,乃可与言。"皆为孟子《七篇》所不载,此引《孟子》之逸文者也。《韩诗外传》取《荀子·非十二子篇》而删其非子思子之语,王应麟《困学纪闻》遂谓非子思、孟子者为韩非、李斯之流,托其师说以毁圣贤。此欲为荀子回护耳。然按《扬子法言·君子篇》:"或曰:'子小诸子,孟子非诸子乎?'曰:'诸子者,以其异于孔子者也。孟子异乎不异?'或曰:'荀卿非数家之书,侻也。至于子思、孟轲,佹哉。'曰:'吾于荀卿与?见同门而异户也。唯圣人为不异。'"则雄所见《非十二子篇》盖有非子思、孟子之语矣。

《诗》为儒者六艺之一,而赋者古诗之流。《汉志·诗赋略》区分五种,而专门名家以自树帜者,曰屈原、陆贾、孙卿。陆贾、孙卿即隶儒家,而陈氏亦谓屈原、宋玉虽诗赋家,而推究其学,则出儒家。然则诗赋家者,儒家之支与流裔。子以四教,而文冠首。圣门四科,而文学其一。子贡曰:"夫子之文章,可得而闻。"颜渊称"博我以文",而《韩非·显学》讥切"儒以文乱法",然则文者儒之所颛以别异于诸子,而诗赋一略,揆之六艺,则三百篇之云仍;以衡十家,亦儒者之别材。扬子云鄙薄赋以"壮夫不为",《法言·吾子篇》。而谢仪曹诗则又谓:"高文一何绮,小儒安足为",虽辞指之轩轾有异,而歧文章以别出于儒,则一指而同归。不如杜子美诗"风流儒雅是吾师"之咏宋玉为得其通。而刘勰《文心雕龙》有《诠赋篇》,亦谓"赋者,受命于诗人,拓宇于《楚辞》",亦衡文章流别者之所不可不知也。然而穷其渊源,尚未悉其流变。吾则见为辞赋家者流,盖原出诗人风雅之遗,而旁溢为战国纵横之说。纵横家者流,本于古者行人之官。观春秋之辞命,列国大夫聘问诸侯,出使专对,盖欲文其言以达旨而已。至战国而抵掌揣摩,腾说以取富贵,其辞铺张而扬厉,变其本而恢奇焉。不可谓非行人辞命之极也。孔子曰:"诵《诗》三百,授之以政,不达,使于四方,不能专对,虽多奚为?"是则比兴之旨,讽喻之义,固行人之所肆也。纵横家者流推而衍之,是以能委折而入情,微婉而善讽也。赋者,古诗之流,而为纵横之继别。比兴讽谕,本于《诗》教。铺张扬厉,又出纵横。故曰:"赋者,铺也。"铺张扬厉,体物写志也。体物写志,故曰古诗之流。铺张扬厉,乃见纵横之意。余读太史公为《屈原列传》,叙原之作《离骚》,必先之曰:"娴于辞令。"又卒之曰:"屈原既死之后,楚有宋玉、唐乐、景差之徒者,皆好辞而以赋见称。然皆祖屈原之从容辞令。"其后司马长卿之《子虚》、《上林》,与宋玉之《登徒》、《高唐》,遂客主以首引,极声貌以穷文,皆祖屈原之从容辞令,一脉相传。妙在疏古之气,寓于丽则,腴而奥,圆而劲,有纵横之意,无排比之迹。宋玉以女色为主,长卿以游畋为主,所以讽也。而见用意处,不在铺张扬厉,正在闲闲二冷语,此文章之体要,而辞赋之写志。然使一直说出,有何意味?后人无铺张之才,纯以议论见意,于是乖体物之本矣。

《管子》八十六篇,《汉书·艺文志》以入道家,其义盖本太史公。观太史公论六家之要指,谓"道家无为,又曰无不为。其术以虚无为本,以因循为用。无成势,无常形。"而传管子之相齐,则曰:"下令如流水之原,令顺民心,故论卑而易行。俗之所欲,因而与之。俗之所否,因而主之。其为政也,善因祸而为福,转败而为功。贵轻重,慎权衡。桓公实怒少姬,南袭蔡,管仲因而伐楚,责包茅不入贡于周室;桓公实北征山戎,而管仲因而令燕修召公之政。于柯之会,桓公欲背曹沫之约,管仲因而信之,诸侯由是归齐。"岂非所谓"以虚无为本,以因循为用。无成势,无常形"者乎?其可征于管子书者曰:"无为之道,因也。心术者,无为而制窍。"《心术》上。亦与太史公之言相符,故《汉书·艺文志》以入道家也。自《隋唐·经籍志》始以入法家。陈氏之说误也。

道法自然,老子之指,而究其用,卒陷于大不自然。侯官严复又陵好以英哲家斯宾塞尔《群学》论衡《老子》,以为:"质之趋文,纯之入杂,由乾坤而纯,至于未既济,亦自然之势也。老氏返淳还朴之义,犹驱江河之水而使之在山,必不逮矣。夫物质而强之以文,老氏訾之,是也。而物文而返之使质,老氏之术非也。何则?虽前后二者之为术不同,而其违自然,拂道纪,则一而已。故今之治,莫贵乎崇尚自由。自由,则物各得其所自致,而天择之用,存其最宜。而太平之盛,可不期而自至。"见熊氏刻《严复评老子》。正与陈氏引赵邠卿、崔寔《政论》之意相发。

老子曰:"天长地久。天地所以能长久者,以其不自生,故能长生。是以圣人后其身而身先,外其身而身存,非以其无私耶?故能成其私。"然则长生修仙以蕲不死者,固非老子之所许矣。而方士之言神仙长生者多托老子,何也?《列子·杨朱篇》载:"孟孙阳问杨子曰:'有人于此,贵生爱身,以蕲不死,可乎?'曰:'理无不死。''以蕲久生,可乎?'曰:'理无久生。生非贵之所能存,身非爱之所能厚。且久生奚为?五情好恶,古犹今也。四体安危,古犹今也。世事乐苦,古犹今也。变易治乱,古犹今也。既闻之矣,既见之矣,既更之矣。百年犹厌其多,况久生之苦也乎?'孟孙阳曰:'然,速亡愈久生,则践锋刃,入汤火，得所志矣。'杨朱曰：'不然。既生，则废而任之，究其所欲，以俟于死。将死，则废而任之，究其所以，以放于尽。无不废，无不任，何遽迟速于其间乎？'"此则道家之贵身任生，而一仍乎道法自然之指者也，岂长生修仙以蕲不死之谓哉？

杨朱为老学之一支，其说具见《列子·杨朱篇》，而中亦有别。"古之人，损一毫，利天下，不与也。悉天下，奉一身，不取也。故智之所贵，存我为贵。力之所贱，侵物为贱。然身非我有也，既生，不得不全之。物非我有也，既有，不得不去之。身固生之主，物亦养之主。虽全生身，不可有其身。虽不去物，不可有其物。有其物，有其身，是横私天下之身，横私天下之物。其唯圣人乎？公天下之身，公天下之物。"此贵身任生之指，岂非老子所谓"圣人后其身而身先，外其身而身存"、"非以其无私，故能成其私"者耶？至云："从心而动，从性而游。""肆之而已，勿壅勿阏。恣耳之所欲听，恣目之所欲视，恣鼻之所欲向，恣口之所欲言，恣体之所欲行。"则轻身肆志之意尔。而要归本于老之道法自然。世言战国衰灭，杨与墨俱绝。然以观汉世所称道家杨王孙之伦，皆厚自奉养。魏、晋清谈兴，王、何之徒，益务为藐天下，遗万物，适己自恣，偷一身之便，则一用杨朱之术之过，而老、庄不幸蒙其名。

余观儒谨执礼，道任自然。章太炎言："执礼者质而有科条，行亦匡饬。礼过故矜，平之以玄。玄过故荡，持之以礼。礼与玄若循环，更起用事。"先秦而降，数千年间，汉初尚黄、老，汉武礼儒者，魏、晋谈老、庄，唐宋宗孔、孟，迭为王厌，唯孔与老，宁有墨学迥翔之余地者？而墨学中兴，不过晚近数十年间尔。自欧化之东渐，学者惭于见绌，反求诸己，而得一墨子焉。观其兼爱、非攻，本于天志，类基督之教义。而《经》、《经说》、《大取》、《小取》诸篇，可以征西来之天算重光诸学，又于逻辑之指有当。由是谈欧化者忻得植其基于国学焉。此晚近墨学之所为翘然特出，而代王于久厌之后者也。然皮傅欧化，何必墨氏。杨朱为我，夫岂不可。西人自由，以不侵人之自由为界，犹之杨氏为我，以侵物为贱乎？吾国古哲名理，何所不孕包，独鳏生不学，乃自轻其家丘耳。

孟子以杨朱为我为充塞仁，而斥之曰无君；墨子兼爱为充塞义，而斥之曰无父。其毕生心事，在距杨、墨。杨朱拔一毛而利天下不为，即其无君之罪案。君之为言群也，不必作君主解。然杨朱旨在存我，而以侵物为贱，以公天下之身、公天下之物为至人，语见《列子·杨朱篇》，则是为我，而非无君也，未尝充塞仁也。墨子兼爱，以兼相爱、交相利为言。利我之道，即存爱他。故必先从事乎爱利人之亲，然后人报我以爱利吾亲，语详《墨子·兼爱篇》，则是兼爱，而非无父也，未尝充塞义也。杨朱为我，而尊重个人之自由，有似法兰西之民主政治。墨子兼爱，而流为极端之干涉，颇类苏俄之劳农政治。

《墨子》有《尚同篇》，庄生有《齐物论》，标题攸同，而归趣不一。庄生任不齐，以为大齐。墨子一众异，以统于同。一放任，一专制。

《孟子·墨者夷之章》，本人情以立言。然观《墨子·节葬篇》，亦自言之有故，持之成理。《荀子·礼论篇》则曰："刻死而附生谓之墨。夫厚其生而薄其死，是敬其有知而慢其无知也，是奸人之道而倍叛之心也。君子以倍叛之心接臧穀，犹且羞之，而况以事其所隆亲乎。"其大指归于称情而立文。大抵儒者顺人情，故久丧以为尽哀，厚葬以为饰终。墨者上功用，故久丧以为废事，厚葬以为伤财。此儒、墨之辨也。又不仅是。吾见墨氏尚同，儒者明分。尚同，斯贵兼以斥别。明分，故等衰之有差。《墨子·兼爱下》曰："别士之言曰：'吾岂能为吾友之身若为吾身，为吾友之亲若为吾亲。'别士之言若此。兼士不然，曰：'必为其友之身若为吾身，必为其友之亲若为吾亲，然后可以为高士于天下。'"斯墨氏之上同也。儒者则不然。《孟子·尽心下》曰："君子之于物也，爱之而弗仁；于民也，仁之而弗亲。亲亲而仁民，仁民而爱物。"朱子《集注》引杨氏曰："其分不同，故所施不能无差等。"则是明爱之有差等而贵明分也。《荀子·富国篇》曰："礼者贵贱有等，长幼有差，贫富轻重皆有称者也。无君以制臣，无上以制下，天下害生纵欲。欲恶同物，欲多而物寡，群而无分则争。争者祸也，救患除祸，则莫若明分使群矣。故无分者，天下之大患也。有分者，天下之本利也。兼足天下之道在明分。"则是明礼之不可无等差而贵明分也，此儒、墨之辨也。

自晋鲁胜序《墨辨注》谓"墨子著书作《辨经》，以正名本。惠施、公孙龙祖述其学，以正别名显于世"。毕沅云："《经上下》、《说上下》四篇，有似坚白异同之辩。"《墨子》毕氏刻本孙星衍附记此语。至近代梁启超、胡适盛衍其说。独章士钊明其不然，大指以为："施、龙祖述墨学，说创鲁胜，前未有闻。《汉书·艺文志》名、墨流别，判然不同。施、龙之名，隶名而不隶墨。《荀子·解蔽篇》曰：'墨子蔽于用而不知文，惠子蔽于辞而不知实。'墨、惠并举，而所蔽之性，适得其反。谓为师承所在，讵非谰言。今观惠、墨两家，同论一事，其义莫不相反。如惠子言：'一尺之棰，日取其半，万世而不竭。'墨子言：'非半勿斫，则不动，说在端。'凡注《墨》者率谓此即惠义，而不悟两义相对，一立一破，绝未可同年而语也。且以辞序征之，以惠为立而墨为破。何以言之？惠子之文意，重在取而不在所取，以为无论何物，苟取量仅止于半，则虽尺棰已耳，可以日日取之，历万世而不竭也。墨家非之，谓所取之物，诚不必竭，而取必竭。一尺之棰，决无万世取半之理。盖今日吾取其半，明日吾取其半之半，明日吾于半之半中取其一半，可以计日而穷于取，奚言万世。何也？尺者，端之积也。端乃无序，而不可分。于尺取半，半又取半，必有一日全棰所余两端而已，取其一而遗其余，余端凝然不动。不能，斫即不能取也，故曰：'非半勿斫，则不动，说在端。'此其所言果一义乎？抑二义乎？略加疏解，是非炳然可知，而从来治墨学者未或道及。"因作《名墨訾应考》，著如上例若干条，以征名、墨两家倍僪，决非相为祖述，如鲁胜所云。然名、墨两家之倍僪不同，陈氏说已发其镝，以为："墨子言'白马，马也'，而公孙龙则云'白马非马'。其说云：'求马，黄、黑马皆可致。求白马。黄、黑马不可致。故曰白马非马。'墨子言：'苟是石也白，败是石也尽与白同,是石也。'而公孙龙则云:'坚、白、石,三可乎?曰:不可。视不得其所坚,拊不得其所白,见与不见离。且犹白以目以火见,而火不见,则火与木不见而神见。神不见,而见离。坚以手而手以棰,是棰与手知而不知,而神与不知神乎?是之谓离焉。'皆较墨子之说更转而求深。"而要其两义相对,一立一破,岂不足以征名、墨两家之倍僪不同。所与章氏异者,特章氏言惠为立而墨为破,而征以陈氏之说,则又似墨为立而龙为破尔。要以陈氏之说近是。何者?盖墨氏作《辩经》以正名本,而名家玄异同以泯名相,此其柢也。

《汉书·艺文志》:阴阳家《邹子》四十九篇,《邹子始终》五十六篇,其书皆亡。独太史公《孟子荀卿列传》著其学,谓:"驺衍睹有国者益淫侈,不能尚德,若《大雅》整之于身,施及黎庶矣。乃深观阴阳消息,而作怪迂之变,《始终》、《大圣》之篇,十余万言。其语宏大不经,必先验小物,推而大之,至于无垠。先序今以上至黄帝,学者所共术,大并世盛衰,因载其礿祥度制,推而远之,至天地未生,窈冥不可考而原也。先列中国名山大川,通谷禽兽,水土所殖,物类所珍,因而推之,及海外人之所不能睹。称引天地剖判以来,五德转移,治各有宜,而符应若兹。以为儒者所谓中国者,于天下乃八十一分居其一分耳。中国名曰赤县神州,赤县神州内自有九州,禹之序九州,是也,不得为州数。中国外加赤县神州者九,乃所谓九州也。于是有裨海环之,人民禽兽莫能相通者,如一区中者,乃为一州。如此者九,乃有大瀛海环其外,天地之际焉。其术皆此类也。然要其归,必止乎仁义节俭,君臣上下六亲之施始也滥耳。"隐括其指,在明终始。始终者,终而复始,运之无垠也。要以推明时间无垠、空间无垠。时间无垠者,"先序今以上至黄帝,学者所共术,大并世盛衰,因载其礿祥度制,推而远之,至天地未生,窈冥不可考而原也","称引天地剖判以来,五德转移,治各有宜,而符应若兹"。空间无垠者,"先列中国名山大川,通谷禽兽,水土所殖,物类所珍,因而推之及海外,人之所不能睹。以为儒者所谓中国者,于天下乃八十一分居其一分耳。中国名曰赤县神州,赤县神州内自有九州,禹之序九州,是也,不得为州数。中国外如赤县神州者九,乃所谓九州也。于是有裨海环之,人民禽兽莫能相通者,如一区者,乃为一州。如此者九,乃有大瀛海环其外,天地之际焉"。曰天地之际者,地道之终,天运之始也。然时间无垠,空间无垠,而人生有垠。何以竟此有垠之人生?要其归必止乎仁义节俭,君臣上下六亲之施而已矣。此驺衍之意也。驺衍之学,推大至于无垠,而要其归,必止乎仁义节俭君臣上下六亲之施,其即《大易》"知崇礼卑",子思"极高明而道中庸"之意也夫。

　　驺衍之事,近本《诗》五际,而远出羲和。何以明其然?《汉书·艺文志》:"阴阳家者流,盖出于羲和之官。敬顺昊天,历象日月星辰,敬授民时。"而羲和历象授时之学,详著《尚书·尧典》。阴阳家《宋司星子韦》疑承其流。一衍而为《洪范》五行,再衍而为《齐诗》五际。《汉书·翼奉传》载奉治《齐诗》,奏封事曰:"臣闻之于师曰:天地设位,悬日月,布①星辰,分阴阳,定四时,列五行,以视圣人,名之曰道。圣人见道,然后知王治之象,故画州土,建君臣,立律历,陈成败,以视贤者,名之曰经。贤者见经,然后知人道之务,则《诗》、《书》、《易》、《春秋》、《礼》、《乐》是也。《易》有阴阳,《诗》有五际,《春秋》有灾异,皆列终始,推得失,考天心,以言王道之安危。臣奉窃学《齐诗》,闻五际之要"孟康曰:"《诗内传》曰:五际,卯、酉、午、戌、亥也。阴阳终始际会之岁,于此则有变改②之政也。"云云。因历引《小雅·十月之交》、《大雅·文王》之诗,以明天道终而复始,穷则反本,故能延长而无穷也。太史公称"驺衍睹有国者益淫侈,不能尚德,若《大雅》整之于身,施及黎庶矣"。自来注家于《大雅》无解,疑即如翼奉封事所引《大雅·文王》之诗也。《文王》之二章曰:"亹亹文王,令闻不已。"四章曰:"穆穆文王,于缉熙敬止。"此所谓"整之于身"也。而卒章终之以"仪刑文王,万邦

---

① 布,原作"币",据《汉书·翼奉传》改。
② 改,原作"政",据《汉书》注改。

作孚"，此所谓"施及黎庶"也。文王，则"有国"之"尚德"者也，然则阴阳五行之学，本于《诗》、《书》也。孟子案往旧造说，谓之五行，《荀子·非十二子篇》。以征天人之与，故《诗》、《书》为所专长。赵岐《孟子题辞》。荀子著篇《天论》，以明天人之分，则《诗》、《书》在所必杀矣。《荀子·儒效篇》曰："隆礼义而杀《诗》、《书》。"

　　荀子之学，终于读礼，而深摈阴阳五行不言。然孔子言礼，未尝不推本阴阳五行。其著于《礼运》者曰："故人者，其天地之德，阴阳之交，五行之会，五行之秀气也。故天秉阳，垂日星；地秉阴，窍于山川。播五行于四时，和而后月生也。是以三五而盈，三五而阙。五行之动，迭相竭也。五行四时十二月，还相为本也。五声六律十二管，还相为宫也。五味六和十二食，还相为质也。五色六章十二衣，还相为质也。故人者，天地之心也，五行之端也，食味别声被色而生者也。故圣人作，则必天地为本，以阴阳为端，以四时为本，以日星为纪，月以为量，鬼神以为徒，五行以为质，礼义以为器①，人情以为田。"此骑衍之阴阳，所谓"要其归，必止乎仁义节俭，君臣上下六亲之施"也。其征五行之动迭相竭，而称"五行四时十二，还相为本"云云，即骑子终始义也。

　　言阴阳五行，而要其归，必止乎仁义节俭，君臣上下六亲之施，古之人有行之者，言其可征。董仲舒《春秋繁露》有《五行对》、《五行之义》、《阳尊阴卑》、《王道通三》、《天辨在人》、《阴阳位》、《阴阳终始》、《阴阳义》、《阴阳出入》、《天道无二》、《基义》、《四时之副》、《人副天数》诸篇。班固《白虎通德论》有《五行》、《三纲》、《六纪》、《情性》诸篇。大抵以性情法阴阳，以视听言动喜怒哀乐法五行，配阴阳，立之名曰仁义，配五行立之名曰仁义礼智信。汉儒所谓"性与天道"者类如此。

　　骑衍之五德转移，一衍而为董仲舒之《春秋繁露》，再衍而为刘向

---

①　器，原作"纪"，据《礼记·礼运》改。

之《洪范五行传》，三衍而为邵雍之《皇极经世》。传荀卿之经学，而润色以驺衍之阴阳五行者，汉儒也。阐孟子之性学，而润色以驺衍之阴阳五行者，宋学也。源远流长如此，岂非显学也哉！

太史公《孟子荀卿列传》称："荀卿嫉浊世之政，亡国乱君相属，不遂大道而营于巫祝，信禨祥，鄙儒小拘。""鄙儒小拘"之拘，法《汉书·艺文志》叙阴阳家者流，称"及拘者为之，则牵于禁忌，拘于小数，舍人事而任鬼。""舍人事而任鬼"，即太史公所谓"不遂大道而营于巫祝，信禨祥"也。"鄙儒小拘"，盖即斥子思、孟轲"案往旧造说，谓之五行"，邹衍之"五德转移"而言。

驺衍谈天，以为"儒者所谓中国者，于天下乃八十一分居其一分"云云。桓宽《盐铁论·论邹篇》、王充《论衡·谈天篇》并讥其迂怪虚妄。至晚近世，吾邑薛福成庸庵乃著《大九州解》，按诸地图，核实测算，语见《庸庵文集外编》，以为驺衍之说，非尽无稽，或者古人本有此学，驺子从而推阐之耶？《尚书·尧典》载羲和之官仲叔四子，历象日月星辰，分宅四裔。南交则今之安南也，朔方幽都则今之黑龙江之上原也。东西至日之所出入，则更远矣。而《汉志》以为阴阳家者流出于羲和，或者大九州之说所从衍乎？

儒、墨谓天下之治，起于相爱，而韩商则以天下之治，起于相畏。韩非屡称管、商之法，《五蠹篇》。然管子不废礼义廉耻，《牧民篇》。商君务去孝弟仁，《靳令篇》。而韩非实汲商君之流，薄教化，去仁爱，专任刑法，而欲以致治。特其推主道而言因循，言无为，则又同《管子·心术》、《白心》上下《内业》诸篇之指，而原道德之意。大抵韩非无教化而去仁爱，同于商君之任刑，而言因循以原道德，又似管子之心术，其大较然尔。

儒家正名以齐礼，法家稽名以准法，而名家则玄名以历物。故曰："山渊平，天地比，齐秦袭，入乎耳，出乎口，钩有须，卵有毛，是说之说难持者也，而惠施、邓析能之。"《荀子·不苟篇》。饰词以相惇，巧譬以相移，遍为万物说，说而不休，饰人之心，易人之意，然不然，可不可,与儒者之必正名、法家之言刑名参同者大异。顾宋王尧臣奉敕撰《崇文总目》称:"名家者流,所以辨核名实,流别等威,使上下之分不相逾越。"此可以论儒、法之正名,而非所论于名家者流。墨子言"辨者将以明是非之分,审治乱之纪,明同异之处,察名实之理,处利害,决嫌疑。"《小取》。则是所谓"作《辨经》以正名本",而亦与名家者流异趋。古之言名家者,既以混于儒、法,班固《汉书·艺文志》、章学诚《校雠通义》。是也。今之言名家者,又不知以别墨,梁启超、胡适是也。

《汉书·艺文志》著录名七家,就其可考者,邓析、尹文为一派,不忘正名以施治,而推本于大道无称,则老子"道可道,非常道。名可名,非常名"之指也。惠施、公孙龙为一派,专于玄名以历物,则老子"同出异名,玄之又玄"之意也。大抵名家为道家之支与流裔,犹之阴阳为儒家之支与流裔云尔。

儒家《论语》有《必有正名章》,《荀子》有《正名篇》,墨家《墨子》有《经上下》、《经说上下》、《大取》、《小取》,杂家《吕氏春秋》亦有《正名篇》,而不得为名家。名家玄名实之纽以破名,诸家谨名实之核以正名,故不同也。尹文原道以言名,征名之本体。邓析正名以制法,显名之大用。而惠施、公孙龙则玄名以体道,见名之还原。

惠施、公孙龙之玄名,由于历物之意,此所同也。惟惠施就人之所见为异者而籀其同,公孙龙就人之所见为同者而析其异。大一小一,毕同毕异,惠施同于不可同者也。白马非马,坚白石离,公孙龙离所不可离者也。然则惠施之历物以同,而公孙龙之历物于离。历物同,而所以历则异。

《庄子·天下篇》叙慎到、田骈,以为"常反人,不见观",此亦名家之支与流裔。《史记·孟子荀卿列传》:"慎到、田骈,皆学黄、老道德之术。"老子"正言若反",而慎到、田骈"常反人,不见观",即学老子。所谓"常反人,不见观"者,以不见观见,以无名明名,以不可道道常道。常道之常,即"常反人,不见观"之常,皆以绝对不变之真常为言。《韩非子·解老篇》曰:"夫物之一存一亡,乍死乍生,初盛而后衰者,不可谓常。

唯夫与天地之剖判也俱生,至天地之消散也不死不衰者谓常,而常者无攸易。"常道不可道,可名非常名,此之谓"正言若反",亦此之谓"常反人,不见观"。佛法相宗非相,诸子名家无名。世儒纷纷以西洋形式逻辑为言,死著句下,那能明其理趣。

晋鲁胜《墨辩注序》谓:"名者,所以列同异,明是非。"只限于儒者之正名,墨学之辩经,而非所论于名家之惠施、公孙龙日以其知与人辩,特与天下之辩者为怪。《史记·平原君列传集解》引刘向《别录》曰:"齐使邹衍过赵,平原君见公孙龙及其徒綦母子之属,论白马非马辩,以问邹子。邹子曰:'不可。彼天下之辩,有五胜三至,而辞正为下。辩者,别殊类使不相害,序异端使不相乱,抒意通指,明其所谓,使人与知焉,不务相迷。故胜者不失其所守,不胜者得其所求。若是,故辩可为也。及至烦文以相假,饰辞以相惇,巧譬以相移,引人声使不得及①其意。如此,害大道。夫缴纷争言而竞后息,不能无害君子。'坐皆称善。"邹子所称"辩者,别殊类使不相害,序异端使不相乱,抒意通指,明其所谓",亦限于儒者之正名,墨学之辩经。"及至烦文以相假,饰辞以相惇,巧譬以相移,引人声使不得及其意,如此害大道",则惠施、公孙龙之所以为辩,而与儒、墨不同者也。

纵横家者流,亦名家之支与流裔,而同出于"烦文以相假,饰辞以相惇,巧譬以相移"。以此而阐之为学,则为惠施、公孙龙;以此而施之于用,则为苏秦、张仪。惠施、公孙龙,庄生称之为辩者。《天下篇》。而范雎、蔡泽,亦世所谓一切辩士。《史记·范蔡传》赞。大抵名家之出而用世也,出之以谨严,则为申、韩之刑名;流入于诡诞,则为苏、张之纵横。《汉书·艺文志》著录纵横十二家百七篇,其书皆不见。世传《鬼谷》十二篇,曰《捭阖》、《反应》、《内揵》、《抵巇》、《飞箝》、《忤合》、《揣篇》、《摩篇》、《权篇》、《谋篇》、《决篇》、《符言》,而以《本经阴符》殿于后,或说即《苏秦书》。《史记·苏秦列传集解》引阮孝绪《七录》有

---

① 及,原作"反",据《史记集解》改。

《苏秦书》。乐壹注云："秦欲神秘其道,故假名鬼谷。"程子曰："仪、秦学于鬼谷,其术先揣摩,然后捭阖。捭阖既动,然后用钩钳。"今观《鬼谷》之书,奇变诡伟,要与《战国策》相表里始终,而其学则出于太公《阴符》,近人湘潭王闿运壬秋《湘绮楼日记》有一条谓:"符者,行人所以为信也。符有阴阳,盖记所言于符阴,言山川物产形要之说,故其书以罗数国富、指陈形势为主。唐人伪造《阴符经》,乃以为兵书,非也。"光绪六年八月十八日记。颇出臆说,而与《汉志》所称纵横家出行人之说有合。设诵《鬼谷》以籀其学,读《国策》以验诸用,而引苏、张之事,征鬼谷之书,依仿《韩非·喻老》、《韩诗外传》验之行事,深切著明之例,则于纵横家言思过半矣。

《韩非》有《难言篇》、《说难篇》,《吕氏春秋》有《顺说篇》,皆本《鬼谷书》揣摩抵巇飞箝之法。当用《大戴记·夏小正》、《管子·弟子职》裁篇别出之例,附于纵横家之末。

诸子有流别,以宗旨分也。文章有家数,以体气分也。而欲以诸子之流别,论定文家之宗旨,其论则发于会稽章学诚实斋。其大指以为:"世之盛也,典章存于官守,礼之质也。情志和于声诗,乐之文也。迨其衰也,典章散而诸子以术鸣,故专门治术,皆为官礼之变也。情志荡而处士以横议,故百家驰说,皆为声诗之变也。后世专门子术之书绝而文集繁,学者惟拘声韵之为诗,而不知言情达志、敷陈讥喻、抑扬涵泳之文,皆本于《诗》教。"《文史通义·诗教上》。而古之赋家者流,原本《诗》教,出入战国诸子。假设问对,庄、列寓言之遗也。恢廓声势,苏、张纵横之体也。排比谐隐,《韩非·储说》之属也。征材聚事,《吕览》类辑之义也。虽其文逐声韵,旨存比兴,而深探本原,实能自成一子之学,与夫专门之书,初无差别。《汉书·艺文志》诗赋一略著录《屈原赋》二十五篇以下共二十家为一种,《陆贾赋》三篇以下二十一家为一种,《孙卿赋》十篇以下共二十五家为一种,名类相同,而区种攸别,亦如诸子之各别为家。《校雠通义·汉志诗赋第十五》。至唐宋诗文之集,则浩如烟海矣。今即世俗所谓唐宋大家之集论之,如韩愈之儒家，柳宗元之名家，苏洵之兵家，苏轼之纵横家，王安石之法家，皆以生平所得，见于文字，旨无旁出，即古人之所以自成一子者也。其体既谓之集，自不得强列以诸子部次矣。因集部之目录而推论其要旨，以见古人所谓言有物而行有恒者，编于叙录之下。《校雠通义·宗刘第二》。子有杂家，杂于众，不杂于己，杂而犹成其家者也。文有别集，集亦杂也。杂于体，不杂于指，集亦不异于诸子也。《文史通义·外篇·立言有本》。厥后仁和谭献复堂好持其论，而未有阐发。独仪征刘师培申叔《论文杂记》益推而衍之，以为："古人学术，各有专门，故发为文章，亦复旨无旁出，成一家言，与诸子同。试即唐宋之文言之。韩愈李翱之文，正谊明道，排斥异端。如韩愈《原道》、《原性》及《答李生书》等篇，而韩文之中，无一篇不言儒术者。欧_{欧阳修}曾巩继之，以文载道。儒家之文也。南宋诸儒文集多阐发心性、讨论性天之作，亦儒家之文。子厚柳宗元之文，善言事物之情，出以形容之词；如永州、柳州诸游记，咸能类万物之情，穷形尽相，而形容宛肖，无异写真。而知人论世，复能探原立论，核核刻深。如《桐叶封弟辨》、《晋赵盾许世子义》、《晋命赵衰守原论》诸作，皆翻案之文也。宋儒论史多诛心之论，皆原于此。名家之文也。明允苏洵之文，最喜论兵，如《上韩枢密书》等篇皆是，而论古人之用兵者尤多。谋深虑远，排兀雄奇。兵家之文也。子瞻苏轼之文，理多未确，惟工于博辩，层出不穷。运捭阖之词，而往复①卷舒，翻空易奇。纵横家之文也。陈同甫亮之文，亦以兵家兼纵横家者也。王介甫安石之文，侈言法制，因时制宜，而文辞奇峭，推阐入深。法家之文也。若夫邵雍之徒为阴阳家，王伯厚_{应麟}之徒为杂家，而叶水心适之徒，则以法家而兼兵家。近代以还，文儒辈出。望溪方苞姬传姚鼐，文祖韩、欧，阐明义理，趋步宋儒。此儒家之支派也。慎修江永辅之金榜，综核礼制，章疑别微。近儒治《三礼》者，如秦蕙田、凌廷堪、程瑶田之流，咸有文集，集中亦多论礼之作。考

---

① 复，原作"覆"，据《论文杂记》改。

《汉志》①言名家出于礼官,则言礼学者必名家之支派也。若膂段玉裁伯申王引之,考订六书,正名辨物,近儒喜治考据,分惠、戴两大派,皆从《尔雅》、《说文》入手,而诸家文集亦以说经考字之作为多。古人以字为名,名家综合名实,必以正名析词为首,故考据之文亦出名家。皆名家之支派也。叔子魏禧昆绳王源,洞明兵法,推论古今之成败,叠陈九土之险夷,落笔千言,纵横奔肆,与老苏同。此兵家之支派也。子居恽敬之文,奇峭崚悍,取法半山,亦喜论法制。安吴包世臣之文,洞陈时弊,兵农刑政,酌古准今,不讳功利之谈,爰立后王之法。此法家之支派也。朝宗侯方域之文,词源横溢。明末陈卧子等之文皆然。简斋袁枚之作,逞博矜奇,若决江河,一泻千里。俞长城诸家之文亦然。此纵横家之支派也。若夫词章之家,亦侈陈事物②,娴于文词,亦当溯源于纵横家,所以仲瞿王昙稚威胡天游,虽多偶文,亦属纵横家也。雍斋沈涛于庭宋翔凤之文,杂糅谶纬,靡丽瑰奇。凡治常州学派者,其文必杂以谶纬之词,故工于骈文,且以声色相矜。此阴阳家之支派也。若夫王锡阐、梅文鼎之集,亦多论天文历谱之文,然皆实用之学,与阴阳家不同。古人治历,所以授时也。王、梅之文,殆亦农家之支派欤?大绅汪缙台山罗有高之文,妙善玄言,析理精微。彭尺木绍升亦然。凡治佛学者,皆能发挥名理,而言语妙天下。此道家之支派也。维崧陈维崧瓯北赵翼之文,体杂俳优,涉笔成趣,凡文人之有小慧者类然。此小说家之支派也。旨归既别,夫岂强同,即古③人所谓文章流别也。惟诗亦然。子建曹植之诗,温柔敦厚,近于儒家。渊明陶潜之诗,澹雅冲泊,近于道家。陶潜虽喜老庄,然其诗则多出于《楚辞》。若嵇康之诗,颇得道家之意。郭璞之诗,亦有道家之意。太冲左思之诗,雄健英奇,近于纵横家。鲍明远鲍照之诗亦然。若杨素之诗,则近于法家。盖在心为志,发言为诗,讽咏篇章,可以察前人之志矣。隋唐以下,诗家专集,浩如渊海,然诗格既判,诗心亦

---

① 志,原作"制",今改正。
② 物字原缺,据《论文杂记》补。
③ 古字原缺,据《论文杂记》补。

殊。少陵杜甫之诗,惓怀君父,许身稷、契。杜句云:"许身一①何愚,窃比稷与契。"是为儒家之诗。杜句云:"法自儒家有。"此少陵诗文出于儒家之证。若夫朱紫阳之诗,亦儒家之诗也。太白李白之诗,超然飞腾,不愧仙才。是为纵横家之诗。后世惟辛弃疾、陈亮之词慷慨激昂,近于纵横。襄阳孟浩然之诗,逸韵大成。出于陶渊明。子瞻之诗,清言霏屑。苏诗妙善玄言,得之老佛。是为道家之诗。储光羲王维之诗,备陈稼事,寄怀旷佚,是为农家之诗。山谷黄庭坚之诗,出语深峻,开派西江。是为法家之诗。由是言之,辨章学术,诗与文同矣。要而论之,西汉之时,治学之士,侈言灾异五行,故西汉之文,多阴阳家言。东汉之末,法学盛昌,故汉魏之文,多法家言。西汉之文无一不言及天象者,三国之文若钟繇、陈群、诸葛亮之作,咸多审正名法之言,与西汉殊。六朝之士,崇尚老庄,任性自然,其文多道家言。隋唐以来,诗赋取士,托物取譬,其文多小说家言。宋代之儒,正己正物,讲学相矜,其文多儒家言。明之亡也,士大夫感慨国变,多言经世,抵掌而谈,其文多纵横家言。及于近代,溺于笺注训诂,正名辨物,其文多名家言。虽集部之书,不克与诸子并列,然因集部之目录以推论其派别源流,知集部出于子部,则后儒有作,必有反集为子者。"发凡起例,推勘尽致,可谓章学诚之忠臣,斯文之钤辖。惟自我论之,诚窃以为章氏、刘氏之明文章流别,有不同于《汉志》刘《略》之《诗赋略》者。夫《汉志》刘《略》著录诗赋之明流别,固已,而明诗文流别之必以诸子为例,此则章氏之义,而非《汉志》刘《略》之例本尔。大抵《汉志》刘《略》辨章群言,不名一途。诸子九流,以宗旨分。诗赋三家,以体气分。其著录宋玉、贾谊、司马相如之隶屈原,朱建、严助、朱买臣、司马迁、扬雄之隶陆贾,广川惠王越赋以下二十二家之隶孙卿,不过如钟嵘《诗品》之品裁诗人,著其源出于某人,以为体气文格之近似,而非如诸子九流之论宗旨也。试以唐宋人集为例,设文以韩愈为一家,李翱、皇甫湜、张籍(唐)、欧阳修、苏洵、轼、辙、曾巩、

---

① 一,原作"亦",据《唐诗品汇》卷二十四改。

王安石（宋）、元好问（金）、姚燧（元），文之出韩愈者附焉。以张说为一家，萧颖士、李华、裴度、殷文昌、权德舆、元稹①、刘禹锡（唐）、宋庠、祁、胡宿、苏颂（宋）、张溥（明）、吴伟业、王士祯（清），文之似张说者附焉。以欧阳修为一家，虞集、柳贯（元）、宋濂、杨士奇、归有光（明）、汪琬、方苞、姚鼐（清），文之出欧阳者隶焉。以李梦阳为一家，何景明、王世贞、李攀龙、陈子龙（明）、胡天游（清），文之似何、李者附焉。以杜甫为一家，韩愈、孟郊（唐）、黄庭坚、陈师道（宋）、元好问（金），诗之出杜甫者隶焉。以白居易为一家，温庭筠、李商隐（唐）、杨亿、刘筠（宋）、杨维桢（元），诗之宗香山者隶焉。其他词曲，胥本《汉志》刘《略》诗赋分家为例，不必如章氏之以子治集，刘氏之反集为子，而于声色格律之中，自得文章流别之意，使读之者举纲张目，穷原竟委，而得以疏通伦类，考镜家数，并知文章流别之不同于诸子流别。砭砭之愚，所为与章、刘有间者也。遂以附于篇。

---

① 稹，原作"杨"，据文意改。

卷十四　西　汉

唐蔚老诒我番禺陈澧兰甫《东塾读书记·西汉》一卷，原十三，坊本未刻，乃新出。历举西汉之焯然名家者十二人，曰陆贾、河间献王、贾谊、董仲舒、太史公、司马相如、贾山、桓次公、著《盐铁论》。淮南子、王吉、刘子政、扬子云，而力称河间献王之"修学好古，实事求是"，以为楷模。谓《淮南子》云："有符于中，则贵是而同今。古无以听其说，则所从来者远而贵之耳。"《修务训》。此说虽亦贵是，而不重好古。然《论衡》云："俗好高古，而称前闻。前人之业，菜果甘甜。后人所造，蜜酪辛苦。"《超奇篇》。此即《淮南》所谓"从来者远而贵之"，拘儒颇有此病，病在好古而不求是也。又谓："好言阴阳灾异，实汉儒之病。"则是汉儒之所贵，在"修学好古，实事求是"，而不在"好言阴阳灾异"也。此亦陈氏论学之眼，犹之其论汉《易》之言训诂举大谊，而不喜理纳甲卦气之说也。语见卷四。

阅陆贾《新语》十二篇，开宗明义《道基第一》以为："君子握道而治，据德而行，席仁而坐，仗义而行，虚无寂寞，通动无量，故制事因短而动益长，以圆制规，以矩立方。"又称："道莫大于无为。"《无为》第四。而颂舜之无为而治。盖儒而入道，衍子思、孟轲一派，而非荀卿之纯儒也。子思《坊记》以《春秋》律《礼》，《缁衣》以《诗》、《书》明治。赵岐《孟子题辞》称："孟子长于《诗》、《书》。"而《史记·贾本传》称："陆生时时前称说《诗》、《书》。"其著书亦多引《诗》、《书》、《春秋》，固与荀卿之"隆礼义而杀《诗》、《书》"《儒效篇》。者不同。此其同于思、孟者一也。又《论衡·本性篇》引陆贾曰："天地生人也，以礼义之性。人能察己所以受命则顺。顺，谓之道。"是即子思"天命之谓性，率性之谓道"，孟子"性无有不善"之说也。此其同于思、孟者二也。然则陆贾者，其思、孟之支与流裔耶？惟按之《史记》、《汉书》，其书有不可信者。《史记·贾本传》称："陆贾为高帝言：'秦任刑法不变，卒灭赵氏。向使秦已并天下，行仁义，法先圣，陛下安得而有之。'"是即贾生著论《过秦》之指。而高祖乃谓生："试为我著秦所以失天下，吾所以得之者何？"陆生乃粗述存亡之征，凡著十二篇。高帝未尝不称善，号其书曰《新语》。征者，即征秦、汉之所以存亡也。此《新语》之所由作，岂其语有泛设哉？今《新语》泛称道德，而无一言"著秦所以失天下，汉所以得之者何"，是谓答非所问。高祖何由称善。不可信一也。又《汉书·司马迁传》称："迁取《战国策》、《楚汉春秋》、陆贾《新语》作《史记》。"则是陆贾《新语》与《战国策》、《楚汉春秋》同为记事之书，如《晏子春秋》、刘向《说苑》之比，其中必有"著秦所以失天下，汉所以得之者"，故史迁采以入《史记》，必其见之行事之深切著明，而非托之空言。《楚汉春秋》之采入《史记》者，张守节《正义》犹引之，今佚不可见。《战国策》取九十三事，皆与今本合。独取陆贾《新语》者无征。其不可信二也。惟马总《意林》所载，皆与今本合，李善注《文选》，亦有所采，则伪造此书者，当在唐以前耳。

　　《汉书·艺文志·诸子略》，儒家有《贾谊》五十八篇，《新唐书·艺文志》则称贾谊《新书》，其中《问孝》、《礼容语上》两篇，有其目而亡其书，仅存五十六篇。章学诚《校雠通义》谓贾谊五十八篇收于儒家，然与法家当互见。按《史记·屈原贾生列传》曰："贾生名谊，洛阳人也，年十八，以能诵《诗》属《书》闻于郡中。吴廷尉为河南守，闻其秀才，召置门下，甚幸爱。孝文皇帝初立，闻河南守吴公治平为天下第一，故与李斯同邑，而尝学事焉，乃征为廷尉。廷尉乃言贾生年少，颇通诸子百家之书。文帝召以为博士。"则是贾生不以儒征，而廷尉言生颇通诸子百家之书也。文帝召以为博士者，召以为诸子百家之博士。《汉书·楚元王传》载刘歆《移书让①太常博士》曰："天下众书，

---

① "让"字原缺，据《汉书·楚元王传》补。

往往颇出,皆诸子传说,犹广立于学官,为置博士"者是也。然考生所著书,《过秦》则著其仁义不施,以为监戒。又以为汉兴至孝文二十余年,天下和洽而固,当改正朔,易服色,法制度,定官名,兴礼乐,乃悉草具其事仪法,色尚黄,数用五,为官名,悉更秦之法。庶几于《汉志》叙儒家者流所谓"顺阴阳,明教化,游文六艺之中,留意仁义之际"者,故以隶于儒。而歆书亦称之曰:"在汉朝之儒,贾生而已。"《汉志》之著录贾谊入儒,《孝文传》十一篇同,盖皆取其宗旨,而非论其生平也。《史记》《汉书·儒林传》称:"文帝本好刑名之言,不甚好儒术。其治尚清净无为,以故礼乐庠序未修,民俗未能大化。"则是文帝者,喜刑名法术之学,而其归本于黄、老,《十一篇》其所著书,注"文帝所称及诏策",而以隶儒者,岂不以文帝除收帑及肉刑、求直言、除诽谤祠官、劝农等诏,皆尔雅温厚,有儒者气象,庶几所谓"顺阴阳,明教化,游文六艺之中,留意仁义之际"者邪? 无疑于贾谊书矣。

贾谊儒而明法,董仲舒儒而通阴阳。贾谊颇通诸子百家之书,董仲舒著书不称子。《西京杂记》载董仲舒梦①蛟龙入怀,乃作《春秋繁露》,此书记刘歆所撰。而《论衡·案书篇》则曰:"董仲舒著书不称子者,意殆自谓过诸子也。"其书推本《春秋》以言天人相与之际,而往往及阴阳五行,漫滥旁衍,若亡纪极,然要其归,必止乎仁义,有与孟子相表里者。何以明其然?《孟子·万章上》称尧、舜以征天视民视、天听民听之义,犹董子《贤良策对》案《春秋》之中以明天人相与之际,一也。《孟子·滕文公下》:"《春秋》,天子之事也。是故孔子曰:'知我者,其惟《春秋》乎? 罪我者,其惟《春秋》乎?'"赵岐注:"设素王之法,谓天子之事也。"又《离娄下》:"王者之迹息而《诗》亡!《诗》亡然后《春秋》作。晋之《乘》,楚之《梼杌》,鲁之《春秋》,一也。其事则齐桓、晋文,其文则史。孔子曰:'其义则丘窃取之矣。'"赵岐注:"窃取之以为素王也。"夫《滕文公下》推孔子作《春秋》之功,可谓天下一治,比之

---

① 梦,原作"蒙",据《西京杂记》卷二改。

禹抑洪水，周公兼夷狄，驱猛兽，而称之曰天子之事。《离娄下》又从舜明于庶物，说到孔子作《春秋》，以为其事可继舜、禹、汤、文、武、周公。此与《繁露·三代改制质文二十三》所称"《春秋》应天，作新王之事，绌夏，新周，故宋"同指。孟子曰："《春秋》天子之事"，犹董子言以《春秋》当新王，故赵注用《公羊》素王之说。素王，谓空设一王之法。此其二也。程子曰："仲尼只说一个仁，孟子开口便说仁义。"孟子之言仁义也混，如《梁惠王上》"未有仁而遗其亲者也，未有义而后其君者也"，《离娄上》"仁之实，事亲是也。义之实，从兄是也"，仁义骈举，而未析其所以异。而董子之言仁义也析，《仁义法第二十九》："《春秋》之所治，人与我也。所以治人与我者，仁与义也。以仁安人，以义正我。故仁之为言人也，义之为言我也。是故《春秋》为仁义法。仁之法，在爱人，不在爱我。义之法，在正我，不在正人。我自不正，虽能正人，弗予为义。人不被其爱，虽厚自爱，不予为仁。"仁义对称，而勘明其所以异。要其归，在于说仁义而理之矣，而《繁露》足匡孟子所未逮，三也。孟子儒而通阴阳，董仲舒亦儒而通阴阳。《繁露》多阴阳五行之谈，虽无征于七篇，然荀子非子思、孟轲，谓其"案往旧造说，谓之五行，甚僻违而无类，幽隐而无说，闭约而无解"，《汉书·艺文志》兵家阴阳有《孟子》一篇，则是孟子别有其书，四也。独《深察名号第三十五》[①]谓："善出性中，而性未可全为善；犹米出禾中，而禾未可全为米也。善与米，人之所继天而成于外，非在天所为之内也。天之所为，有所至而止。止之内谓之天性，止之外谓之人事。事在性外，而性不得不成德。民之号取诸瞑。使性而已善，则何故以瞑为号？"斯则与孟子性善之说有异耳。

　　司马迁之学，出于董仲舒《春秋》，而与父谈异趣。王鸣盛《十七史商榷》谓："太史公《自序》述其父谈论六家要指，谓阴阳、儒、墨、名、法、道德也。其意五家各有所长，亦各有所短，并致其不满之词，而独

————————
①　第三十五下原衍"实性三十六"五字，据《深察名号》删。

推崇老氏道德,谓其兼有五家之长,而去其所短,且又特举道家之指约易操,事少功多,与儒之博而寡要、劳而少功两两相较,以明孔不如老。此谈之学也。而迁意则尊儒,父子异尚,犹刘向好《穀梁》而子歆明《左氏》也。汉初黄、老之学极盛,君如文、景,宫闱如窦太后,宗室如刘德,将相如曹参、陈平,名臣如张良、汲黯、郑当时、直不疑、班嗣。《汉书·叙传》。处士如盖公、《曹参传》。邓章、《袁盎传》。王生、《张释之传》。黄子、《司马迁传》。杨王孙、安丘望之①《后汉书·耿弇传》。等皆宗之。而迁独不然。观其下文称引董仲舒之言,隐隐以己上承孔子,其意可见。"语见卷六。《史记·孔子世家》曰:"乃因史记,作《春秋》,上至隐公,下讫哀公十四年,十二公。据鲁,亲周,故殷,运之三代,约其文辞而指博。"亲当作新,则与《繁露》"绌夏,新周,故宋"之说有合。而《自序》则明引董生,以见"孔子之时,上无明君,下不得任用,故作《春秋》,垂空文以断礼义,当一王之法",亦本董子以《春秋》当新王之旨。而自明百三十篇之所为作,则曰:"自周公卒五百岁而有孔子。孔子卒后,至于今五百岁,能有绍明世,正《易传》,继《春秋》,本《诗》、《书》、《礼》、《乐》之际,意在斯乎? 意在斯乎!""斯"者,指百三十篇而言,自谓继《春秋》而仿作也。而托之于先人有言者,盖儒者善则称亲之义也。若论载笔之法,则以两语赅之,曰"厥协六经异传",曰"整齐百家杂语"。如《五帝本纪》:"予观《春秋》、《国语》。"《殷本纪》:"自成汤以来,采于《诗》、《书》。"《十二诸侯年表》:"太史公读《春秋历谱谍》。"《吴太伯世家》:"余读《春秋》古文。"《伯夷列传》:"学者载籍极博,犹考信于六艺。"此所谓"厥协《六经》异传"也。又《五帝本纪》:"《尚书》独载尧以来,而百家言黄帝,其文不雅驯,择其言尤雅者。"《孝武本纪》:"余究观方士祠官之言。"《管晏列传》:"吾读管氏《牧民》、《山高》、《乘马》、《轻重》、《九府》及《晏子春秋》。"《司马穰苴列传》:"余读《司马兵法》。"《孙吴列传》:"《孙子》十三篇,吴起兵法世多

---

① 之,原作"子",据《十七史商榷》卷六改。

有。”《仲尼弟子列传》：“悉取《论语·弟子问》，并次为篇。”《孟子荀卿列传》：“余读《孟子》书。”“自如孟子至于吁子，世多有其书。”《商鞅列传》：“余尝读商君《开塞耕战书》。”《屈原贾生列传》：“余读《离骚》、《天问》、《招魂》、《哀郢》。”《郦生陆贾列传》：“余读陆生《新语》书。”此所谓“整齐百家杂语”也。曰“厥协”，曰“整齐”，而观其会通，一以六经为衡。《伯夷列传》所谓“学者载籍极博，犹考信于六艺”者也。《汉书·司马迁传赞》乃谓：“迁论大道，先黄老而后六经。”此自述其父谈论六家要指耳，于迁何与。但不便斥老，斥老，则形父指短耳。

《扬子法言·问神篇》云：“或曰：‘淮南其多知软？曷其杂也？’曰：‘人病以多知为杂。’”而上元梅曾亮伯言《柏枧山房集·淮南子书后》曰：“《淮南子》剽窃曼衍，与安所为文不类。”此实似是而非之论。按《汉书·艺文志》杂家《淮南·内》二十一篇，《外》三十三篇。师古曰：“《内篇》论道，《外篇》杂说。”今所存者二十一篇，盖内篇也。后汉高诱为之注解而序其书，称：“其旨近老子，淡泊无为，蹈虚守静，出入经道，及古今治乱，存亡祸福，世间诡异瑰奇之事，无所不载。然其大较归之于道。号曰《鸿烈》。鸿，大也；烈，明也；以为大明道之言也。”则是立言有宗，其大较归之于道。善有元，事有会，则亦何病以多知为杂也。本二十篇，《要略》一篇，则叙目也。自来无言《淮南子》伪者，然自来亦无言刘安作者。而梅氏乃称其“剽窃曼衍，与安所为文不类”，不知《汉书·淮南王传》称：“安招致宾客方术之士数千人，作为《内书》二十一篇”，本不言安作，而出众人手笔，如《吕氏春秋》二十六篇之“出秦相吕不韦辑智略士作”也。《史记·吕不韦传》、《汉书·艺文志》。何必以“与安所为文不类”为嫌乎？高诱序亦言：“天下方术之士多往归焉，于是遂与苏飞、李尚、左吴、田由、雷被、毛被、伍被、晋昌等八人，及诸儒大山、小山之徒，共讲论道德，总统仁义而著此书。”正合《汉书·艺文志》序杂家者流称“出议官，兼儒墨，合名法”，盖出于当日众人之杂议，各抒所见而作，以故列入杂家。而杂家之所以异于儒、道、名、墨诸家者，盖所由来者不同。诸家本师说传授，杂家出众议驳杂也。杂家者言,无不"剽窃曼衍"者,盖与议者不专一家、尊其所闻故也。尊其所闻,故不嫌"剽窃",不专一家,故旁涉"曼衍",势所必至,何必以此致讥于《淮南》乎?然《淮南》不以集众为讳,而以裁定之权,自命一家言,故其宗旨,未尝不约于一律,斯又出于宾客之所不与,杂而犹成其家者也。

《盐铁论》者,汉始元六年,公卿贤良文学所与共议者也。桓宽辑而论纂,本末具见《汉书·公孙刘车王杨蔡陈郑列传》赞。所论皆食货之事,而游文六艺,言必称先王,自《隋书·经籍志》皆依《汉书·艺文志》列儒家。然宋高似孙《子略》曰:"汉世近古,莫古乎议。国有大事,诏公卿、列侯、二千石、博士、议郎杂议,是以庙祀议,伐匈奴议,捐珠厓议,而右渠论经亦有议,皆所以谓询谋金同。"此盖杂家之支与流裔,而与《汉志》序称"杂家者流,盖出议官,兼儒墨,合名法,知国体之有此,见王治之无不贯",其意有合者也。而增广条目,极其论难,著数万言,成一家之法者,则西汉有《盐铁论》,东汉有班固《白虎通德论》。倘以《吕氏春秋》、《淮南鸿烈》为例,当入杂家。如以《盐铁论》、《白虎通德论》游文六艺,当入儒家。则《淮南鸿烈》,其大较归之于道,何不入道家乎?

《汉书·艺文志·诸子略·儒家》著录刘向所序六十七篇,注"《新序》、《说苑》、《世说》、《列女传》、《颂图》也。"按《汉书·楚元王传》曰:"向本名更生。元帝初即位,中书宦官弘恭、石显弄权。前将军萧望之、光禄勋周堪、光禄大夫给事中张猛相继潜死,更生伤之,乃著《疾谗》、《摘要》、《救危》及《世颂》凡八篇,依兴古事,悼己及同类。"疑《疾谗》、《摘要》、《救危》及《世颂》,盖皆《世说》中篇目,即《世说》也。传又曰:"成帝即位,向睹俗弥奢淫,而赵、卫之属起微贱,逾礼制。向以为王教由内及外,自近者始,故采《诗》、《书》所载贤妃贞妇兴国显家可法则,及孽嬖乱亡者,序次为《列女传》,凡八篇,以戒天子。及采传记行事,著《新序》、《说苑》凡五十篇,奏之。"都向所序《新序》、《说苑》凡五十篇,合《世说》八篇,《列女传》八篇,凡六十六篇,视

《志》称所序六十七篇尚少一篇,不知为何?"所序"云者,明其述而不作,如传所云"依兴古事","采取《诗》、《书》所载"及"采传记行事"是也。《世说》今亡,《新序》、《说苑》亦残。《隋书·经籍志》载《新序》三十卷,《说苑》二十卷,合五十卷。卷即是篇,与《汉书》五十篇之数合。今传《新序》十卷,《说苑》二十卷,皆每卷一篇,则《新序》亡二十篇。然据乌程严可均景文《铁桥漫稿·书说苑后》称:"宋本《说苑》有刘向序,言凡二十篇,七百八十四章。今本《说苑》计六百六十三章,视向序少一百二十一章。"是《说苑》亦非完书。余姚卢文弨抱经《群书拾补》中有《新序校补》、《说苑校补》。所录皆春秋至汉初轶事,而春秋时事尤多,大抵采百家传记可为法戒者,以类相从,故颇与《春秋内外传》、《战国策》、《太史公书》相出入。两书体例相同,大指亦复相类,其所以分为两书之故,莫之能详。有一事而两书异辞者,盖采摭群书,各据所见,既莫定其孰是,宁传疑而两存,盖其慎也。高似孙《子略》谓:"先秦古书,甫脱烬劫,一入向笔,采撷不遗。至其正纪纲,迪教化,辨邪正,黜异端,以为汉归监者,尽在此书。"固未免推崇已甚。至其推明古训,以衷之于道德仁义,庶几"游文六艺,留意仁义",不失儒者之旨已。《列女传》存而亡其图。《别录》曰:"臣向与黄门侍郎歆所校《列女传》,种类相从,为七篇。"《初学记》卷二十五引。而《汉书》本传称"《列女传》凡八篇"者,据王回序云:"此书有《母仪》、《贤明》、《仁智》、《贞顺》、《节义》、《辨通》、《孽嬖》等目,而各颂其义,图其状,总为卒篇。传如太史公记,颂如《诗》之四言,而图为屏风。"图今亡,独仪征阮福喜斋仿宋刻《列女传》,有晋大司马参军顾恺之图画,郝懿行妻王圆照,汪远孙妻梁瑞,陈衍妻萧管道,俱有《列女传》注本。然向所序,依兴故事,不同诸子之立意为宗。章学诚《校雠通义》曰:"《说苑》、《新序》杂举春秋时事,当互见《春秋》之篇。《世说》今不可详,本传所谓《疾谗》、《摘要》、《救危》及《世颂》诸篇,依兴古事,悼己及同类也,似亦可以互见《春秋》。惟《列女传》本采《诗》、《书》所载妇德可垂法戒之事,以之讽谏宫闱,则是史家传记之书。而《汉志》未有传记专门,亦当附次《春秋》之后,可矣。至其引风缀雅,托兴六义,又与《韩诗外传》相为出入,则互注于《诗经》部次,庶几相合。总非诸子儒家书也。"《汉志诸子篇》。《列女传》盖自《隋书·经籍志》即入杂传类云。

刘向述而不作,以依兴古事。扬雄独抒己见,以橅范经文。《太玄》橅《易》,《法言》橅《论语》,《方言》橅《尔雅》。属辞比事,《春秋》教也,刘向以之。钩深索隐,《易》学也,扬雄以之。然《易》刚柔无常,兼权进退,而扬雄为《太玄》,则偏主于柔退,其指一本老氏。《朱子语录》曰:"扬子为人思沈,会去思索,其学本似老氏,如清净渊默等语,皆是老氏意思。"此宗旨之不同也。又《太玄》虽准《易》而作,然托始高辛、太初二历而为之,故《玄》有方州部家,凡四重而为一首九赞,首名以节气起止,赞义以五行胜克,通七百二十九赞有奇,分主昼夜,以应三百六旬有六日之度。首准一卦,始于《中》,准《中孚》;而终于《养》,准《颐》。二十四气,七十二候,与夫二十八宿错居其间,先后之序,盖不可得而少差也。夫卦气之说,出于孟喜,而其书不传,其说不详。《汉书·京房传》曰:"分六十卦,更直日用事,以风雨寒温为候。"注引孟康曰:"分卦直日之法,一爻主一日,六十卦为三百六十日,余四卦《震》、《离》、《兑》、《坎》,为方伯监司之官。所以用《震》、《离》、《兑》、《坎》者,是二至二分用事之日。"其说亦见于《易纬稽览图》、《是类谋》。所云卦气起《中孚》,以一卦主六日七分,六十卦主一岁三百六十五日四分日之一,大谊略同。此《玄》所准者也。然朱一新《无邪堂答问》则论《太玄》虽扬雄拟《易》而作,然自为一书,其数并非《易》数,《易》数自一而二,二而四,四四而八,以逮于六十四,皆偶数;《太玄》自一而三,三而九,以逮于八十一,皆奇数。老子谓:"一生二,二生三,三生万物。"算数如是。积算至三,则可生万。《大戴礼·易本命篇》:"天一、地二、人三,三三而九、九九八十一。"孔㧑轩补注以太乙主客算明之,是也。九九八十一,为变之极,可引之而至于无穷,故黄钟以八十一分立数,十二律皆由此生。扬雄精算术,依《太初》以作《太玄》,与老氏之言适合。其用数则《汉书·律历志》详言之,《困学纪闻》引叶石林之言,是也。三为生物之数，《太玄》用之。五为天地中数，司马光《潜虚》用之。邵康节《皇极经世》用偶数，乃《易》之本数耳。《易》明阴阳，阴阳一奇一偶，故以二起数。程子谓先天是加一倍法。盖两仪生四象，四象生八卦，康节本此为推，非有他异。其于天地人物，皆以四事分配，亦此意也。以《太玄》非《易》之本数，班氏入之儒家，位置最当。此用数之不同也。按《汉书·雄本传》称："《玄》首四重也，非卦也，数也。其用自天元推一昼一夜阴阳数度律历之纪，九九大运，与《太初历》相应，亦有颛顼之历焉。"则是《太玄》推律历节候而作，其说至明。卷首所列旧图，具七十二候。顾明龙泉叶子奇撰《太玄本旨》九卷，一扫星历之说，谓《太玄》附会律历节候而强其合，不无臆见，因别为诠释。亦如《易》家之有王弼，废象数而言义理者也。

　　司马光《扬子序》曰："韩文公称荀子，以为在轲、雄之间。又曰：'孟子，醇乎醇者也。荀与扬，大醇而小疵。'三子皆大贤，祖六艺而师孔子。孟子好《诗》、《书》，荀子好《礼》，扬子好《易》。古今之人，所共宗仰。然扬子之书最后，监于二子而折衷于圣人，潜心以求道之极致，至于白首，然后著书，故其所得为多。孟子之文直而显，荀子之文富而丽，扬子之文简而奥。惟其简而奥也，故难知。"韩退之盛推孟，司马光独宗扬，宋儒多在韩退之门下讨生活，欧、苏、曾、王之论文，二程、张、朱之尊孟，其灿然者已。独司马光超然绝出，不同寻常。其论学不信孟子，《疑孟》有书；其文章直起直落，质实验爽，不为描头画角，而真气贯注，王安石推其文类西汉，可谓卓然有以自立者。世人浅见寡识，论古文限于唐宋八家。而不知司马光疏疏落落，其雄骏掩韩、欧而上之。余故特表而出之云。

　　阅《史记·儒林列传》，取《汉书》校一过。窃谓《儒林列传》，而仲尼弟子七十七人及孟子、荀卿不与者，以其身通六艺，而不专一经也。《汉书·艺文志·诸子略》称："儒家者流，游文六经之中，留意仁义之际。"《论衡·超奇篇》曰："能说一经者为儒生。"而《儒林》所列，"能说一经者为儒生"也，儒之不名家者也。班固作《汉书》，亦崇儒家而薄儒生,《扬雄传》称雄"不为章句训诂,通而已",以见为章句训诂之通者少也。何谓通?《艺文志·六艺略》言:"古之学者耕且养,三年而通一艺,存其大体,玩经文而已。是故用日少而畜德多,三十而五经立。"此之谓"游文六经",亦此之谓"不为章句训诂,通而已"。而儒生则不然,能说一经,为章句训诂。《易》之有施、孟、梁丘,《书》之有欧阳、大小夏侯,《诗》之有齐、鲁、韩、毛,《礼》之有大小戴、庆氏,《春秋公羊》之有严、颜,《史记》、《汉书》著入《儒林传》者皆是,亦称辟儒。《艺文志·诸子略》叙儒家称:"惑者既失精微,而辟者又随时抑扬,违离道本,苟以哗众取宠。后进循之,是以五经乖析,儒学寖衰。此辟儒之患。""五经乖析"者,谓其"能说一经",而不能"游文六经"也。《六艺略》称:"后世经传既已乖离,而博学者又不思多闻阙疑之义,而务碎义逃难,便辞巧说,破坏形体,说①五字之文至于二三万言。桓谭《新论》云:'秦近君能说《尧典》,篇目两字之说,至于十万言。但说"曰若稽古",三万言。'后进弥以驰逐。故幼童而守一艺,白首而后能言。安其所习,毁所不见,终以自蔽,此学者之大患。"亦指儒生而言。若夫儒家者流,则不专一经,不为章句训诂,存其大体,玩经文而已。游文六经,留意仁义。其著书则录入诸子,不专经而名家;其人则助人君,顺阴阳,明教化,而特显以专传,若贾谊、董仲舒、刘向、扬雄者是也。大抵儒生不工文章,而儒家者流则无不能文者。亦称鸿儒,《论衡·超奇篇》曰"能精思著文,连结篇章者为鸿儒"是也。《汉书》之例,儒生入《儒林》,儒家立专传。而范晔《后汉书》以贾逵、郑玄兼通五经,立专传而互见《儒林》,亦用班《书》贾谊、董仲舒、刘向互见《儒林》之列也。

谭汉学者,多诵训诂而昧理学。不知宋儒有理学,汉儒亦有理学。而治汉儒理学,尤不可不读《春秋繁露》、《白虎通》两书。《春秋繁露》有江都凌曙晓楼注,《白虎通》有句容陈立卓人《疏证》,皆以名

---

① 说,原作"就",据《汉书·艺文志》改。

家。《尔雅》《说文》只知逐字解诂，而全体大用欠分晓，但言训诂名物，未明义理。而读《春秋繁露》及《白虎通》，则以《繁露》为《春秋》之名宗，阐《春秋》慎辞谨于名伦等物之意；《白虎通》为礼家之名宗，发礼官正百物、叙尊卑、控名而责实之指。义理征于训诂，而人伦道妙之全体大用，即见名物训诂之中，然后复由训诂名物以通义理，途径顿辟。然后进而读《小戴礼记》四十九篇，以见威仪节文，不过以征理之不可易，而知控名责实，义理之即名伦等物而见。此汉儒之理学也。汉儒以礼为理，承荀卿礼宗之绪；宋学认性即理，发孟子性善之指。汉儒蹈礼履仁，附会阴阳家言；宋学明心见性，多杂禅宗说。汉儒只于威仪事为，著实体认；而宋学则性天道奥，愈勘愈深，此其较也。

卷十五　郑　学

汉儒有专家，有通学。十三经所采者，《诗》有《毛公传》，《公羊》有何休学，专名一经，学无旁涉，专家也。独郑君戒子，自称"博稽六艺"，不限专经，通学也。大抵西京多专家，而后汉喜通学。

《后汉书·郑玄传》称："凡玄所注，《周易》、《尚书》、《毛诗》、《仪礼》、《礼记》、《论语》、《孝经》、《尚书大传》、《中候》、《乾象历》，又著《天文七政论》、《鲁礼禘祫议》、《六艺论》、《毛诗谱》、《驳许慎五经异义》、《答临孝存周礼难》，凡百余万言。门生相与撰玄答诸弟子问五经，依《论语》作《郑志》八篇。"今可考见者：《诗毛传笺》、《周礼注》、《仪礼注》、《礼记注》，皆足本也。其散佚而有辑本者，就所睹记，则有卢见曾刻《雅雨堂丛书》辑本《郑氏易注》十卷，丁杰辑补《乾凿度郑注》二卷，陈春刻《湖①海楼丛书本》，丁杰《辑补周易郑注》十二卷，此《周易》也。岱南阁别行本孙星衍辑《尚书马郑注》十卷，《焦氏丛书》本焦循撰《禹贡郑注释》二卷，《学津》辑本《尚书中候郑注》五卷，此《尚书》也。问经堂辑本《箴膏肓》一卷，《起废疾》一卷，《发墨守》一卷，此《春秋》也。浮溪精舍本宋翔凤辑《论语郑注》十卷，此《论语》也。知不足斋本臧庸辑《孝经郑氏解》一卷，严可均四录堂类集本《孝经郑氏注》一卷，此《孝经》也。问经堂本王复辑《五经异义》许慎并《驳义》郑玄一卷，《补遗》一卷，学海堂本陈寿祺撰《五经异义疏证》三卷，秦鉴刻《汗筠斋丛书》本钱东垣等校《郑志》三卷，附录一卷，别下斋刻本陈鳣辑《六艺论》一卷，此五经总义也。又有黄奭辑刻汉学堂

---

① 湖，原作"胡"，今改正。

本《高密遗书》十四种,曰《六艺论》、《易注》、《尚书注》、《尚书大传注》、《毛诗谱》、《箴膏肓》、《释废疾》、《发墨守》、《丧服变除》、《驳五经异义》、《答临孝存周礼难》、《三礼目录》、《鲁禘祫①议》、《论语注》、《郑志》、《郑记》,可谓夥颐沈沈矣。

郑君自称曰:"博稽六艺,粗览传记。"范晔赞论曰:"括囊六典,网罗众家。"盖该六艺而言,则不专一经;执一经以说,则不主一家。《后汉书·玄本传》称:"师事京兆第五元先始通京氏《易》、《公羊春秋》、《三统历》、《九章算术》。又从东郡张恭祖受《周官》、《礼记》、《左氏春秋》、《韩诗》、《古文尚书》。以山东无足问者,乃西入关,因涿郡卢植,事扶风马融。"笺《毛诗》,则旁采鲁、韩;注《周官》,则兼及《仪礼》、《礼记》。今古之学兼综,门户之见尽祛。观其会通,择善而从,此所以为通也。《后汉书·儒林传》曰:"许慎以五经传说臧否不同,于是撰为《五经异义》。时人为之语曰'五经无双许叔重'。"然则"博稽六艺",盖许慎之所同,而"网罗众家"则郑君之所独。许慎撰《五经异义》,明今古之分,以敦崇古学。郑君驳《五经异义》,破今古之樊,以兼采今说。此其较也。世人骈称许、郑而不别白其辞,夫岂若是其班欤?

---

① 祫,原误作"祫",今改正。

卷十六 三 国

东汉经学之所为不同于西京者,由专而通。魏、晋经学之所以立异于东汉者,由郑而王。由专而通者,大道无方,学术会通之自然。由郑而王者,世情忌前,后生夺易之私意。《三国志·王肃传》称:"肃喜贾、马之学而不好郑氏,采会异同,为《尚书》、《诗》、《论语》、《三礼》、《左氏解》,及撰定父朗所作《易传》,皆列于学官。其所论驳朝廷典制郊祀宗庙丧纪轻重,凡百余篇。"又云:"肃集《圣证论》,以讥短玄。"然玄名家,在能兼综古今,采会同异。而肃难玄,则当别白今古,辨析同异,如许慎《异义》之学可也。而肃不然,不过玄用今文,而肃难以古文;玄用古文,肃难以今文,惟锐意于夺而易之,王肃《孔子家语》序云:"郑氏学行五十载矣,义理不安,违错者多,是以夺而易之。"故为立异耳。观于《圣证论》以按《五经异义》而可知也。善化皮锡瑞鹿门《礼经通论》亦历著之。

刘知幾云:"王肃注书,好发郑短,凡有小失,皆在《圣证》。"其书久佚,马国翰《玉函山房辑佚书·圣证论》一卷。

《汉书·艺文志》有《孔子家语》二十七卷,颜师古注:"非今所有《家语》。"世所传《家语》,凡四十四篇,王肃注。《礼·乐记》称:"舜弹五弦之琴,以歌南风。"郑注:"其词未闻。"孔颖达载肃作《圣证论》,引《家语》阜财解愠之诗以难康成。又载马昭之说,谓:"《家语》,王肃所增加,非郑所见。"王柏《家语考》曰:"四十四篇之《家语》,乃王肃自取《左传》、《国语》、《荀》、《孟》、二《戴记》割裂织成之。孔衍之序,亦王肃自为也。"自昔疑之者多,而未有专书。至清乾隆间仁和孙志祖颐谷撰有《家语疏证》六卷,以为:"说经而不尊信郑康成,宜大道歧而厄言出也。背康成，由王肃；信王肃，由宋人。王肃之背经诬圣，由伪造《家语》《孔丛子》及作《圣证论》，改易汉以上郊祀宗庙丧纪之制。"惜魏时王基、孙炎、马昭难王之书皆不传，因博集群书，凡肃所剿窃者，皆疏通证明之，以证肃之窜改谬妄，以明《家语》之非古本。刊版流播，学者称快。又集驳《圣证论》及疏证《孔丛·小尔雅》之非古本，其书未成。独传《家语疏证》一书。海宁陈鳣仲鱼序其端曰："《尚书》孔《传》及《家语》，俱王肃一人所作。《尚书》二十八篇，汉世大儒皆习之。肃固不敢窜改，唯于伪增之篇，并伪为孔《传》以逞其私。至于《家语》，肃以前儒者绝不引及，肃诡以孔子二十二世猛家有其书，取以为解。观其伪孔安国后叙云'以意增损其言'，则已自供罪状。然而肃之自叙，首即以郑氏学为'义理不安，违错者多，是以夺而易之'。夫叙孔子之书，而先言夺郑氏之学，则是附会古说，攻驳前儒可知矣。又《自叙》引语云'牢曰子云吾不试，故艺'，谈者不知为谁，多妄为之说。《孔子家语》'弟子有琴张，一名牢，字子开，一字张，卫人也'，考郑注《论语》'牢，弟子子牢也'。肃之所谓谈者，即指郑氏。夫《论语》记弟子不应称名，汉《白水碑》琴张、琴牢判为二人，安得牵合若此耶？马昭去肃未远，乃于《家语》，一则曰'王肃增加'，再则曰'王肃私定'，斯言可为笃论。"然籀马昭语气，曰增加，则有原文，有增加，似不全伪造也。今按四十四篇，杂采《荀子》《小戴记》者三十三篇，全袭《大戴记》者五篇，惟《致思》《观周》《辩政》《辩物》《七十二弟子解》《本性解》六篇，别本他书。

《晋书·范宁传》称："时以浮虚相扇，儒雅日替。宁以为其源始于王弼、何晏蔑弃典文，不遵礼度，游辞浮说，波荡后生。二人之罪，深于桀、纣。桀、纣暴虐，正足以灭身覆国，为后世鉴戒耳，岂能回百姓之视听哉！吾固以为一世之祸轻，历代之罪重，自丧之衅小，迷众之罪大也。宁崇儒抑俗，率皆如此。"然何晏解《论》，集汉儒训诂之善，古义仅存；辅嗣注《易》，开宋儒义理之先，新蹊自辟。模楷儒林，亦自名家，何尝蔑弃典文，如宁所讥乎？

王弼《易》注，说汉《易》者屏之不论不议。独江都焦循理堂以弼通借解经，法本汉儒，撰《周易补疏》而序其端曰："昔赵宾解箕子为荄兹，或诮其说曰，非王弼辈所能知也。然弼之解箕子，正用赵宾说，孔颖达辈不能申明之也。非特此也。如读彭为旁，借雍为甕，通乎为浮而训为务躁，解斯为厮而释为贱役。诸若此，非明乎声音训诂，何足以明之。东汉末以《易》学名家者，称荀、刘、马、郑。荀谓慈明爽，刘谓景升表。表之学受于王畅，畅为粲之祖父，与表皆山阳高平人。粲族兄凯为刘表女婿，凯生业，业生二子，长宏，次弼。粲二子既诛，使业为粲嗣。然则王弼者，刘表之外曾孙，而王粲之嗣孙，即畅之嗣玄孙也。弼之学，盖渊源于刘，而实根本于畅。宏字正宗，亦撰《易》义。王氏兄弟以《易》名，可知其所受者远矣。故弼之《易》虽参以己见，而以六书通借解经之法，尚未远于马、郑诸儒，特貌为高简，故疏者概视为空论耳。弼天资察慧，通俊卓出，盖有见于说《易》者支离附会，思去伪以得其真，而力不逮，故知变卦之非而用反对，知五气之妄而信十二辟，唯之与阿，未见胜也。解龙战以《坤》上六为阳之地，固本爻辰之在己；解文柔文刚以《乾》二《坤》上言，仍用卦变之自泰来，改换其皮毛，而本无真识也。然于《观》则会及全蒙，于《损》亦通诸剥道。聪不明之传，似明比例之相同；观我生之交，颇见升降之有合。机之所触，原有悟心。然则弼之《易》，未可屏诸不论不议也。"可谓明于独炤，不随众诟者。

魏受汉禅，而学风迥异。（一）东汉经学极盛，崇尚儒者，而魏氏承汉，谭学喜老、庄，从政师商、韩，竞以儒家为迂阔，不周世用。（二）东汉士风敦厚，服膺先儒，辨其参差而不没其多善，辞气谦恭，无嚣争求胜之心。其焯焯可考信者，郑玄破先儒而不明引其说，又以马季长弟子，不欲正言相非，依违而言，见卷十五《郑学》。不如三国时王弼、虞翻以所长笑人，好为诋诽，既失博学知服之义，且开露才扬己之风，此学者之大病也。

卷十七　朱　子

陈氏《郑学篇》引王西庄云："学者若能识得康成深处,方知程、朱义理之学,汉儒已见及。程、朱研精义理,仍即汉儒意趣,两家本一家。"《十七史商榷》卷六十四。以为："昔之道学家,罕有知汉儒见及义理之学者,更罕有知程、朱即汉儒意趣者。"而此篇则引朱子《论语训蒙口义序》云："本之《注疏》以通其训诂,参之《释文》以正其音读,然后会之诸老先生之说以发其精微。"《语孟集义序》云："汉、魏诸儒正音读,通训诂,考制度,辨名物,其功博矣。学者苟不先涉其流,则亦何以用力于此。"遍举《文集》、《语类》之发此义者,以明朱子之守《注疏》,治训诂,由训诂以通义理。然朱子《答黄直卿书》:"为学直是先要立其本,文义却可且与说出正义,令其宽玩味,未可便令考校同异,研究纤密。恐其意思促迫,难得长进。"朱子好考证之学,而又极言考证之病。陈氏乃申论之曰:"读书,玩理与考证,自是两种工夫。朱子立大规模,故能兼之。学者不能兼,则不若专意于其近者也。朱子时为考证之学甚难,今则诸儒考证之书略备,几于见成事物矣。学者取见成之书而观之,不甚费力,不至于困矣。至专意于其近者,则尤为切要之学,而近百年来,为考证之学者多,专意于近者反少,则风气之偏也。"此则承汉学极炽之后,而为补偏救弊之谈,陈氏生平宗旨所在,而东塾读书之眼,学者不可不知。所谓"专意于其近者",即在人伦日用之间。孔子曰:"己欲立而立人,己欲达则达人。能近取譬,可谓仁①之方也已。"《中庸》谓"忠恕违道不远,施诸己而不愿,亦勿施

---

① 仁,原作"人",据《论语·雍也》改。

于人"，此之谓近，亦此之谓"立其本"也。

陈氏之指，在融通汉宋。然在清乾隆以前，未尝有标揭汉学以诋宋儒者。太原阎若璩百诗，甘泉江藩郑堂撰《汉学师承记》，尝揭举之为汉学开山之祖者也。然若璩以《古文尚书疏证》有大名，而古文二十九篇之伪，《朱子语录》已发其覆，特证佐未具，俟若璩出而蒐集，加以论定焉尔。若璩作《毛朱诗说》，右《集传》而左毛序，此其于汉学殆不仅有骑墙之见而已。至济阳张尔岐稷若、婺源江永慎修二人，则又笃信朱子，彰彰可考者也。张尔岐之《仪礼郑注句读》，江永之《礼经纲目》，咸用朱子《仪礼经传通解》之法，而江氏《近思录集注》尤理学之圭臬，张氏且尝以有明甲申之变，由于秉国成者菲薄程、朱之一念有以致之，语著《蒿庵闲话》，何尝以汉学标举乎？吴县惠周惕元龙，子士奇天牧及孙栋定宇，三世传经，栋所造尤邃，著《周易述》、《古文尚书考》、《春秋补注》、《九经古义》等书。论者拟之汉儒，在何邵公、服子慎之间。而惠氏红豆山斋楹帖云："六经宗孔孟，百行法程朱。"亦何尝以汉学标举乎？休宁戴震东原为皖派开山，其学本出江永，作《原善》、《孟子字义疏证》，虽与朱子说经牴牾，采朱子说以撰《毛郑诗考正》，则亦未尝故立崖岸。金坛段玉裁若膺受学于震，议以震配享朱子祠，又《跋朱子小学》称："或谓汉人言小学，谓六书，非朱子所云，此言尤悖。夫言各有当，汉人之小学，一艺也。朱子之《小学》，蒙养之全功也。"段氏以精研《说文》之人，而推朱子《小学》以崇之汉人小学之上，何尝标揭汉学以诋宋儒乎？江藩为惠定宇再传弟子，其师吴下余萧客古农，执贽于惠氏。辩生末学，始标揭汉学以撰《师承记》，门户角张。段氏外孙仁和龚自珍璱人即不谓然，诒笺诤曰："大著读讫，其曰《汉学师承记》，名目有十不安焉。改为《国朝经学师承记》，敢贡其说。夫读书者实事求是，千古同之。此虽汉人语，非汉人所能夺。一不安也。本朝自有学，非汉学，有汉人稍开门径而近加邃密者，有汉人未开之门径。谓之汉学，不甚甘心。不安二也。琐碎钉饻，不可谓非学，不得为汉学！三也。汉人与汉人不同，家各一经，经各一师，孰为汉学？四也。若以汉与宋为对峙，尤非大方之言，汉人何尝不谈性道。五也。宋人何尝不谈名物训诂，不足概服宋儒之心。六也。近者有一类人，以名物训诂为尽圣人之道，经师收之，人师摈之。以诬汉人，汉人不受。七也。汉人有一种风气，与经无与，而附于经，谬以裨灶、梓慎之言为经，因以汩陈五行，矫诬上帝为说经。《大易》、《洪范》身无完肤，虽刘向亦不免，以及东京内学。本朝人何尝有此恶习，本朝人又不受矣。八也。本朝别有绝峙之士，涵泳白文，创获于经，非汉非宋，亦其是而已矣。方且为门户之见者所摈。九也。国初之学，与乾隆初年以来之学不同。国初即不专立汉学门户，大旨欠区别。十也。有此十者，改其名目，则浑浑圜圜，无一切语弊矣。"江藩不从，其乡人焦循理堂亦有异议。桐城方东树植之遂作《汉学商兑》，以为反唇之论，是为汉宋之争所由始也。

　　方东树生乾嘉汉学极盛之日，撰为《汉学商兑》上中下三卷，其指在申宋学以诎汉学，急言极论，殚见洽闻。词笔既明快，足以达其所见；考据尤详该，足以证其不诬。汉学家每以考据傲宋学之不逮，而东树即以考据发汉学之覆。晰而不枝，核而能当，即以其人之道，还治其人之身，实开后来陈东塾、朱无邪一派。博学明辨，未可以文章之士而少之也。其书仿朱子《杂学辨》例，摘录汉学家议论，各为辨正。而综其指要，大端有六：一曰宋儒明义理之不废训诂。昔宋周公谨有言曰："伊洛之学行于世，至乾道、淳熙间盛矣。其能发明先贤旨意，溯流徂源，论著讲解，卓然自为一家者，新安朱氏元晦尤渊深精诣。盖其以至高之才，至博之学，而一切收敛，归诸义理，其上极于性命天人之微，而下至于训诂名数之末，未尝举一而废一。盖孔孟之道，至伊洛而始得其传，而伊洛之学，至朱氏而始无余蕴，必若是而后可言道学也已。"而汉学家议论，乃以宋儒废《注疏》，使学者空言穷理，启后学荒经蔑古空疏之陋。然此可以讥陆、王，而非所论于朱子。朱子教人为学，谆谆于汉魏诸儒，正音读，通训诂，考制度，释名物，学者不先涉其流，则亦何以用力，而所为《四书集注》，唯重发明义理者，以训诂名物，《注疏》已详，不复为解。故曰："邢昺《论语疏》集汉、魏诸儒之说，其于章句训诂之际详矣。学者读是书，其文义名物之详，当求之《注疏》，有不可略者。"又曰："秦、汉以来，圣学不传。儒者惟知训诂章句之为事，而不知复求圣人之意，以明夫性命道德之归。然或徒诵其言以为高，而不知深求其意，遂致脱略章句，陵藉训诂，坐谈空妙，而其为患反有甚于前日之陋者。"又曰："自秦、汉以来，儒者不知反己潜心，而以记览诵说为事，是以有道君子，深以为忧。然亦未尝遂以束书不观，坐谈空妙，为可侥幸于有闻也。"又曰："或遗弃事物，脱略章句，而相与驰于虚旷杳渺之中。"又曰："其有志于己者，又直以为可以取足于心而无事外求也，是以堕于佛老空虚之邪见，而义理之正，法度之详，有不察也。"此指陆子。又引《说文》解《易·恒卦》；又于《大有》用享，以为亨享字，《易》中多互用，因言文字音韵，是经中浅事，故先儒得其大者，多不留意。然此等处不理会，却费无限辞说牵补，卒不得其意，亦甚害事。据此，朱子教人读书平实如此，可知朱子非废训诂名物不讲，如汉学诸人所訾谤也。又诸汉学家皆讥义理为凿空，亦是诐辞。须知孔子系《易传》及子夏、子贡、孟子、《礼记》、《大学》、《中庸》诸篇及《孝经》等，凡引《诗》、《书》，皆不拘求训诂，即汉儒如费直、匡衡亦然，不独程子也。然而朱子训诂诸经，一字一句无不根极典谟，每谓："摆落传注，须是二程先生，方始开得此口。若后学未到此地位，便承虚接响，容易呵叱，恐属僭越气象。"特不如汉学家之泛引驳杂耳。一曰汉学言训诂之必衷义理。戴东原尝言："训诂者，义理之所从出，非别有义理出乎训诂之外也。"又言："吾自十七岁时，有志闻道，谓非求之六经孔孟不得。非从事字义名物制度，无由通其语言文字"云云。若是，则与朱子固为一家之学矣。顾所以斥朱儒者，则曰："以理为学，以道为统，以心为宗，探之茫茫，索之冥冥，不如反而求之六经。"昔程子受学于周茂叔，亦曰"反而求之六经"，则程、朱固未尝舍六经而为学也。且所谓求于六经者，何也？非谓求其道，求其理，求其心耶？戴氏力禁言理，而所以反求之于六经者，仅在于形声训诂名物制度之末。譬如良农春谷，尽取精凿以去，贫子不知，方持糠秕以傲之，何以异于是？古今学问大抵二端：一小学，一大学。训诂名物制度，只是小学内事。《大学》直从明新说起，《中庸》直从性道说起，此程、朱之教所主，为其已成就向上，非初学之比。如颜子问仁，问为邦，此时自不待与之言小学事矣。子夏固谓草木有区别，是也。汉学家昧于小学大学之分，混小学于大学，白首著书，毕生尽力，止以名物训诂典章制度，小学之事，成名立身，用以当大人之学之究竟，绝不复求明新至善之止，痛斥义理性道之教，不知本末也。夫谓义理即在训诂，是也。然训诂不得义理之真，致误解古经，实多有之。若不以义理为之主，则彼所谓训诂者，安可恃以无差谬也。古人一字异训，言各有当。汉学家说经，不顾当处上下文义，第执一以通，乖违悖戾，而曰义理本于训诂，其可信乎？言不问是非，人惟论时代，以为去圣未远，自有所受。不知汉儒所说，违误害理者甚众。如荀悦《申鉴》云："文有磨灭者，音有楚夏，出有先后。或学者先意有所措定。后世相仿，弥以滋伪。"朱国桢《涌幢小品》云："古人古事古字，散见杂出，各不相同，见其一，不见其二，哄然纠驳，未免为古人所笑。"不明乎此，而强执异本异文，以训诂齐之，其可乎？汉学诸人，释经解字，谓本之古义者，大率祖述汉儒之误，傅会左验，坚执穿凿，以为确不可易，如以"箕子"为"荄滋"，"枯杨"为"姑阳"，"蕃庶"为"蕃遮"。数百千条，迂晦难通。何义门云："但通其训诂而不辨义理，汉儒之说，皆高子也。"信乎朱子有言"解经，一在以其左证之异同而证之，一在以其义理之是非而衷之，二者相须不可缺"，庶几得之！今汉学者全舍义理而求之左验，以专门训诂为尽得圣道之传，所以蔽也。总而言之，主义理者，断无有舍经废训诂之事！主训诂者，实不能皆当于义理。何以明之？盖义理实有时在语言文字之外者，故孟子曰："以意逆志。不以文害辞，辞害意也。"宋儒义理，原未尝歧训诂为二而废之。有时废之者，乃正是求义理之真而去其谬妄穿凿、迂曲不可信者耳。若其不可易者，古今师师相传，如朱子《诗集传》训多用毛、郑，何遽能废之也。汉学之人，主张门户，专执《说文》、《尔雅》小学字书，穿凿坚僻，不顾文义之安，正坐斥义理之学，不穷理故也。考汉学诸公，大抵不识文义，故于义理多失。盖古人义理，往往即于语气见之，此文章妙旨，最精之说，汉学不解也。如臧氏琳说《孟子》"夫子之设科也"，"子"为"予"字之误。不知此句若作孟子自道，则不特文势弛缓不属，令人索然，且似孟子自承认门人为窃，大儒取友，乃收召无赖小人，污辱门墙，害义甚矣。汉儒之说，所以有不可从者，此类是也。按赵氏注称"孟子曰夫我设教授之科"云云，又《章旨》云"虽独窃屦，非己所绝"，是殆直作孟子自认也。又据唐《石经》谓《诗》"萧萧马鸣"当作"肃肃"，因引《毛传》为证。无论开成《石经》最劣，不足信据，而杜子美在前已用"萧萧"，非石刻作"肃"，后人妄改加"艹"也。即谓木版在大历之世，而子美读已如此，可知非后人刊改也。《毛传》言不谨哗，正形容得是时出师气象，及诗人措语之妙，言但耳闻马鸣，目见旆旌，肃然不闻人声，故不以谨哗双释二句。若肃专属马。则此传正当在马鸣一句，下旆旌是无知物，非有血气，岂亦可以不谨哗诂之乎？要之，此诗连下文皆有肃意，正不必独于马用本义，故朱子移《毛传》"不谨哗"于"徒御不惊"之下，而于下节"有闻无声"，亦以至肃解之也。刘勰云："诗人感物，联类不穷。流连万象之际，沈吟视听之区。写气图貌，随物宛转；属采附声，与心徘徊。故灼灼状桃花之鲜，依依尽杨柳之态，杲杲为日出之容，瀌瀌拟雨雪之状，喈喈逐黄鸟之声，喓喓学草虫之韵。"由勰此论，则肃肃状马声甚拙，不及萧萧字远甚，非但失义，并失情景之妙。臧氏谓萧凉萧条，并入近人辞气。不知风雨潇潇，非近人诗也。潇，《说文》水名。若诗人以状风雨声，则亦萧凉意。又如段氏玉裁说《左传》"人尽夫也"当为"天"字之说。不知此句紧对上文父与夫句作答，又以见其母为机速妇人，一时相绐，仓卒情事，不暇顾理，口角如绘之妙。若作"天"字，则是其母正告以三纲之义，分义至重，安得人尽云云而方教之以背其天乎？语不知偏正，理不知倒邪，而卤莽著书，真所谓诋痴符也。古人言各有当，汉学家每执一以解之，其意主于破宋人之说，其辞务博辨广征，案往旧造说以眢人而夺之，而遂不顾叛道离经矣。又陈见桃据《尔雅》切、磋、琢、磨四者，各为治器之名，非有浅深，朱子释为磋精于切，磨密于琢，殆强经以就己说云云。按《毛传》虽本《尔雅》，作四事解。然《尔雅》本以释《诗》。训诂之体，未暇释意。武公作《诗》，子贡赋《诗》，不据《尔雅》。况《毛传》云："道其学而成也。听其规谏以自修，如玉之琢磨也。"亦本《大学》传作二义，不析切与琢、磋与磨分言者。古人无此行文法，故贵以意逆志也。朱子释之，至明而确，事理昭然，正合子贡之意。陈氏不谙文义，又不知说经与训诂体例不同，又昧于事物之理而妄讥之，谬矣。汉学说经，所讥于唐宋诸儒，谓经字曰讹、经义不合者，数百十条，大抵断截小文，喋黩微辞，皆若此类。虽非闳旨所关，而疑似乱真，姑举此数条以见例，学者推类以尽其余可也。至戴氏之讥程子曰："《中庸》开卷说性即理也，如何说性即是理？"岂知程子此语，正用康成《乐记》注"理即性也"语。戴氏极诋程、朱，固奉康成为宗主矣，何又失检《礼》注，漫肆诋诃？若夫性即是理，此句与孟子性善同功，皆截断众流语，固非众贤小儒所能见及。考证、文章，皆欲为明义理也。汉学诸人，其蔽在立意蔑义，所以千条万端，卒偏于谬妄不通，贼害人心学术也。戴氏后犹知悔之，其称天下有义理之源，有考核之源，有文章之源。既而曰："义理即文章、考核之源，义理复何源哉！吾前言过矣。"及其临终则曰："生平读书绝不复记，到此方知义理之学，可以养心。"此与王弇洲临殁服膺震川同为回光返照，盖其天姿聪明本绝人，平日特为风力阴识所鼓，不能自克，临殁之际，风力阴识之妄渐退，而孤明炯焉。乃焦循作《申戴》，又从而为之辞。汉学惠、戴开山，惠栋虽标汉帜，尚未厉禁言理，而厉禁言理，则自戴氏始。一曰穷理必以明心。戴震禁言理，诋程、朱不当别言有理具于心，而其先黄震、顾炎武禁言心，以理流行于天地古今，特具于心，而不当以心为主，皆边见邪见，非正知见也。孟子曰："权然后知轻重，度然后知长短，物皆然，心为甚。"古今神圣一切智愚动作云为，皆心之用也。今为学欲明圣人之道，而拔本塞源，力禁言心，不知果有当于尧、舜、禹之意否邪？《黄氏日钞》说《尚书》"人心惟危，道心惟微"四语云："此本尧命舜之辞。舜申之以命禹，加危微精一于允执厥中之上，所以使之审择而执其中耳。此训之之辞也，皆主于尧之执中一语而发，岂为心设哉！近世喜言心学，舍全章本旨而独论人心道心，甚者单摭道心，而直谓心即是道。蔡九峰作《书传》，乃因以三圣传心为说，指十六字为传心之要，而禅学者借以为据矣。"唐虞之世，未有禅病。今以梁以后禅学，豫代古帝防之，动欲改避经文，抑何可笑。汉学之徒，益推而极之，以为《荀子》引"人心之危，道心之微"出《道经》，直证以为出于《道藏》，而快朱子传心之说，见斥于其徒。愚以为此二语，既为《荀子》所引，下文又曰："危微之几，惟明君子而后能知之。"则荀子视此二语亦不轻矣。夫所恶于禅学即心是道者，谓其专事明心，断知见，绝义理，用心如墙壁，以侥幸于一旦之洒然证悟。若夫圣人之教，兢业以持心，又精择明善以要于执中，尚有何病。盖单提危微二语，虽警惕提撕，意犹引而不发，至合下精一执中，则所以区处下手功夫至密，道理直盛得水住，而犹妄议之，可谓昧矣。或又谓心一而已，安有人心道心？孟子曰"仁，人心也"，是人心不可指为欲心。不知孟子此言，探其本始言之，即性善之旨，所谓道心也，然固不可谓一切人之心，皆全于仁而无欲也。故又尝曰"失其本心"，"陷溺其心"，夫陷溺而失之者，即欲心人心也。若谓人皆无欲心，则《记》所称"易慢之心"，"非僻之心"，果何心也？试令夫人自扪其心，果皆仁而无欲乎？惟夫人心本仁，而易堕于人欲之危，是以圣人既自择而守之以执其中，又推以为教于天下万世。千言万语，欲使同归于仁而已。然固不能人人皆自觉悟以返于人，则赖有此四言之教，相传不刊，以为迷途之宝炬慧灯，所以历代帝王，兢兢守之，不敢失坠，此所谓传心者也。尝试论之，以为禅家即心是道，与阳明本心良知，大略亦皆是道心一边，所以差失作病痛，正为少精一为执中耳。初学之士，欲审善恶邪正，全在察人心道心危微二端之几。懋修之儒，欲误认道心堕禅之失，全在精一执中之学。黄氏乃畏病而不识病源，转欲去其药，浸假而并欲去其躯体，轻于立论，真妄庸也。顾亭林乃益推衍黄氏之意曰："心不待传也。流行天地，贯彻古今而无不同者，理也。理具于吾心而验于事物。心者，所以统宗此理而别白其是非。人之贤否，事之得失，天下之治乱，皆由此判。此圣人所以致察于危微精一之间，而相传以执中之道，使无一事之不合于理，而无有过不及之偏者也。禅学以理为障，而独指其心，曰不立文字，独传心印。圣贤之学，自一心而达之家国之用，无非至理之流行。明白洞达，人人所同，历千载而无间者，何传之云。"其辞甚辨。但如顾氏所云"心者，所以统宗此理，圣人所以致察于微危精一，相传以执中，使无不合于理"，是顾氏不能舍心以言理。又云："圣贤之学，自一心达之家国之用，无非至理，历千载而无间。"是顾氏已自明言圣人以其心统具此理以传于千载。夫理具于心，无古今一也。今言理而不许言心，譬如言世人但取于米，不必言禾，此不为童昏之见耶？考朱子作《记疑》一卷，中有论传心一条，实为宋明之季诸儒所宗，今录以正黄氏、顾氏之辨为不得其理。其辞曰："先圣后圣，若合符节。非传圣人之心，传己之心也。己之心，无异圣人之心，广大无垠，万善皆备。欲传圣人之道，扩充此心而已。"朱子辨曰："学圣人之道，乃能知圣人之心。知圣人之心以治其心，而至于与圣人之心无以异焉，是乃所谓传心者也。岂曰不传其道而传心，不传其心而传己之心哉？且既曰己之心矣，则又何传之有？"按此言传心非传圣人之道，固为大谬，黄氏、顾氏又以第传圣人之道而不当言心，益为鹘突。孟子论见知闻知，又曰："先圣后圣，其揆一也。"夫其所以知者何也，非以其心知之耶？则后圣心之所知，即前圣心之所传也。大抵考证家用心尚粗疏，故不喜言心言性，言理言道，又会有禅学、心学之歧为其借口。此中是非杂糅，如油着面，本不易明。黄氏、顾氏以言心为堕禅，论虽灭裂，犹实有其害。近汉学家以致知穷理为堕禅，直是乱道。不知禅之失，正在不求心穷理；而禅之妙，亦正在不许求心穷理。才一求心穷理，便非禅。故其说曰："汝他日做得一把茅盖屋，止成得一个知解宗徒。"又曰："不可以知知，不可以识识。"又曰："不涉思议。"又曰："心无所住。"又曰："将心用心，却成大错。"夹山三桨，汾洲正闹，皆切切严禁用心，以理为障，以断知见为宗，离想为宗。六祖五宗相传秘密皆如此。今汉学家咎程、朱以言心言理堕禅，岂知程、朱是深知禅之害在不致知穷理，故以致知穷理破彼学而正吾学之趣耶？惟圣人吾儒之学，无不求心穷理，而禅家则切禁求心穷理，其事正相反。汉学者标训诂名物为宗，无以破程、朱言理之正，则一借禅以诬之。不知程、朱言人心道心，精一执中，致知穷理，正是破禅。又不知己之禁不许言心言理，乃是用罔，正与禅同病。而又或居身行己，湛溺忿欲，卑惑苟妄，且为禅之所呵弃，鄙薄不屑。不此之念，而反咎程、朱救堕禅之病为堕禅，颠倒迷谬，悖者以不悖为悖，究之儒、禅两边皆不曾用功，徒取门面字样，纸上文句，耳食程、朱辟禅绪论，反以噬之，混以诬之。世俗不学无闻者众，惊闻其说，不辨涯涘，因附和之以为信然云尔。一曰《说文》非可证经，语详《小学篇》；一曰宋儒以力行为实事求是，汉学以考证为实事求是，所以号于天下一也，而归趣大异。朱子曰："圣贤说性命，皆是就实事上。言尽性，便是尽得三纲五常之道。言养性，便是养得此道而不害。至微之理，至著之事，一以贯之，非虚语也。"陆子曰："古人自得之，故有其实。言理则是实理，言事则是实事。德则实德，行则实行。"又曰："宇宙间自有实理。所贵乎学者，为能明此理耳。此理苟明，则自有实行实事。"又曰："千虚不博一实。吾生平学问无他，只是一实。"又曰："古人皆是明实理，做实事。"又曰："做得功夫实，则所说即实事，不说闲话。所指人病，即是实病。"袁絜斋燮言："尝见象山读《康诰》，有所感悟，反己切责，若无所容。"据此，则是宋儒穷理尽性而所以反求之六经，其实如此。汉学家皆以高谈性命为便于空疏，无补经术，争为实事求是之学，衍为笃论，万口一辞，牢不可破。以愚论：实事求是，莫如程、朱，以其理信而足可推行，不误于民之兴行，然则虽虚理而乃实事矣。汉学诸人，言言有据，字字有考，只向纸上与古人争训诂形声传注,驳杂援据群籍证佐数百千条,反之身己心行,推之民人家国,了无益处,徒使人狂惑失守,不得所用,然则虽实事求是,而乃虚之至者也。一曰宋儒穷理,汉学言礼。阮氏元曰:"朱子中年讲理,晚年讲礼,诚有见于理必出于礼也。如殷尚白,周尚赤,礼也。使居周而有尚白者,以非礼折之,则人不能争;以非理折之,则不能无争矣。故理必附于礼以行。空言理,则可彼可此之邪说矣。然则《三礼注疏》,学者不可不读。"其说盖本顾亭林。亭林在关中论学曰:"诸君,关学之余也。横渠蓝田之教,以礼为先。孔子教颜子博文约礼,而刘康公亦云民受天地之中,所谓命也,是以有动作威仪之则以定命。然则君子为学,舍礼何由。某年过五十,始知不学礼无以立。"然亭林论率履之礼,阮氏主注疏训诂名物之礼。亭林①以孔门执礼约礼,斥明儒心学纵恣之失;阮氏以注疏名物制度,砭宋儒格物穷理之学。宗旨各有在也。不知礼是四端五常之一,理则万事万物咸成。所谓"礼者理也,官于天也","礼者,天理之节文",天叙天敕云云,皆是就体一端,言其出于天理,非谓天理尽于礼之一端,而万事万物之理,举不必穷也。周子言理曰:"礼者,是就四德分布者言,非以一体尽四德之理也。"盖分言之,则理属礼;合论之,仁义智信皆是理。理斡是非,礼是节文。若不穷理,何以能隆礼由礼而识礼之意也? 子夏曰礼后,则是礼者为迹,在外居后;理是礼之所以然,在内居先,而凡事凡物之所以然处皆有理,不尽属礼也。今汉学家厉禁穷理,第以礼为教,又所以称礼者,惟在后儒注疏名物制度之际,益失其本矣。至其援朱子晚年修《礼经》诸说,此乃诬朱子中年言理、晚始悔而返之于礼者,与阳明《朱子晚年定论》,其事恰相反,而其用意之私,为说之巧,伎俩则适相同。斯其辨核汉宋之学,剖析疑似之际,箴废起疾,议论凿凿。自来汉学家深疾其言,而无有针锋相对以为驳难者,岂不以言有据依,洞中肯会,阴实无可措辞,阳为不足重轻,姑以为不值一辨,而置之不论不议

---

①　亭林下原有"礼"字,据文意删。

之列云尔。

陈氏引黄梨洲云："自周元公以主静立人极开宗,明道以静字稍偏,不若专主于敬。伊川则以敬字未尽,益之以穷理之说,而曰:'涵养须用敬,进学在致知。'"《宋元学案》卷十六。而推论之,以为:"朱子又益之以读书之说,而曰:'穷理之要,必在于读书。'盖三变而愈平愈实,愈无弊矣。"此可作《理学宗传》一则提要读。

朱子之学,极高明而道中庸,道问学以尊德性。而在当日,别出朱子以自名家者,不出两派:有尊德性而不道问学者,象山是也;有崇事功而耻言尊德性者,永嘉、永康是也。朱子《答敬夫论中庸章句书》云:"大率摆落章句,谈说玄妙,惯了心性。"《答吴伯丰书》云:"元来道学不明,不是上面欠却工夫,乃是下面元无根脚。"《答陈安卿书》云:"不可一向如此向无形处追寻。"《答许顺之书》云:"不要说得太高,妙无形影,非惟教他人理会不得,自家亦理会不得。"此朱子之所以殊象山也。陈同甫亮言于孝宗曰:"今世之儒士,自以为正心诚意之学者,皆风痹不知痛痒之人也。举一世安于君父之仇,方且低头拱手,高谈性命之学,不知何者谓之性命乎?"此永康、永嘉之所为讥朱学也。亦论朱学者所不可不知。

朱一新与陈氏同时,而为《无邪堂答问》五卷,表章朱子,商兑汉学,则尤与陈氏若合符契,而有足以相发者。其论以为汉学家喜称师法,而不许宋学之言宗旨;喜言训诂,而不许宋学之言心性;喜谭考据,而不许宋学之明义理;喜议礼,而不许宋学之说理,可谓知其一不知其二者也。古者多言礼而少言理,以礼乐之事,童而习之,有迹象之可循。圣门以下学之功示人,故不空言理。宋儒则言理居多,仍与约礼之旨无异。盖礼经残阙,古今异宜,大而朝聘燕飨,小而宫室器服,多非后人耳目之所习,与之言礼,虽老师宿儒,或不能尽通其义。古人制礼之精意,何莫不由天理而来,故曰:"礼也者,理之不可易也。"《礼·乐记》语。礼有文有本,其文之委曲繁重者,非后世所能行,亦非愚夫所能喻,则不得不举礼之精意言之。汉学家以是攻宋儒,未之思也。惟其即博文，即约礼，故无后世过高之弊与泛滥之失。朱子教人读书，而读书必归于穷理，读书穷理即博文约礼，语虽殊而意则一。于二陆之直指本心者，则虑其过高而失下学上达之旨；于东莱之多治史学者，则虑其泛滥而贻玩物丧志之讥。至明季及乾、嘉以来，而其言无一不验，故择术不可不慎，程、朱所以为圣学正宗者，此也。宋学书甚多，先择其要者读之。《近思录》为《四子书》之阶梯。《朱子语类》、《文集》，精博无匹，学者最宜致力。《性理大全》，近人束诸高阁。不知宋五子书，布帛菽粟！性理中如《太极图说》、《通书》、《西铭》、《正蒙》，探性道之原，抉阴阳之秘，浅人自不解，乃以空虚斥之！《大全》博采宋、元儒说，发明其义，研究秒忽，足以羽翼六经。诸儒之言，精实渊深，岂容一毫粗心浮气于其间耶？宋学以阐发义理为主。义理者，从考证中透进一层，而非精于考证，则义理恐或不确，故朱子终身从事于此，非遗弃考证之谓也。朱子言："考证别是一种工夫，某向来不曾做此。"自谦之词。今读《语类》，随举一事，无不通贯，而考证之粗迹，悉融其精义以入之，斯其文初无恒饤之习，莫非经籍之光。宋五子尚已。若汉之董江都、刘中垒、匡稚圭、扬子云诸人，皆有此意。西汉之学，所以高出东汉也。西汉大儒最重微言，宋儒则多明大义，然精微要眇之说，宋儒固亦甚多。其言心言性，乃大义之所从出，微言之所寓。汉学家独禁人言之，则无论《周易》一书，专明性道，即《四子书》中言心性何限。古书言性：有以性命言者，即宋儒所云义理之性也。有以才质言者，即宋儒所云气质之性也。疏家每不甚分析，然此不足为孔、贾病，彼时常解如此。性命道德之说，至宋儒始精。宋儒之有宗旨，犹汉学之有家法。拘于家法者非，然不知家法，不可以治经。好立宗旨者非，然不知宗旨，不可与言学术。学术者，心术之见端，差之毫厘，谬以千里，圣贤无不于此致慎焉。《论语》一书多言仁，仁即圣门之宗旨。《孟子》七篇言性善，言仁义，仁义、性善即孟子之宗旨。其他诸子百家亦皆有之。惟其有心得，而后有宗旨，故学虽极博，必有至约者以为之主，千变万化，不离其宗，六经无一无宗旨也。苟徒支离曼衍以为博，捃摭琐碎以为工，斯渺不知其宗旨之所在耳。夫乐之旨在和，礼之旨在敬。《礼记》开卷即言敬，《大小戴》之所述者，莫不以是为宗，此礼经之大义。汉儒谓之大义，宋儒谓之宗旨，其揆一也。故不合于六经大义者，不可以之为宗旨。六经大义，心之所同然者也。心之所同然者何也？谓理也义也。义理之学，宋儒以之为教，孔、孟曷尝不以为教？汉学家惟恶言理，故与宋儒为仇。理义之悦我心，犹刍豢之悦我口，岂苦人以所难哉？先王本理以制礼，以禁慝也。有礼斯有乐，以导和也。古乐既亡，礼亦为文饰之具，宋儒因亟以理明之，又恐人矜持拘苦，而屡以从容乐易导之。今读其遗书，以理为教，实多以礼为教。而戴东原则曰"程、朱凭在己之意而执之曰理，以祸斯民"，且谓"圣人以体民情、遂民欲为得理"。见《东原文集》、《孟子字义疏证》。夫程、朱正恐人之误于意见，故有穷理之功，东原乃谓其认意见为理。汉学家略涉宋学藩篱，而以之攻宋儒，首推戴东原。乾、嘉诸儒，东原与钱竹汀并推巨擘，一精于经，一精于史。竹汀博洽过东原，湛深不逮，而弊亦较少，其言名物制度历算音韵，固足津逮来学。至东原《孟子字义疏证》语多支离，谬不胜究。大率以人欲为性之本然，当顺而导之，不当逆而制之，此惟圣人所欲不逾矩者乃可，岂中人以下之欲，皆能如是乎？欲仁，欲也。欲利，亦欲也。使徒欲遂其欲，而不以义理为闲，将人皆纵其欲而滔滔不返，不几于率兽而食人乎？欲本兼善恶言，宋儒曷尝谓欲有恶而无善。特理欲对言，则理为善而欲为恶，故《乐记》言天理人欲，《易》言惩忿窒欲，《论语》言克伐怨欲，经典中此类甚多，东原概置之，而但援欲立欲达以为说。不知《说文》欲训贪欲，《论语·宪问章》马注同。贪之为义，恶多而善少。东原精研训诂，岂独不明乎此？古书凡言欲者，皆有善有恶。程、朱语录亦然，其教人遏欲存理，特恐欲之易纵，故专举恶者，乌可以辞害意？惠定宇为汉学大宗，东原等群相应和。惠氏经学虽深，未免寡识，其言庞杂无绪，未得汉儒家法。《九经古义》摭拾前人弃置不用之说，其所推衍，亦罕精要，与臧氏庸《拜经日记》略同。

《史通·补注篇》谓刘昭注《汉书》，如人有吐果之核，弃药之渣，愚者重加捃拾，洁以登荐，惠、臧之书，殆亦类此。然而惠、臧尚无恶于朱子。国初诸儒宗朱子而得其精意者，在上则李文贞，在下则陆桴亭，皆非占毕与空疏可比。桴亭学问淹贯，于宋儒中兼取东莱、永嘉之长。《思辨》一录，言经济甚多，而不为迂远难行之论，天文、舆地、律吕、礼乐、河漕、兵制、农田、水利，无不究心，而一归于儒术，盖朱子为学之方，本自如此。天算、音韵、律吕之学，桴亭虽不及文贞之深，而操履纯懿尤过之。陆清献论学之正，律己之严，致用之纯实，固不待言，至研究义理，剖毫析芒，则诸儒皆不能逮。其学专宗程、朱，即濂溪、明道亦不甚取，盖有鉴于明末心学流弊，故辨别至严。此乃其时为之，后人不得以是为疑也。张杨园宗旨纯正，践履甚粹，《经正》、《备忘》诸录，多自得之言，集中与何商隐、屠子高、沈德孚诸书，议论皆透辟，惟精博稍不逮二陆。顾亭林敦尚风节，与孙夏峰同，论学颇重事功，略与永嘉相近，生平史学深于经学，而刚介之节，得诸孟子者尤多。其书沾溉艺林，为功甚大，但持论间有粗疏偏激处，读者亦不可不知。后来汉学家重其书，但取其能考订耳。此则叶公之好龙，郑人之买椟。特是校雠之学，则汉学家阐扬亭林之考订，若于此独有偏胜。其最精者，若高邮王氏父子之于经，嘉定钱氏兄弟之于史，皆陵跨前人。竹汀史学绝精，即偶有疏误，视王西庄辈固远胜之。第此为读史之始事，史之大端，不尽于此也。王文肃、文简之治经亦然，其精审无匹，视卢召弓辈亦远胜之。子者经之绪余，周秦诸子文字训诂，又多与经相出入，故王氏并治之。其订《国策》、《史》、《汉》，亦用此例，顾往往据类书以改本书。则通人之病。若《北堂书钞》、《太平御览》之类，世无善本，又其书初非为经训而作，事出众手，其来历已不可恃，而以改数千年来汉唐诸儒断断考订之本，不已慎乎？然王氏犹必据有数证而后敢改，尚不失慎重之意。若其徒则求异前人，单文孤证，务为穿凿，以改本文。不知古人同述一事，同引一书，字句多有异同，非如今之校勘家，一字不敢窜易也。今人动以此律彼，专辄改订，使古书皆失真面目,此甚陋习,不可从。凡本义可通者,即有他书显证,亦不得轻改。大抵为此学者,于己甚劳,而为人则甚忠,竭毕生之精力,皆以供后人之取携,为惠大矣。故此学终古不废,亦不可不从事其间,第以此为登峰造极之事,遽欲以傲宋儒,则所见甚陋。汉学家诃佛骂祖,不但离文与行而二之,直欲离经与道而二之,斯其所以为蔽。朱氏《答问》,数年数过,其学汉宋兼权,六通四辟,闳通精实,兼而有之,卓荦为桀,以汉学治宋学,以宋学通汉学,足与陈氏此《记》相发,通方而不为拘虚,蔚成风气,以结逊清儒之局。而近见梁任公为《清代学术概论》,乃置之不论不议之列,多见其不知类也。故以卒于篇。

版本通义

目　录

叙　目[*]

原始第一
历史第二
读本第三
馀记第四

余读官私藏书之录，而籀其所以论版本者，观于会通，发凡起例，得篇如右。缮写定，因为其序论曰：

於戏，版本之学，所从来旧矣！盖远起自西汉，大用在雠校。刘向《别录》："雠校，一人读书，校其上下，得缪误，为校。一人持本，一人读书，若怨家相对，故曰雠也。"（见《文选·魏都赋》雠校篆籀李善注引《风俗通》）及其雠校中秘，有所谓中书，有所谓外书，有所谓太常书，有所谓太史书，有所谓臣向书，臣某书，广搜众本，雠正一书，然则雠校所资，必辨版本。至宋岳珂刊《九经三传》，称以家塾所藏唐石刻本，晋天福铜版本，京师大字旧本，绍兴初监本，监中见行本，蜀大字旧本，蜀学重刊大字本，中字本，又中字有句读附音本，潭州旧本，抚州旧本，建大字本，俞韶卿家本，又中字凡四本，婺州旧本，并兴国于氏、建余仁仲，凡二十本。又以越中旧本注疏，建本有音释注疏，蜀注疏，合二十三本，专属本经名士反复参订。而于是事雠校者言版本。方是时，吾锡尤文简公著录所藏，为《遂初堂书目》，特开一书兼载数本之例。而于是治目录者言版本。既以附庸，蔚为大国，寖昌寖炽，

＊　据 1931 年商务印书馆《万有文库》本校印。

149

逮于逊清，版本之学，乃以名家，而吾苏为独盛。自常熟毛晋子晋、钱曾遵王开其前茅，有苏州黄丕烈荛圃、顾广圻千里为之缵绪。其后钱唐之丁丙松生、归安之陆心源存斋、独山之莫友芝子偲，又其后长洲之叶昌炽鞠裳、江阴之缪荃孙筱珊、长沙之叶德辉奂彬，版崇宋元，学擅雠校，炳炳琅琅，咸有述造，亡虑皆衍黄丕烈之绪者也。毛、钱所记，岂无罕异，而径途粗辟，阐扬未弘。恢张绝业，莫如黄氏。而顾千里实为丞弼，古钞旧椠，赏奇析疑，默识神解，不同寻常；沾溉后生，以诩奇秘。其尤甚者，乃至如陆心源之为《仪顾堂题跋》，盖掩黄丕烈之《读未见书斋读书录》以为己有（见钱唐汪康年穰卿《雅言集》），公然盗袭，曾不耻愧。而博籀诵诸家，删次其要，参互钩稽，积久成帙，董而理之，以著为篇。惟是神识尤资目验，一见逾于百闻。千元皕宋，其有可征，则以国立南京、北平两图书馆所藏为据；而古籍景缮，则多取材于涵芬楼。按图索骥，求之可得；景响之谈，勿为迷罔。修辞立诚，庶几君子。世有览者，幸垂鉴焉。

中华人民造国之十九年五月二日无锡钱基博

原 始 第 一

三代方策，邈哉貌矣！炎汉初兴，书皆竹帛。其后刘氏父子向、歆总群书而奏其《七略》；班固删其要，成《汉书·艺文志》以备篇籍。大凡书六略三十八种五百九十六家，称篇称卷，不一其辞。所谓篇，竹书也；卷，则帛书也。后世书不用竹帛，冒篇卷之名，失其指矣。

古书止有竹简，曰"汗简"，曰"杀青"。汗者，去其竹汁；杀青者，去其青皮。汉刘向《别录》云："杀青者，直治竹作简书之耳。新竹有汗，善朽蠹。凡作简者，皆于火上炙干之。陈楚间谓之汗。汗者，去其汁也。"而书竹简必以刀刻，故《史记》称萧何为秦之刀笔吏。《风俗通义》："刘向典校书籍，先书竹，改易写定，可缮写者以上素。"盖西京之末，犹用竹为多。故刘向以《中古文尚书》校欧阳、大小夏侯三家经文，多脱简。而《汉书·艺文志》所载，亦篇多于卷也。后汉宦者蔡伦，因缣贵简重，不便于人，以意造为纸；史称："莫不从用。"然考献帝西迁，图书缣帛，军人取为帷囊。而吴恢为南海太守，欲杀青以写经书。是东京之世，犹盛竹帛，而纸未大行矣。

《书序正义》引顾氏曰："策长二尺四寸，简长一尺二寸。"《春秋左传·杜预序疏》引郑氏《论语序·钩命决》云："《春秋》二尺四寸书之，《孝经》一尺二寸书之。"《聘礼疏》引郑氏《论语序》："《易》、《诗》、《书》、《礼》、《乐》、《春秋》皆尺二寸，（当依《左传疏》引作二尺四寸。）《孝经》谦半之，《论语》八寸，策者三分居一，又谦焉。"而称书为一册，必由简策之册而来。《说文解字》："册，符命也，诸侯进受于王也。象其札一长一短，中有二编之形。笧，古文册，从竹。"又《竹部》："符，信也，汉制以竹长六寸分而相合，从竹付声。"盖一长一短相比谓之册；

六寸分合谓之符。故册可推称于符命，而符不可转称为书册。凡竹简，必编以绳，亦护以革。《史记·孔子世家》称其"晚喜《易》，韦编三绝"。虞世南《北堂书钞》引刘向《别录》，"《孙子》以（同已）杀青，简编以缥系绳。"《南史·王僧虔传》："楚王冢书青丝编。"然则今人言编辑，固犹沿其旧称矣。册本通作策。《说文解字》："策，马箠也。"别为一义。然汉人通借策作册。《礼记·中庸》："文武之政，布在方策。"《周礼·内史》："凡命诸侯及孤卿大夫，则策命之。"《左传》僖二十八年："王命尹氏及王子虎内史叔兴父策命晋侯为侯伯。"昭三年："郑伯如晋。晋侯嘉焉，授之以策。"是册即策之证。至汉末，则通行以策为册。蔡邕《独断》云："策者，简也。《礼》曰：'不满百文，不书于策。'其制长二尺，短者半之，（王充《论衡》云："短书俗记，即策之短者。"）其次一长一短，两编书，下附篆书起年月日称'皇帝曰'以命诸侯王。"刘熙《释名》："策，书教令于上，所以驱策诸下也。"《仪礼·聘礼》："记百名以上书于策。"《郑注》："策，简也。"《正义》："策是众简相连之称。"然则古书以众简相连而成册，今人则以线装分钉而成册，沿其称而失其义矣。此古简册之制。

至帛之为书，便于舒卷，故一书谓之几卷。卷之心，必转以圆辊，两头稍长，出于卷，馀出如车轴然。《隋书·经籍志》："宋武入关，收其图籍，府藏所有，才四千卷，赤轴青纸，文字古拙。炀帝即位，秘阁之书，分为三品：上品红琉璃轴，中品绀琉璃，下品漆轴。"《旧唐书·经籍志》："凡四部库书，皆以益州麻纸写，其集贤院御书，经库，皆钿白牙轴，黄缥带，红牙签。史库，钿青牙轴，缥带，绿牙签。子库，雕紫檀轴，紫带，碧牙签。集库，绿牙轴，朱带，白牙签。"盖隋唐间，简册已亡，存者止卷轴。故一书又谓之几轴。《韩愈诗》："邺侯家多书，插架三万轴。一一悬牙签，新若手未触。"三万轴，即三万卷也。此古卷轴之制。

夫笔行而刀刻废，纸行而缣帛废。日趋便易，造述愈滋。故向、歆著录，见于《汉书·艺文志》者，才万三千。至唐修《隋书·经籍志》,则几六七倍焉。开元时,两京书库所储,则几十倍之焉。唐以前书皆写本;而唐人写本之仅存者,有《说文·木部》,独山莫友芝子偲盖得而张焉。

世传唐籍版书,当以英国印度政府之匈牙利人斯坦因一千九百零七年(清德宗光绪三十三年)在敦煌千佛洞莫高窟石室所发见之唐懿宗咸通九年四月十五日印之《金刚般若波罗蜜经》,藏诸伦敦之不列颠博物院者为最可传信。宋版书之佳者,字体每带欧、虞神味。元人所刻,与宋版书较,已带匠气,而以咸通本《金刚经》与宋版书比,又显然有雅俗之分:一则古拙错综,一则整齐呆板。是故古版书之可贵,就艺术而论,即在其能保持率真之气而不流于匠俗尔。敦煌石室印版书,又有《加句灵验本一切如来尊胜陀罗尼》;上虞罗振玉叔蕴曾为之景印于《宸翰楼丛书》中,其字画纯朴,视咸通《金刚经》更为率真。虽无纪年可考信,而罗氏则断之为唐刻,其根据为第二行"国师三藏大广智不空译"之"国"字上空一格,可谓现存版刻之最古者。

夫唐书版刻,始于佛典;而其渐推及儒书。据唐柳玭《家训序》云:"中和三年癸卯夏(中和,唐僖宗年号),銮舆在蜀之三年也。余为中书舍人,旬休,阅书于重城之东南;其书多阴阳杂记、占梦相宅九宫五纬之流,又有字书小学,率雕版印纸,浸染不可晓。"则是字书小学有版刻矣。薛居正《旧五代史》、《唐书·明宗纪》:长兴三年二月辛未,中书奏:"请依石经文字,刻《九经》印板。"从之。《汉书·隐帝纪》:乾祐元年五月己酉朔,国子监奏:"《周礼》、《仪礼》、《公羊》、《穀梁》四经,未有印板,欲集学官考校雕造。"从之。宋王溥《五代会要》卷八(经籍)载:周太祖广顺六年六月,尚书左丞兼刊国子监事田敏进印板《九经书》、《五经文字》、《九经字样》,各二部一百三十册。世宗显德二年二月,中书门下奏:"国子监祭酒尹拙状称:准敕校勘《经典释文》三十卷,雕造印板,欲请兵部尚书张昭、太常卿田敏同校勘。"敕其《经典释文》,已经本监官员校勘外,宜差张昭、田敏详校。于是《经典》有版刻矣。又《旧五代史·和凝传》云:"平生为文章,长于短歌艳曲，又好声誉，有集百卷，自篆于版，模印数百帙，分惠于人焉。"又贯休《禅月集》有王衍乾德五年，昙域后序称："检寻藁草及暗记忆者约一千首，雕刻成部。"于是集部有版刻矣。若其时诸书刻本，自来未闻藏书家收藏，独敦煌石室出《唐韵》、《切韵》二种，为五代细书小板刊本，法人伯希和所取而储入巴黎图书馆者是也。此五代版刻之仅存者。宋叶梦得《石林燕语》称："世言雕板印书始冯道。此不然，但监本《五经》板，道为之尔。柳玭《训序》言其在蜀时，尝阅书肆，云：'字书小学，率雕板印纸。'则唐固有之矣，但恐不如今之工。"朱益《猗觉寮杂记》云："雕印文字，唐以前无之。唐末，益州始有墨板，后唐方镂《九经》，悉收人间所有经史，以镂版为正，见两朝国史。"据叶、朱两家论之，则谓刻板实始于唐末矣。比得敦煌石室唐经刻本，乃知版刻不始唐末，而远在咸通以前也。

　　述《原始》第一。

历 史 第 二

言版本者断自宋，世人尤所矜重。然新城王士禛阮亭《居易录》有云："今人但贵宋椠本，顾宋板亦多讹舛，但从善本可耳。如钱牧翁所定《杜集·九日寄岑参诗》从宋刻作'两脚但如旧'，而注其下云：'陈本作雨。'此甚可笑。"嘉定钱大昕辛楣《十驾斋养新录·论宋椠本》曰："今人论宋椠本书，谓必无差误，却不尽然。陆放翁《跋历代陵名》云：'近世士大夫所至，喜刻书板，而略不校雠。错本书散满天下，更误学者，不如不刻之为愈也。'是南宋初刻本已不能无误矣。张淳《仪礼识误》、岳珂《九经三传沿革例》所举各本异同甚多，善读者当择而取之。若偶据一本，信以为必不可易；此书估之议论，转为大方所笑者也。"然按苏轼《东坡志林》称："近世人轻以意改书，鄙浅之人好恶多同，故从而和之者众；遂使古书日就讹舛，深可忿疾。"而叶梦得《石林燕语》则曰："唐以前，凡书籍皆写本，未有摹印之法。人以藏书为贵，人不多有，而藏者精于雠对，故往往皆有善本；学者以传录之艰，故其诵读亦精详。自书籍刊镂者多，士大夫不复以藏书为意；学者易于得书，其诵读亦因灭裂。然板本初不是正，不无讹误。世既一以板本为正，而藏本日亡，其讹谬遂不可正，甚可惜也！"则是不待南宋初，刻书已不能无误矣。甘泉焦循理堂为宋岳珂《九经三传沿革例序》云："学者言经学则崇汉，言刻本则贵宋。余谓汉学不必不非，宋版不必不误。"诚哉是言，可为拘墟者发墨守也。

宋时官刻书有国子监本。岳珂《九经三传沿革例》有晋天福铜板本，盖宋监本之所自出。而叶梦得《石林燕语》称："五代时，冯道始奏请官镂板印行。国朝淳化中（淳化，太宗年号），复以《史记》、《前后汉》付有司摹印。"晁公武《郡斋读书志》云:"嘉祐中(嘉祐,仁宗年号),以《宋》、《齐》、《梁》、《陈》、《魏》、《北齐》、《周书》舛谬亡阙,始诏馆职雠校。曾巩等以秘阁所藏多误,不足凭以是正,请诏天下藏书之家悉上异本。久之始集。治平中(治平,英宗年号),巩校定《南齐》、《梁》、《陈》三书上之,刘恕上《后魏书》,王安国上《北周书》。政和中(政和,徽宗年号),始皆毕,颁之学官,民间传者尚少。"此国子监刻《经史》之可征于北宋者也。李心传《建炎以来朝野杂记》云:"监本书籍,绍兴(绍兴,高宗年号)末年所刊。国家艰难以来,固未暇及。九年九月,张彦实待制为尚书郎,始请下诸道州学,取旧监本书籍,镂板颁行,从之。然所取者多有残缺。故胄监刊《六经》无《礼记》,正史无《汉书》。二十一年五月,辅臣复以为言。上谓秦益公曰:'监中其他阙书,亦令次第镂板;虽重有费,不惜也!'由是经籍复全。"此国子监刻《经史》之可征于南宋者也。北宋监刻无闻。而南宋监刻之仅有存者:国立北平图书馆藏有《监本春秋穀梁注疏》残册(以下省称北平图书馆),南京国立中央大学国学图书馆藏有《监本纂图重言重意互注礼记》残册,有《监本纂图春秋经传集解》三十卷(有钞配),有监本《附音春秋公羊注疏》二十八卷(有元明修补叶),有监本《附音春秋穀梁注疏》二十卷(有元明修补叶。以下省称南京图书馆)。而南京之《公穀注疏》,半页十行,经传不别,传下注及集解亦不标明,惟疏文则冠一大"疏"字于上;与北平之《穀梁》残册同一款式,盖出一刻也。然按岳珂《九经三传沿革例》称:"《九经》监本,讹谬脱略,多仍五季之旧,与俗本无大相违。绍兴初,仅取刻板于江南诸州,视京师承平监本又相远甚,与潭、抚、闽、蜀诸本互为异同。嘉定辛巳春(嘉定,宁宗年号),朝廷命胄监刊正经籍。柯山毛居正谊父遂取《六经》、《三传》诸本,参以子史字书选粹文集,研究异同。凡字义音切,毫厘必校,刊修仅及《四经》;犹以工人惮烦诡窜墨本,而误字实未尝改者十二三。继欲修《礼记》、《春秋三传》;谊父以病目移告,事遂中辍。"则是监本《九经》有讹脱也。景祐元年九月(景祐,仁宗年号),秘书丞余靖上言:"国子监所印《两汉书》文字舛讹,恐误后学。臣谨参括众本,旁据他书,列而辨之,望行刊正。"诏送翰林学士张观等详定闻奏。又命国子监直讲王洙与靖偕赴崇文院雠对。靖、洙悉取馆阁诸本参校。二年九月校毕,凡增五百一十二字,脱一百四十三字,改正四百一十一字(见北平图书馆藏元大德乙巳刊《后汉书》,首列景祐《校正后汉书状》)。而叶梦得《石林燕语》称:"余襄公靖为秘书,尝言《前汉书》本谬甚,与王原叔同取秘阁古本参校,遂为《刊误》三十卷,其后刘原父兄弟《两汉》皆有刊误。余在许昌,得宋景文用《监本》手校《西汉》一部,末题用十三本校,中间有脱两行者。"则是监本诸史有谬脱也。涵芬楼景宋景祐刊本《汉书》入《百衲本二十四史》,盖即宋景文所用参校诸本之一。而晁公武《郡斋读书志》称:"遭靖康丙午之变(靖康,钦宗年号),中原沦陷,前曾巩等校刻《宋》、《齐》、《梁》、《陈》、《魏》、《北齐》、《周书》几亡。绍兴十四年,井宪孟为四川漕,始檄诸州学官,求当日所颁本。时四川五十馀州,皆不被兵;书颇有在者,然往往亡缺不全。收合补缀,独少《后魏书》十许卷,最后得宇文季蒙家本,偶有所少者;于是七史遂全,因命眉山刊行。"谓之《眉山七史》;而宋以来藏书家,称为"蜀大字本"。元时板印模糊,遂称之为"九行邋遢本";盖其书半叶九行,每行十七八字也。元以后递有修板。北平图书馆藏有元修宋蜀大字本《宋书》残册,有宋蜀大字本《魏书》一百一十四卷,有明修宋蜀大字本《北齐书》五十卷;盖《眉山七史》之厪见者。而涵芬楼景宋蜀大字本《南齐书》、《陈书》、《周书》,宋蜀大字本配元明递修本《宋书》、《梁书》、《魏书》、《北齐书》入《百衲本二十四史》,于是《眉山七史》复全。至明洪武时(洪武,太祖年号),取天下书板入之南京。此板遂入国子监,世遂称为"南监本"(归安陆心源存斋《仪顾堂续跋》)。南京图书馆藏有明南监刊本《三国志》六十五卷(刊配《魏志》卷八至十二),而北平图书馆藏有明南监黑口本《唐书》二百五十卷(有补板),永乐中用南监九行本《齐书》,十行本《晋》、《魏书》、《隋书》印订四史《外戚传》四卷;所见亦罕矣!然昆山顾炎武宁人《日知录·论监本二十一史》曰:"宋时止有《十七史》。今则并宋、辽、金、元四史为二十一史。但辽、金二史向无刻。南北《齐》、《梁》、《陈》、《周书》,人间传者亦罕。故前人引书,多用《南》、《北史》及《通鉴》,而不及诸书,亦不复采《辽》、《金》者,以行世之本少也。嘉靖初(嘉靖,世宗年号),南京国子监祭酒张邦奇等请校刻史书,欲差官购索民间古本。部议恐滋烦扰。上命将监中《十七史》旧板,考对修补,仍取广东《宋史》板付监。《辽》、《金》二史无板者,购求善本翻刻。十一年七月成。祭酒林文俊等表进,至万历中(万历,神宗年号),北监又刻《十三经》、《二十一史》。"南监多存宋监、元路学旧板,其无正德以后修补者,品不亚于宋元。观南雍《经籍志》所载四部板片,真三朝文献之所系矣。北监多据南监本重刻,《十三经》、《二十一史》之外,罕见他书。钱大昕《十驾斋养新录》曰:"北监板《十三经注疏》,创始于万历十四年,至二十一年毕工,《二十一史》开雕于万历二十四年,至三十四年竣事;板式与《十三经》同。"盖南监诸史本合宋监及元各路儒学板凑合而成。北监即据南本重刻。而南京图书馆藏有嘉靖、万历先后刊南监《二十一史》,万历刊北监《二十一史》。顾氏《日知录》则以为"北板视南稍工;而士大夫家有其书,历代之事迹粲然于人间矣。然校勘不精,讹舛弥甚;且有不知而妄改者,偶举一二:如《魏书·崔孝芬传》:李彪谓崔挺曰:'比见贤子谒帝,旨谕殊优;今当为群拜纪。'此《三国志·陈群传》中事,(原注:"陈群字长文,纪之子,时鲁国孔融高才倨傲,年在纪、群之间,先与纪友,后与群交,更为纪拜。")非为隐僻。今所刻《北史》改云:'今当为绝群耳。'不知纪群之为名而改纪为绝,又倒其文,此已可笑。(原注:"南北板同。")又如《晋书·华谭传》末云:'始淮南袁甫,字公胄,亦好学,与谭齐名。'今本误于'始'字绝句,左方跳行,添列一袁甫名题,而再以'淮'字起行。(原注:"南北板同。")《齐王冏传》末云:'郑方者,字子回。'此姓郑名方,即上文所云南阳处士郑方露版极谏,而别叙其人与书,及冏答书于后耳。今乃跳行添列一郑方者三字名题。(原注:"北板无者。")《唐书·李敬元传》

末附敬元弟元素，今以敬元属上文，而'弟元素'跳行。此不适足以彰太学之无人，而贻后来之姗笑乎！（原注："惟冯梦祯为南祭酒手校《三国志》，犹不免误，终胜他本。"）《十三经》中，《仪礼》脱误尤多：《士昏礼》脱'婿授绥，姆辞曰，未教，不足与为礼也'一节，十四字。（原注："赖有长安石经据以补此一节，而其注疏遂亡。"）《乡射礼》脱'士鹿中翻旌以获'七字，《士虞礼》脱'哭止告事毕宾出'七字，《特牲馈食礼》脱'举觯者祭卒觯拜长者答拜'十一字，《少牢馈食礼》脱'以授尸坐取簞兴'七字。此则秦火之所未亡而亡于监刻矣。"明监刻既如此，宋监刻又如彼。

宋时官私刊刻，不胜偻指。监本而外，有蜀本、杭州本、临安书棚本、州郡官刻本、私宅家塾本、福建本、麻沙本、释道二藏刻本。诸刻之中，惟蜀本、杭州本、临安书棚本为最精。临安书棚擅誉南渡，而杭州本、蜀本则称胜北宋。苏轼《东坡志林》谓："蜀本大字书皆善本。"而叶梦得《石林燕语》则谓："天下印书以杭州为上，蜀本次之，福建最下。京师比岁印板，殆不灭杭州，但纸不佳。蜀与福建多以柔木刻之，取其易成而速售，故不能工。福建本几遍天下，正以其易成故也。"顾蜀大字本仅有存者。诸家著录，惟见蜀广都费氏进修堂刻大字本《资治通鉴》二百九十四卷（世称为"龙爪本"，见常熟瞿镛子雍《铁琴铜剑楼书目》、陆心源《仪顾堂题跋》）、蜀大字本《汉书》残册、蜀大字本《三苏先生文粹》七十卷（以上两种见陆心源《皕宋楼藏书志》）而已。然北平图书馆藏有北宋刊大字本《汉书》残册中《食货志》"管仲相桓公"，"相"字下注"渊圣御名"四字；与陆心源《皕宋楼藏书志》所载宋蜀大字本《汉书》六十四下"乌桓之垒"，"乌"字下注"渊圣御名"合；且行款亦一一相同。而江阴缪荃孙筱珊撰《清学部图书馆善本书目》独辨其为两淮江东转运司本，而非蜀大字本，谓："馆中尚有宋大字本《后汉书》，与此同时所刻；其《章帝纪》'章和元年六月戊辰，司徒桓虞免'，正文'桓'字有补刻痕。注'桓虞字仲春'，'虞'字之上，亦作'渊圣御名'四字。据《容斋续笔》云：'绍兴中，公命两淮江东转运司刻《三史》板。其《两汉书》内,凡钦宗讳并书四字曰渊圣御名。'则此为两淮江东转运司本,而非蜀大字本明矣。"涵芬楼景宋绍兴刊本《后汉书》入《百衲本二十四史》,"桓"字作"渊圣御名",与《容斋续笔》所称同;殆亦两淮江东转运司本乎?蜀大字本之可见者,南京图书馆藏有明覆宋刊蜀大字本后周成都卫《元嵩述元包经传》五卷,附《元包数总义》二卷。《眉山七史》亦有蜀大字本之目。而杭州本之见著录者,则有嘉祐五年中书省奉旨下杭州镂《唐书》二百五十卷(见陆心源《仪顾堂题跋》)。元祐元年(元祐,哲宗年号),杭州路奉旨刻《资治通鉴》二百九十四卷(见瞿镛《铁琴铜剑楼书目》),盖北宋本之珍罕者也。北平图书馆藏有宋刊本《唐书》二百五十卷,后题"据嘉祐五年镂板,而建州重刻",则建州之重刻,而杭刻之翻本矣。

夫宋刻书之盛,首推福建;而福建尤以建安为最。可考见者:曰建安余志安勤有堂,曰建安余仁仲万卷堂,曰建阳麻沙书坊,曰建宁府黄三八郎书铺,曰建宁书铺蔡琪纯父一经堂,曰武夷詹光祖月厓书堂,曰建宁府陈八郎书铺,曰建安江仲达群玉堂。而余氏最早,最久,亦最著。清高宗以乾隆四十年正月丙寅,谕军机大臣等:"近日阅米芾墨迹,其纸幅有'勤有'二字印记,未能悉其来历。及阅内府所藏《千家注杜诗》向称为宋椠者,卷后有'皇庆壬子余氏刊于勤有堂'数字。皇庆,元仁宗年号,则其版是元非宋。继阅宋版《古列女传》书末亦有'建安余氏靖安刊于勤有堂'字样,则宋时已有此堂。因考之宋岳珂相台家塾论书板之精者,称建安余仁仲,虽未刊有堂名,可见闽中余板,在南宋久已著名,但未知北宋时即行勤有堂名否?又他书所载明季余氏建版犹盛行,是其世业流传甚久。近日是否相沿?并其家刊书始自何年?及勤有堂名所自,询之闽人之官于朝者,罕知其详。若在本处查考,尚非难事,著传谕钟音于建宁府所属,访查余氏子孙,见在是否尚习刊书之业?并建安余氏自宋以来刊印书板源流,及勤有堂昉于何代何年?今尚存否?或遗迹已无可考,仅存其名;并其家在宋曾否造纸?有无印记之处?或考之志乘,或征之传闻,逐一查明,遇便覆奏。此系考订文墨旧闻,无关政治。锺音宜选派诚妥之员,善为询访,不得稍涉张皇,尤不得令胥役等借端滋扰,将此随该督奏折之便,谕令知之。"寻据覆奏:"余氏后人余廷勷等呈出族谱,载其先世自北宋建阳县之书林,即以刊书为业。彼时外省板少,余氏独于他处购选纸料,印记'勤有'二字,纸板俱佳,是以建安书籍盛行。至勤有堂名相沿已久,宋理宗时有余文兴号勤有居士,亦系袭旧有堂名为号。今余姓见行绍庆堂书集,即勤有堂故址。其年已不可考。"(见长沙王先谦益吾《东华录》)先是乾隆九年,高宗命于乾清宫东之昭仁殿,藏宋、金、元、明板书籍,御笔题曰"天禄琳琅"。至三十九年,诏重辑《天禄琳琅书目》。余氏刊见著录者三种:一、宋板《周礼郑注陆音义》十二卷,每卷后或载"余仁仲比校",或"余氏刊于万卷堂",或"余仁仲刊于家塾",卷末记经注音义字数。一、《集千家注分类杜工部诗》二十五卷,门类目录后有"皇庆壬子"钟式木记,"勤有堂"炉式木记。传序碑铭后有"建安余氏勤有堂刊"篆记。诗题、目录、卷二十五后皆别行刊"皇庆壬子余志安刊于勤有堂"(以上两种见正编)。一、宋板《礼记》,每卷有"余氏刊于万卷堂",或"余仁仲刊于家塾",或"仁仲比校讫",(见后编)款式与《周礼》同。则是建安余氏刻书堂名各有分别,如万卷堂,则为余仁仲刊书之记;勤有堂,则为余志安刊书之记。而其刻《列女传》之靖庵,亦题勤有堂,则或为志安之别号也。若其翻板,所见四书六种:一、江都汪中容甫仿刻《春秋公羊经传解诂》,卷首何休序后有合刻《公榖二传》缘起六行,末题云:"绍熙辛亥孟冬朔日,建安余仁仲敬书。"(绍熙,光宗年号)卷一后有"余氏刊于万卷堂"一行。卷二、卷六、卷九后各有"余仁仲刊于家塾"一行。卷四、卷七、卷八、卷十一、卷十二后,各有"仁仲比校讫"一行。一、遵义黎庶昌莼斋仿刻《春秋榖梁经传范宁集解》,序后有隶书小木印记,曰"余氏万卷堂藏书记。"卷一、三、七、八、十后,各有"仁仲比校讫"一行。卷二、卷四、卷五、卷六后,各有"余仁仲刊于家塾"一行。卷九后"余仁仲刊于家塾",卷十一"余仁仲比校讫"刻二行。

卷十二后有"国学进士余仁仲校正"及隶书小木行记曰"余氏万卷堂藏书记"字样,款式与《公羊》同。卷末皆记经注音义字数;盖与《天禄琳琅》著录《周礼》、《仪礼》同刊,而岳珂《九经三传沿革例》所谓"建安余仁仲称为善本"者。近涵芬楼《四部丛刊》景印常熟瞿氏铁琴铜剑楼藏宋建安余氏刊本《春秋公羊经传解诂》十二卷,《春秋穀梁传》十二卷,所谓建安余氏,盖即余仁仲万卷堂;而汪中、黎庶昌据以重开之本,惟《穀梁》存卷七至十二,阙卷以黎庶昌翻本补之耳。此万卷楼之翻本也。其他二书:一、仪征阮元芸台仿刻《绘图古列女传》,目录后有外方内圆木印记,中刻草书"建安余氏"四字。卷二、卷三后,有"静庵余氏模刻"一行。卷五后有"余氏勤有堂刊"一行,卷八后有墨地白文木记"建安余氏模刻"一行。一、阳湖孙星衍渊如仿刻《唐律疏议》。前释文序后有"至正辛卯十一年重校"一行。又有长方木印记云"崇化余志安刊于勤有堂"。疏议序后有草书"至顺壬申五月印"一行,卷终有"考亭书院学生余资编校"一行。此勤有堂之翻本也。然勤有堂自宋至元,刻书虽多虽久,而精好不逮仁仲万卷堂远甚。南宋又有建安余恭礼宅,于嘉定丙子,刻《活人事证方》二十卷;建安余唐卿宅,于宝祐癸丑(宝祐,理宗年号),刻《许学士类证普济本事方》十卷,又后集十卷,则称渊夏余氏明经堂(见宜都杨守敬惺吾《日本访书志》)。又有建安余氏双桂书堂,刻《广韵》五卷(见陆心源《仪顾堂续跋》)。盖皆余氏之支与流裔也。建宁府黄三八郎书铺乾道改元中元日印《韩非子》二十卷(乾道,孝宗年号),有嘉庆戊寅(嘉庆,清仁宗年号)全椒吴鼒山尊重刊本,有涵芬楼《四部丛刊》景印吴县黄丕烈荛圃校补常熟钱曾遵王述古堂影钞本。此亦闽本翻刻之廑有者。建宁书铺蔡琪纯父一经堂嘉定戊辰刻《汉书》,有残册十四卷,藏南京图书馆。若建安江仲达群玉堂刻宋麻沙坊本《二十先生回澜文鉴》十五卷,后集八卷,南京图书馆之所庋藏,则为建阳麻沙版本书籍之一种。而建阳麻沙版本书籍,流传后世者甚多。有牌可考者,如俞成元德、闽山阮仲猷种德堂,麻沙刘氏南涧书堂,及江仲达群玉堂,虽不精,藏书家以其为宋刻而珍之。南京图书馆藏有宋麻沙刊本蜀人黄晞《歔欷琐微论》二卷,元刊宋麻沙本《纂图互注南华真经》十卷,东瀛翻宋麻沙本常山江少虞《皇宋事实类苑》七十八卷。而闽山阮仲猷种德堂淳熙柔兆涒滩刻《春秋经传集解》三十卷,则有明缮本,藏北平图书馆。而字迹板滞,传末牌子亦无矣。然而论者不贵;而临安书棚本,则颇为藏书家珍异。有曰"临安府太庙前尹家书籍铺刊行"者,有曰"临安府太庙前经籍铺尹家刊行"者,有云"临安府陈道人书籍铺刊行"者,有云"陈道人书籍铺刊行"者,有云"临安府棚北大街睦亲坊南陈宅书籍铺刊行"者,有云"临安府棚前睦亲坊南陈宅书籍铺刊行"者,有云"临安府棚北大街陈宅书籍铺刊行"者,有云"临安府棚北睦亲坊陈解元书籍铺刊行"者,有云"临安府棚北大街睦亲坊南陈解元书籍铺刊印"者,有云"临安府棚北睦亲坊巷口陈解元宅刊行"者,而陈氏为著。陈道人,名起,字宗之,睦亲坊卖书开肆,名"芸居楼"。陈解元,号续芸;但有谓即陈思者,起之子也(长沙叶德辉奂彬《书林清话》有详考)。诸家藏书志目记跋载睦亲坊棚北大街陈解元或陈道人或陈宅书籍铺刊行印行者,以唐宋人诗文小集为最多。近《四部丛刊》所景行者四种:一、唐《李群玉诗集》三卷,后集五卷,卷首载进诗表、敕旨、令狐绚荐状、敕旨,后有"临安府棚前睦亲坊南陈宅书籍铺印行"一行。后集末叶有"临安府棚北大街睦亲坊南陈解元书籍铺印"一行。一、唐李中《碧云集》三卷,目录后有"临安府棚北睦亲坊陈宅书籍铺印"一行。一、唐李咸《披沙集》六卷,卷前有绍兴四年庐陵杨万里序,序后有"临安府棚北大街陈宅书籍铺印行"一行。以上三种,盖上元邓氏群碧楼藏宋刊本也。又其一、唐罗隐《甲乙集》十卷。行款字画,悉与陈宅书籍铺所刻别种唐人集同,目录后记刊板处一行已漫漶,仅存"临安府"三字;黄丕烈审为下即"棚北大街睦亲坊南陈宅书籍铺印"十四字;则出常熟瞿氏铁琴铜剑楼藏者。又有明翻宋书棚本汉刘熙《释名》八卷,序后有"临安府陈道人书籍铺"识语四行,出南京图书馆藏者。此陈宅书籍铺刻书也。而尹家书籍铺刻,所见者盖以唐宋人说部杂记为多,不如陈氏刊之多集部也。州郡官刻,其尤著者,莫如公使库本,宋诸道监帅司及州军边县戎帅皆有公使库。《朱文公集·按唐仲友状》云:"据蒋辉供断配台州牢城差,每日开书籍供养。去年三月,唐仲友叫上辉就公使开雕《扬子》、《荀子》印板。"其《荀子》二十卷,源出国子监本,藏日本狩谷望之家。黎庶昌出使时,影写重开;而涵芬楼据以景入《四部丛刊》者也。朱文公按状牵及刻字人蒋辉,而检其中缝,则见蒋辉之名,赫然在焉。又绍兴十七年刻《太平圣惠方》一百卷,卷末记:"福建路转运司命将国子监《太平圣惠方》一部,修改开板,于本司公使库印行"云云(见《丁丙善本书室藏书志》)。盖宋时州郡准用公使库钱,因就库开局刻书,故今传有苏州、吉州、沅州、舒州、抚州、台州、信州、泉州、鄂州公使库刻诸书。此外官刻或称茶盐司、提刑司、转运司,或称转运使、安抚使,或称计台、漕台,或称漕司、漕廨、漕院,皆可称为公使库本。而北平图书馆藏有两淮江东转运司本《汉书》残册,《后汉书》残册,亦公使库本之一也。又有称州学、军学、郡斋、郡庠、府学、郡学、县斋、县学,而不云公使库者,当是出之府县学经费耳。至私家塾刻善本,其尤著者,如建溪三峰蔡梦弼傅卿、建安黄善夫宗仁家塾刻《史记》(见昭文张金吾《爱日精庐藏书志》),建安魏仲举家塾庆元六祀刻《新刊五百家注音辨昌黎先生文集》(见《天禄琳琅三》、《四库全书提要》),岳珂之相台家塾刻《九经三传》,廖莹中世彩堂刻《韩昌黎集》、《柳河东集》,皆博采善本,手校异同,自非率尔雕印者。岳珂塾刻,从来缮本最多,如《易》、《书》、《诗》、《礼记》及《春秋左氏传》,有明缮宋本,有武英殿本,有江南缮本,有贵阳缮本,有广州缮本,有成都缮本,便文可称《相台五经》。今北平图书馆藏有明缮相台岳氏刻本《周礼》十二卷,南京图书馆藏有明覆相台岳氏刻本《春秋经传集解》三十卷。而《四部丛刊》有长沙叶氏观古堂藏明缮宋岳氏刊《周礼》十二卷景印本,有江阴缪氏艺风堂藏昆山徐氏影钞相台岳氏刊《孝经》一卷景影本,可谓夥颐沉沉矣。其次,建安黄善夫宗仁家塾之敬室刻《史记正义》一百三十卷,

盖明嘉靖丁亥震泽王延喆恩褒四世之堂刻所自出。而嘉靖甲午秦藩
及柯维熊两刻，均出善本，亦皆出于黄氏。至南京图书馆藏有明吴中
徐氏东雅堂刻《昌黎集》四十卷，《外集》十卷，《遗文》一卷，（徐时泰，
万历甲戌进士，官工部郎中。）即廖莹中世彩堂缮本也。至魏仲举刻
五百家《注昌黎先生文集》，则南京图书馆有藏册，涵芬楼有景印本。
此皆家刻缮本之所知者也。《十三经》以蜀本为最，北宋刻第一，巾箱
板甚精（常熟孙从添庆增《藏书纪要》）。南宋刻书最有名者为岳珂相
台家塾所刻《九经》、《三传》，别有《总例》，似乎审定极精。而取唐石
经及蜀石经残卷等校之，（蜀石经有《毛诗传笺》卷一、卷二残本刻入
江宁陈宗彝秋涛《独抱庐丛书》，又黎庶昌《古佚丛书》中刻《尔雅郭
注》三卷，其原本亦出蜀石经，远胜宋元诸刻。）往往有彼长而此短者。
故北宋蜀所刻诸经之可贵者，贵其源出唐、蜀《石经》也。宋本中建安
余氏所刻之书，不能高出蜀本者，为其承监本、司漕本之旧也。至于
史子，亦以北宋蜀刻为精。如《史记》、《汉书》、《后汉书》、《三国志》见
于各藏书家题跋所称引者，固可见其一斑。子如《荀子》，熙宁吕夏卿
刻本（熙宁，神宗年号），胜于南宋淳熙江西漕司钱佃本（淳熙，孝宗年
号）。《世说新语》，北宋刻十行本，注文完全，胜于南宋陆游本（叶德
辉《书林清话》）。然则宋刻之弁冕，当推北宋蜀刻矣。至宋本释道二
藏经典，刻本行款，非长条行款，即阔本，另自一种，与所刻不同。（孙
从添《藏书纪要》）《四部丛刊》景印江南傅氏藏宋刊本《大唐西域记》
十二卷，盖即出于藏经本云。

　宋版款式，大抵以白口单边或细黑口者为多。口以中缝言，边以
四匡言。中缝折页，不见一线墨者，为白口；而鱼尾上下有一线墨者，
为细黑口。（武陵赵慎畛遵路《榆巢杂识》曰："书中开缝每画▶名鱼
尾，象形也，始于唐太宗。"）天地四匡，界画粗墨线者，为单边；而匡内
有细墨线者，为双边。明武林高濂深父《燕闲清赏笺》、鄞屠隆赤水
《考槃遗事》论宋版，皆谓"格用单边"。而赵慎畛《榆巢杂识》亦称：
"宋版书上下界画只一线墨无二线墨。"此宋版单边之说也。孙从添

《藏书纪要》曰:"元刻不用对勘,其字脚、行款、黑口,一见便知。"此宋刻白口之说也。北平图书馆藏有宋刊《周易兼义》十二卷,朱震撰《汉上易集传》十一卷,陈祥道撰《礼书》二百卷,陈旸撰《乐书》二百卷,建大字本《春秋左传》三十卷,剑江谭咏刊《春秋集注》十一卷,毛晃《增修互注礼部韵略》五卷(以上经部);元修宋淳化本《汉书》残册,大字本《后汉书》残册,《晋书》残册,《梁书》残册,《陈书》残册,建州重刻杭州嘉祐本《唐书》二百五十卷,宋刊元补本《唐书》残册两部,宋刊《唐书》残册,《五代史记》残册,《资治通鉴》二百九十四卷,又残册,宋刊元印《通鉴纪事本末》四十二卷,宋刊小字本《通鉴记事本末》四十二卷,苏辙《古史》六十卷,两部,赵汝愚《国朝诸臣奏议》残册,胡寅《致堂管见》残册(以上史部);赵善璙《自警编》残册,王钦若等《册府元龟》残册,《翻译名义集》残册(以上子部);《欧阳文忠公集》残册三部,朱文公《晦庵文集》一百卷,两部,又残册若干部,《庵晦先生朱文公续集》十卷,《别集》十卷,《文选》残册,李善注《文选》残册,增补六臣注《文选》六十卷,李昉等编《文苑英华》一千卷,河南《程氏文集》八卷,吕祖谦撰《国朝文鉴》残册,《续文章正宗》残册(以上集部);皆白口单边可证。而《四部丛刊》景印清内府藏宋刊大字本《孟子》十四卷,北宋刊本《资治通鉴目录》三十卷,亦白口单边也。宁只宋刊,北平图书馆藏有金刊本《尚书正义》二十卷,韩道昭撰《五音集韵》十五卷,亦白口单边也,固不仅宋刊而已。宋刊细黑口亦多。北平图书馆藏有曾穜撰《大易粹言》七十卷(口有细墨线在鱼尾上,单边),巾箱本《左传》一百九十八叶,监本《附音春秋穀梁注疏》残册(以上经部);两淮江东转运司刻大字本《汉书》残册,蜀大字本《宋书》、《魏书》残册(以上史部);《锦绣万花谷前后集》残册(以上子部);南京图书馆藏有监本《附音春秋公羊注疏》二十八卷,监本《附音春秋穀梁注疏》二十卷,皆细黑口单边。而《四部丛刊》景印宋刊细黑口本,则有《资治通鉴考异》三十卷,明翻宋淳祐本《唐宋诸贤绝妙词选》十卷焉。然黄丕烈《士礼居藏书题跋记》载有《严州新定续志》一书,称:"《四库全书总目》于

《景定严州续志》条下，载有'绍兴《旧志》今佚'之语，而所收者为《新定续志》。余既得之，见版口阔而黑，疑非宋刻，因思余所藏《中兴馆阁录》、《续录》有咸淳时补版，皆似此纸墨款式，间有阔墨口者。可知宋刻书非必定白口或细黑口也。古籍甚富，人所见未必能尽；欲执一二种以定之，何能无误耶？"则是宋刻书间有阔墨口者，而以白口或细黑口为多。对细黑口而言，阔墨口亦称粗黑口。或曰大黑口，则对小黑口而称。曰黑口者，则大黑口之简称。北平图书馆藏有宋刊《王状元集诸家注分类东坡先生》残册，即单边之黑口本也。至苏州张应文茂实《清秘藏》则谓："格用单边。"虽辨证之一端，然非考据要诀。《四部丛刊》景印玉田蒋氏藏宋刊巾箱本《春秋经传集解》三十卷，江安傅氏双鉴楼藏宋刊本《方言》十三卷，皆双边白口也。北平图书馆藏有明缮宋阮仲猷种德堂刊《春秋经传集解》三十卷，又宋刊蜀大字本《北齐书》残册，则双边黑口也。孙从添《藏书纪要》称："元刻黑口，一见便知。"以为元刻无白口也，然而元刻亦见有白口者。北平图书馆藏有元刊宋蔡沈撰《书集传》六卷，朱子撰《诗集传》残册，辅广撰《诗童子问》残册，元刘瑾撰《诗传通释》二十卷，《春秋胡氏传》残册，元汪克宽撰《春秋胡传纂疏》残册，元王侗撰《四书集注批点》残册，《四声篇》残册(以上经部)；元胡三省《音注资治通鉴》残册，王幼学撰《资治通鉴纲目集览》残册，建安陈氏馀庆堂刊《宋史》、《全文资治通鉴》，李焘撰《前集》十八卷，刘时举撰《后集》十五卷，《续资治通鉴》残册，《故唐律疏议》(以上史部)；《列子》十卷，宋《朱子成书》残册，吕大防撰《考古图》十卷，《翻译名义集》十四卷(以上子部)；《集千家注分类杜工部诗集》残册，《杜工部诗千家注》六卷，《增刊校正王状元集诸家注分类东坡先生诗》残册，黄溍撰《黄文献集》残册(以上集部)；皆黑口双边也。元刊元梁寅撰《周易参义》残册，《增修互注礼部韵略》残册(以上经部)；元刻明补本《史记》残册，元刊《辽史》残册，大字本元潘仁撰《陆宣公奏议纂注》残册，张铉撰《至正金陵新志》残册(以上史部)；元贾亨类编《算法全能集》二卷，唐刘谧撰《三教平心论》一卷(以上子部);《集千家注批点杜工部诗》残册(以上集部);皆黑口单边也。细黑口双边,则有元刊宋蔡沈《书集传》六卷,(元刊宋蔡沈《书集传》有黑口双边本,有细黑口双边本,凡复出者,皆一书数本也。)元林泉生撰《明经题断诗义矜式》五卷(以上经部);太平路学新刊《汉书》残册,元刊明补本《晋书》残册,《宋史》残册,元尹起莘撰《资治通鉴纲目发明》五十九卷(以上史部)。细黑口单边,则有元刊元程端学撰《春秋本义》残册(以上经部);《晋书》残册,《隋书》残册,《南史》八十卷,《北史》一百卷,宋刘友益撰《资治通鉴纲目书法》残册,元陈柽撰《通鉴续编》二十四卷,吴师道《战国策校注》残册,宋沈枢撰《通鉴总类》二十卷,《通典详节》四十二卷,宋马端临撰《文献通考》三百四十八卷(以上史部);《别岸和尚语录》(以上子部)。而以黑口双边为最习见,犹之宋刻之多白口单边也。若元刻之白口,则北平图书馆藏有元敖继公撰《仪礼集说》残册,戴侗撰《六书故》残册(以上经部);《五代史记》残册,宋郑樵撰《通志》二百卷,元曾先之撰《十八史略》十卷,元明善撰《龙虎山志》三卷,续一卷(以上史部);至大重修宣和《博古图录》三十卷,宋洪迈容斋撰《容斋随笔四笔》残册(以上子部);元郝天挺注《唐诗鼓吹》十卷(以上集部);此白口单边也。又元刊《三国志》残册,《金史》残册,宋林虑编《两汉诏令》残册(以上史部);大字本宋真德秀撰《大学衍义》残册(以上子部);此白口双边也。然则宋版白口,元刻黑口,亦风气大略之云尔。而明版独以黑口称珍罕。黄丕烈《士礼居藏书题跋记续录》谓:"书籍有明刻而可与宋元版埒者,惟明初黑口版为然。所藏有《周职方诗文集》,所见有天顺《本丹崖集》,皆以黑口称珍罕也。"就所睹记:北平图书馆藏有明刊元董真卿撰《周易会通》残册,大字本《尚书旁训》(以上经部);元王幼学撰《资治通鉴纲目集览》残册(以上三种皆黑口双边);洪武丁丑刊《郑氏旌义编》三卷,弘治刊《三辅黄图》六卷,《大事记》残册(以上史部);大字本《说苑》二十卷,小字本《大学衍义》残册(黑口单边。以上子部);汉贾谊撰《贾长沙集》十卷,宋欧阳修《庐陵欧阳文忠集》残册,陈傅良《止斋先生文集》

五十三卷,明庆王槏撰《文章类选》四十卷(以上集部)。南京图书馆藏有明刊宋陆佃重刊《埤雅》二十卷(以上经部);明太祖敕撰《大明律》三十卷(以上史部);金李杲撰《兰室秘藏》三卷,明陈会撰《神应经》一卷,宋濂撰《龙门子凝道记》三卷(以上子部);弘治刊唐陈子昂《陈伯玉文集》十一卷,正德刊唐岑参《岑嘉州诗》四卷及宋陆九渊《象山外集》四卷,《语录》四卷,附《行状》一卷,成化刊宋邵雍撰《伊川击壤集》二十一卷,张栻《南轩文集》四十四卷,洪武刊明贝琼《贝清江诗集》十卷(以上集部);皆黑口也。《四部丛刊》景印明黑口本,则有南京图书馆藏唐岑参撰《岑嘉州诗》四卷,宋邵雍撰《伊川击壤集》二十卷;及江安傅氏双鉴楼藏宋林逋撰《林和靖先生诗集》四卷,常熟瞿氏铁琴铜剑楼藏正统刊元戴良撰《九灵山房集》三十卷,秀水沈氏藏元倪瓒《云林集》七卷,及涵芬楼藏成化刊元欧阳玄撰《圭斋集》十六卷,弘治刊元萨都剌撰《萨天锡前后集》二册焉。

  高濂《燕闲清赏笺》论藏书,以为:"宋人之书,雕镂不苟,纸坚刻软,字画如写;格用单边;间多讳字;用墨稀薄,虽着水经燥,无湮迹;开卷一种书香,自生异味。元刻仿宋单边,字画不分粗细,较宋边条阔多一线;纸松刻硬;用墨秽浊;中无讳字,开卷了无臭味。"所谓"中无讳字"者,元刻仿宋,遇宋讳不缺笔。而宋版则缺笔,视其缺笔之某字,可以觇刊本之先后。如《四部丛刊》景印日本岩崎氏静嘉堂藏北宋刊本《说文解字》三十一卷,"恒"、"贞"等字皆不缺笔;盖北宋真宗时镂版,大徐本第一刻也。间有南宋补叶,版心标出"重刊"二字,"慎"字亦缺末笔。陆心源《皕宋楼藏书志》载北宋刊《尔雅单疏》十卷,宋太祖、太宗、真宗庙讳缺末笔,馀皆不缺。又白氏《六帖类聚》三十卷,"匡"、"敬"、"恒"皆缺笔,"贞"字不缺,盖皆真宗时刊本也。《皕宋楼藏书志》又载北宋刊《唐书》二百五十卷,"朗"、"匡"、"彻"、"炅"、"恒"、"桓"、"镜"、"竟"、"敬"、"贞"皆避缺;宋司马光《资治通鉴考异》三十卷,"朗"、"匡"、"胤"、"敬"、"贞"、"恒"皆缺避,"桓"字不避;宋仁宗时刊本也。涵芬楼景印《百衲本二十四史》中《唐书》,前有嘉祐五年六月曾公亮进书表，宋讳避至"祯"字止，而不及英宗以下，故昔人定为嘉祐进书后第一刊本。《四部丛刊》景印常熟瞿氏铁琴铜剑楼藏北宋刊晋张湛注《冲虚至德真经》八卷，"殷"、"敬"、"恒"、"贞"字有缺笔，而"顼"、"桓"不缺，亦仁宗时刊也。又景印涵芬楼藏明万玉堂翻宋本汉扬雄撰《太玄经》十二卷，遇"贞"字皆缺末笔；影钞北宋本汉许慎注《淮南子》二十一卷，阙笔至"贞"字；影宋精钞本蜀释贯休撰《禅月集》二十五卷，阙笔至"贞"字，而不避南宋讳，皆知其从仁宗时刊本出。《皕宋楼藏书志》载北宋刊《史载之方》二卷，徽宗以前讳皆缺避；"丸"不改"圆"，不避钦宗嫌名，其为徽宗时刊本无疑。蜀大字本《三苏文粹》七十卷，"桓"字以下讳不缺避，盖北宋刊也。《四部丛刊》景印涵芬楼藏北宋刊司马光撰《资治通鉴目录》三十卷，宋帝讳如"殷"、"敬"、"镜"、"玄"、"弘"、"贞"、"徵"、"让"、"顼"、"树"、"桓"、"完"等字皆缺笔，字画挺秀，北宋本之至精者。明翻北宋本《黄帝内经》二十四卷，"玄"、"匡"、"镜"、"贞"、"徵"、"恒"、"炅"等字皆阙笔，嘉靖庚戌顾从德重刊北宋本也。南京图书馆藏唐杜牧撰《樊川文集》二十二卷，宋讳避"桓"、"镜"等字，是从北宋本出。《皕宋楼藏书志》载蜀大字本《汉书》残本八卷，"匡"、"殷"、"贞"、"敬"、"境"、"桓"、"竟"、"完"、"源"、"貆"、"觳"、"让"、"构"、"购"皆缺末笔；宋刊配元覆本《隋书》八十五卷，"敬"、"慎"、"贞"、"恒"、"桓"、"构"皆缺避；宋刊中字本《唐书》二百五十五卷，"匡"、"胤"、"殷"、"敬"、"炅"、"恒"、"贞"、"顼"、"桓"、"构"皆缺避；陆状元集百家注《资治通鉴详节》一百二十卷，"朗"、"殷"、"匡"、"贞"、"恒"、"桓"、"慎"、"构"皆缺避，而知其为高宗时刊本。而涵芬楼景印《百衲本二十四史》中《后汉书》，"桓"字作"渊圣御名"，而"构"字则作"今上御名"，知为高宗时刊本。《晋书》"构"字缺笔，而"祯"字仍作"御名"，知为绍兴中翻雕北宋监本。《四部丛刊》景印涵芬楼藏宋刊《六臣注文选》六十卷，"玄"、"匡"、"贞"、"徵"、"恒"、"桓"、"觏"、"觳"诸字皆缺笔。绍兴二年下绍兴府馀姚县刊《资治通鉴》二百九十四卷，书中缺笔至"构"字止。常熟瞿氏铁琴铜剑楼藏宋绍兴三年刊《温国文正司马公文集》八十卷,书中"桓"字注"渊圣御名","构"字注"御名";乌程蒋氏密韵楼藏明翻宋本梁《江文通集》十卷,"敬"、"镜"、"匡"、"恒"、"树"、"殷"、"贞"、"构"等字,有缺笔,盖正嘉间缮宋高宗时本也。《皕宋楼藏书志》载宋刊《纂图互注礼记》二十卷,《礼记举要图》一卷,"让"字缺笔;《晋书》一百三十卷,"匡"、"恒"、"桓"、"慎"、"构"皆缺避;《致堂先生读史管见》八十卷,宋孝宗以前,讳皆缺避,盖孝宗时刊本也。《四部丛刊》景印常熟瞿氏铁琴铜剑楼藏宋刊巾箱本《毛诗》二十卷,宋讳"匡"、"殷"、"桓"、"觏"、"慎"等字有缺笔。建安余氏刊《春秋公羊经传解诂》十二卷,"殷"、"匡"、"贞"、"桓"、"完"、"慎"等字皆缺末笔。陈道人书籍铺本唐罗隐《甲乙集》十卷,"匡"、"微"、"桓"、"树"、"构"、"慎"字有缺笔。清内府藏宋刊大字本《孟子》十四卷,"玄"、"殷"、"让"、"恒"、"畜"、"树"、"竖"、"构"、"慎"等字,皆缺末笔。海盐张氏涉园藏巾箱本《广韵》五卷,避宋帝讳,至"眘"字止。《五朝名臣言行录》十卷,《三朝名臣言行录》十四卷,宋帝讳兼避孝宗潜邸赐名"玮"字。涵芬楼藏巾箱本宋李公焕《笺注陶渊明集》十卷,"朗"、"真"、"贞"、"徵"、"桓"、"恒"、"树"、"觏"、"慎"等字缺笔,而知其为孝宗时刊本。江安傅氏《双鉴楼》藏影宋精钞本唐《释皎然集》十卷,"慎"字有缺笔,知从孝宗时刻摹写。《皕宋楼藏书志》载巾箱本《周易》、《尚书》、《毛诗》、《礼记》、《左传》"惇"字以上讳皆缺避,"廓"字不缺,疑是宋光宗时婺州刊本。而涵芬楼景印《百衲本二十四史》中《三国志》,宋讳避至"敦"字为止;《四部丛刊》景印涵芬楼藏宋刊《周易》十卷,"殷"、"匡"、"贞"、"徵"、"桓"、"媾"、"姤"、"敦"等字,皆为字不成;蜀中刻唐皇甫湜《皇甫持正文集》六卷,宋讳"敦"字缺笔,盖光宗时刊本也。《皕宋楼藏书志》载宋刊《北史》残册,"匡"、"恒"、"贞"、"桓"、"构"、"慎"、"徵"、"树"、"敦"、"廓"皆缺笔;宋季闽中重刊绍兴本《山谷黄先生大全诗注》二十卷,宋讳自"惇"、"廓"以上皆缺避,盖宋宁宗时刊本。北平图书馆藏有宋刊朱子《诗集传》二十卷,于宋讳"玄"、"畜"、"匡"、"树"、"殷"、"恒"、

"徵"、"慎"、"敦"、"鞠"、"觏"等字，皆缺笔，亦宁宗时刊本。而《四部丛刊》景印江安傅氏双鉴楼藏宋刊《方言》十三卷，书中避讳至"廓"字止。常熟瞿氏铁琴铜剑楼藏宋刊吕祖谦撰《皇朝文鉴》一百五十三卷，"让"、"署"、"桓"、"构"、"玮"、"敦"、"扩"减笔，而理宗讳不减笔，是嘉泰间新安郡斋初印本（嘉泰，宁宗年号），非端平重修本也（端平，理宗年号）。至《皕宋楼藏书志》载绍兴三十年重刊宋陈襄撰《古灵先生文集》二十七卷，"扩"字缺笔，避宁宗嫌名，当是绍兴刻而宁宗时修补者。《四部丛刊》景印嘉兴沈氏藏宋刊黄庭坚《豫章黄先生文集》三十卷，书中"构"字注"太上御名"者，为孝宗时元刻；遇"觏"作"覯"，兼避"慎"、"郭"等字者，为光宁两宗时修版也。北平图书馆藏有淳熙刊端平、淳祐小字本《通鉴纪事本末》残册（端平、淳祐，理宗年号），宋讳如"玄"、"悬"、"县"、"朗"、"浪"、"埌"、"匡"、"筐"、"恇"、"劻"、"洭"、"肙"、"殷"、"酳"、"炅"、"颍"、"炯"、"耿"、"憬"、"恒"、"峘"、"姮"、"祯"、"贞"、"徵"、"症"、"浈"、"曙"、"署"、"树"、"伫"、"项"、"旭"、"勖"、"煦"、"朐"、"佶"、"姞"、"完"、"梡"、"丸"、"莞"、"垣"、"遘"、"媾"、"搆"、"沟"、"菁"、"姤"、"诟"、"彀"、"慎"、"蜃"、"让"、"援"，皆为字不成；"构"注"太上御名"，"眘"注"御名"，"桓"有改为"亘"者。盖淳熙时刊本多，而端平、淳祐修版少耳。此则宋讳缺笔之大略已。

长洲叶昌炽鞠裳撰《藏书纪事诗》六卷，前有同邑王颂蔚序，称："宋刊宋印，大都用公私簿帐，以余所见，若《尔雅单疏》、《宋文鉴》、《洪氏集验方》、《北山小集》皆是也。"岂惟宋刊，元明亦有之。黄丕烈《士礼居藏书题跋记》称："宋本每叶纸背，大半有字迹。盖宋时废纸多直钱也。宋刻本《芦川词》纸背字迹，审是宋时收粮档案，故有'更几石'、'需几石'，下注'秀才'、'进士'、'官户'等字；又有'县丞'、'提举'、'乡司'等字；户籍官衔，略可考见；粳糯省文，皆从便易。虽无关典实，聊记于此，以见宋刻宋印，古书源流，多有如是者。"莫友芝《宋元旧本书经眼录》载："宋绍兴本《集古韵文》第三卷，纸背是开禧元年黄州诸官致黄州教授书状（开禧，宁宗年号）。古人文移案牍，用纸皆精好,事后尚可他用。苏子美监进奏院,以鬻故纸公钱祀神宴客得罪。可见宋世故纸,未尝轻弃。今官文书纸率轻薄,不耐久。"此宋刊宋印之见著录者也。叶昌炽《滂喜斋藏书记》载:"元刻宋毛晃《增修互注礼部韵略》五卷,其纸为元时户口册书,即印于纸背,谛视之,皆湖州路某县某人,云'宋民户,至元某年归顺',则湖州官库本。"北平图书馆藏有元刊宋俞琰撰《周易集说》残册,用牍背纸印。此元刊元印之可征见者也。黄丕烈《士礼居藏书题跋记》,又称:"郑元佑《侨吴集》纸背皆明人笺翰简帖,虽非素纸印本,然古气斑斓,亦自可观。宋元旧本,往往如是。"此明刊明印之见著录者。而北平图书馆藏有国子监宋刊明印宋毛晃《增修互注礼部韵略》残册,印以洪武七年粮册纸;其入声缺版,仍以牍背纸,界乌丝阑订入。此又宋刊明印之可征见者也。然高濂《燕闲清赏笺》则谓:"有种官券残纸背印更恶,不以用公私簿帐印者为贵也。"高氏生于明,去宋未远,宋刻流传,犹多佳者,故不为珍罕。至黄丕烈等生清中叶以后,去宋益远,而不罕者罕矣。亦可以觇世运之升降也。高氏谓:"宋版书以活衬纸为佳;而蚕茧纸、鹄白纸、藤纸固美,而存遗不广,若糊褙宋书,则不佳矣。余见宋刻大版《汉书》,不惟内纸坚白,每本用澄心堂纸数幅为副。今归吴中,真不可得!"张应文《清秘藏》亦称:"余向见元美家班、范二书,乃真宋朝刻之秘阁,特赐两府者,无论墨光焕发,纸色坚润;每本用澄心堂纸为副,尤为精绝。"按明太仓王世贞元美家藏班、范二《汉书》,为元赵孟頫子昂松雪斋故物,桑皮纸,白洁如玉,四傍宽广;字大者如钱,绝有欧、柳笔法;细书丝发肤纸,墨色精纯,奚潘流瀋。盖自真宗朝刻之秘阁,特赐两府;而其人亦自宝惜,四百年而手若未触者。清乾隆间,进入内府,为天禄琳琅之冠。此在元明,已为瑰宝;吾辈措大,无福得见。若在清代论宋版者,贵罗纹纸,孙从添《藏书纪要》曰:"若果南北宋刻本,纸质罗纹不同;字画刻手,古劲而雅;墨气香淡,纸色苍润,展卷便有惊人之处。"黄丕烈得宋刻《图画见闻志》四、五、六共三卷,见字画方板,疑为翻宋本;而细辨字画,遇宋讳皆缺笔;而揭去旧时背纸,见原纸皆罗纹阔帘而横印者,始信宋刻宋印(《士礼居藏书题跋记》)。此是所闻。若云所见,北平图书馆藏有宋刊王钦若等撰《册府元龟》残册,罗纹纸印,亦稀秘矣。

宋刻本率由善书之士,誊写上版,故字体各异。其中以大小欧体字刻版者为最适观,以其间架波磔,浓纤得中,而又充满,无跛踦肥脞之病。黄丕烈《士礼居藏书题跋记》载宋刻《礼记》二十卷,云:"字画整齐。"宋刻《史载之方》二卷,云:"字画斩方,神气肃穆。"残宋刻《图画见闻志》六卷,云:"字画方板;南宋书棚本如许丁卯、罗昭谏唐人诸集,字画方板皆如是。"而陆心源《皕宋楼藏书志》载宋真宗时刊白氏《六帖类聚》三十卷,云:"欧书极精。"则又在黄跋所记诸刻以前,皆用欧体者也。傥有参以他种笔意者,则尤名贵。如王世贞跋元赵文敏松雪斋藏班、范《二汉书》,云:"有欧、柳笔法。"《皕宋楼藏书志》载宋礼部官书《六韬》六卷,云:"字画方劲,有欧、颜笔意。"北平图书馆藏有宋淳熙三年刊小字本《通鉴纪事本末》残册,书法秀整,体兼颜、柳,皆罕品也。元以降,赵松雪之书盛行,刻书多仿其体;其尤著者,如至元后己卯花谿沈氏伯玉刊元赵孟頫《松雪斋集》十卷,《外集》一卷,南京图书馆有藏本,《四部丛刊》有景印本,字仿文敏,摹刻最精。其次,《皕宋楼藏书志》载元印袁桷《清容居士集》五十卷,云:"字有赵子昂笔意。"《四部丛刊》亦有景印本。吴县徐康子晋《前尘梦影录》称:"昔在申江书肆得《黄文献公集》二十二卷(黄溍撰),狭行细字,笔笔赵体;每卷后有门人宋濂、方孝孺校,即钱竹汀宫詹所见之本也。元代不但士大夫竞学赵书,其时如官本刻经史,私家刊诗文集,亦皆摹吴兴体。至明初,吴中四杰高启、杨基、张羽、徐贲尚沿其家法。即刊版所见,如《茅山志》、《周府袖珍方》皆狭行细字,宛然元刻,字形仍作赵体。沿至匏庵《家藏集》(吴宽撰),《东里文集》(杨士奇撰),仍不失元人遗意。"明天顺刊杨士奇《东里文集》二十五卷,《诗集》三卷,《续集》六十二卷,《别集》四卷,《待言录》一卷,《附录》四卷,南京图书馆藏有钞配本。然元刻亦有欧体:北平图书馆藏有至大重修宣和《博古图录》残册，雕造精工，字模欧阳，自是模宋如此耳。明隆万间，乃有专作方体之书工以备锓板者，即今日盛行之宋体字也。吾宗梅溪先生（名泳）《履园丛话》云："有明中叶，写书匠改为方笔，非颜非欧，已不成字；近时则愈恶劣，无笔画可寻矣。"

萧山王端履小毅《重论文斋笔录》云："或谓余曰：'宋人刻书，每行字数，如其行数。如每叶二十行，则每行各二十字；每叶二十二行，则每行各二十二字。'此亦不尽然。如钱竹汀《日记钞》所载宋板《仪礼注》，每叶二十八行，行二十四字。宋刻《汉书》每叶二十八行，行二十四字。宋刻《司马温公集》，每叶二十四行，行二十字。宋刻《史记》每叶二十六行，行二十五字；又一本，每叶十八行，每行十六或十七字。宋刻《列子》，每叶二十四行，行二十五字。则其说不足据矣。"然宋版行字两较，以全版计算，多少似觉相悬；以半版计数，则出入仅一二字而已。光绪间元和江标建霞尝撰《宋元本行格表》，属湘潭刘肇隅编校之。肇隅既手自编写，间亦拾遗补阙，私以例隐括之；其自四行至二十行，与四部分列之数，及行字之先少后多，悉依江说，详注引用之书，凡二卷。其称"景宋钞本"、"景元钞本"、"明缮宋本"、"明仿宋本"者，苟非确有取证，则概附卷末为附录。盖言宋元行格者，于是而集大成焉。大抵宋版行少者，每半叶四行，行八字，如宝祐五年陈兰森所刻《干禄字书》。行多者，每半叶二十行，行二十七八字至三十字不等，如南宋刻《九经》白文（叶德辉《书林清话》）。而语涉宋帝皆空格。《皕宋楼藏书志》所载，则有宋刊沈括《梦溪笔谈》二十六卷，影宋写廖刚《高峰集》十二卷，宋刻宋印周必大《周益文忠集》残本六十九卷，（事涉宋帝皆空一格，亦有空二格者。）宋刊《九经补韵》一卷，文天祥《新刻指南录》四卷，东莱先生《分门诗律武库前后集》三十卷可证。而元刊元印黄溍《金华黄先生文集》四十三卷，南京图书馆之有影钞本者，则语涉元帝皆顶格矣。

黄丕烈《士礼居藏书题跋记》载：嘉定王状元敬铭家藏严本《仪礼注》，每卷末有经若干字，注若干字，分两行。十七卷末，有经共计若干字,注共计若干字,此古式也。按:卷末记明经注字数,此为宋版经书刻式,而非子、史、集部所有。余仁仲万卷堂刊《周礼郑注陆音义》、《礼记》、《春秋公羊经传解诂》、《春秋穀梁经传范宁集解》,卷后皆记经注音义字数,已如前述。北平图书馆藏有宋刊建大字本《春秋左传》残册,每卷终有经传几千几百几拾几字。而《四部丛刊》景印涵芬楼藏宋刊《周礼》十卷,卷末各记经注字数。常熟瞿氏铁琴铜剑楼藏宋刊《尔雅》三卷,卷末总计经若干字,注若干字。长沙叶氏观古堂藏明徐氏翻宋刊《仪礼》十七卷,卷末记经注字数,与宋严州小字本同。

蝴蝶装者,不用线钉,但以糊黏书背,夹以坚硬护面;以板心向内,单口向外,揭之若蝴蝶翼然。阮元仿宋刻《古列女传》,其原书即如此装式。不惟宋刻,金元亦有之,以余所见于北平图书馆者:宋刻之蝴蝶装者:经部有宋朱震撰《汉上易集传》残册,曾穜撰《大易粹言》残册,汉焦赣《易林注》残册,朱子《诗集传》残册,陈祥道撰《礼书》残册(两部),陈旸撰《乐书》二百卷,又残册(两部:一部蓝皮蝶装,一部黄绫装卷首)。建大字本《春秋左传》残册,史部有两淮江东转运司刻《汉书》残册(两部),《后汉书》残册(两部:一用黄绫装,一用蓝纸),《晋书》残册(两部,一为宋刊元明递修本),蜀大字本《宋书》残册(两部),《梁书》残册,《陈书》残册,蜀大字本《魏书》残册,蜀大字本《北齐书》残册,《唐书》残册(两部,一为宋刊元补),《五代史记》残册,《资治通鉴》残册(两部),大字本《通鉴纪事本末》残册(两部:一为白皮纸,一为竹纸),小字本《通鉴纪事本末》残册。《子部》有宋王钦若等撰《册府元龟》残册。集部有朱文公《晦庵文集》一百卷。至于金刻,则有《尚书正义》二十卷。元刻则经部有元敖继公撰《仪礼集说》残册,《读晦庵孟子集解衍义》残册,戴侗撰《六书故》残册。史部有《晋书》残册,《南史》八十卷,《宋史》残册,《辽史》残册(三部),《金史》残册(两部),《续资治通鉴》残册,宋郑樵撰《通志》二百卷,元潘仁撰《陆宣公奏议纂注》残册,张铉撰《至正金陵新志》残册,宋马端临撰

《文献通考》三百四十八卷。垂至明初,犹见蝶装,则有明初黑口本《元史》残册,永乐中用南监九行本《齐书》、十行本《晋书》、《魏书》、《隋书》印订《四史外戚传》四卷,盖蝶装书之多,未有见如北平图书馆之夥颐沉沉者,可谓洋洋乎大观也哉。徐康《前尘梦影录》曰:"余在玉峰,得《鸿庆居士大全集》(宋孙觌撰),旧为澹生堂钞藏,计帙每本面叶有祁氏藏书铭,棉料纸,蓝格,五色线钉,刀口不齐。据湖州书友云:'明代人装钉书籍,不解用大刀,逐本装钉。'以此集相证始信。"盖明人切书,一本为一本,推而至于宋元本,亦无不然。北平图书馆藏宋元本残册,或蝴蝶装,或纸捻钉,或线装,皆无数本一刀切者。亦此可供鉴赏者之一证佐已。

元世祖至元十五年四月,以集贤大学士许衡言,遣使取杭州等处凡在官书籍板刻至京师(《续文献通考》)。二十七年,立兴文署,召工刻经、史、子板,以《资治通鉴》为起端(《元史·百官志》)。瞿镛《铁琴铜剑楼书目》、陆心源《仪顾堂题跋》、莫友芝《宋元本旧书经眼录》,于兴文署本至元二十七年刻《资治通鉴》二百九十四卷,皆见著录。而嘉庆间鄱阳胡克家果泉刻《资治通鉴》,即缮兴文署本。此元官本之尤著名者也。顾炎武《日知录》曰:"宋元刻书,皆在书院,山长主之,(原注:"主书院者谓之山长。")通儒订之,学者则互相易而传布之。故书院之刻,有三善焉:山长无事而勤于校雠,一也。不惜费而工精,二也。板不贮官而易印行,三也。"南京图书馆藏有元至正乙巳刊宋缙云鲍彪校注元兰溪吴师道重校《战国策校注》十卷(至正,顺帝年号),第三、四、五、六卷末,有至正乙巳前蓝山书院山长刘埔重校刊一行;第八、九、十卷末有平江路儒学正徐昭文校勘一行;《四部丛刊》有景印本;而北平图书馆亦藏其残册焉(存卷四又八之十)。元时,州县皆有学田,所入谓之学租,以供师生廪饩,馀则刻书;工大者,合数处为之,故雠校刻画,颇有精者。(顾炎武《日知录》)北平图书馆藏有元刊《后汉书》残册,首列景祐校正《后汉书》状,状后有"大德九年乙巳十月望日,宁国路儒学云教授任内刊"两行。《四部丛刊》景印江阴缪氏艺风堂藏元刊汉班固撰《白虎通德论》十卷,乃大德九年(大德,成宗年号),李晦以郡守刘平父藏宋监本刊于无锡县学者。而景印乌程刘氏嘉业堂藏明万历刊后汉赵晔撰《吴越春秋》十卷,末题"大德十年岁在丙午三月音注,越六月书成刊板,十二月毕工"两行,"前文林郎国子监书库徐天祐音注"一行,及绍兴路儒学校刊衔名四行,盖重开大德本也。其大部书合数处为之者:大德丙午,建康道廉访使徇太平路之请,分行十路儒学合刻《十七史》,为元代路学最善之本。其可征见者:《两汉书》则太平路,《三国志》则池州路,《隋书》则瑞州路,《北史》则信州路,《唐书》则平江路。或于版心刊明,或于卷首刊明,或于卷末刊明。南京图书馆藏有明重刊元大德太平路学本《汉书》一百卷,元大德丙午池州路学刊明修本《三国志》六十五卷,元大德瑞州路学刊本《隋书》八十五卷,元大德信州路学刊本《北史》一百卷,诸本具见名家藏书著录,其可征见者也。涵芬楼景《百衲本二十四史》,其中《隋书》、《南史》、《北史》,皆云"大德路学刊本"。《隋书》,饶州路。《北史》,信州路。独《南史》不记刊刻地名,不知属于何路?出桐学儒生赵良箂书,字迹圆密,写刻雅近南宋。元季路学刊本数见,他刻伪字,此本皆不讹,盖尤珍罕者已。《日知录》称:"洪武初,悉收上国学。今南监《十七史》诸书,地理岁月,勘校工役并存,可识也。今学既无田,不复刻书;而有司间或刻之,然只以供馈贶之用,其不工反出坊本下,工者不数见也。昔时入觐之官,其馈遗,一书一帕而已,谓之'书帕'。自万历以后,改用白金。"王士禛《居易录》云:"明时,翰林官初上,或奉使回,例以书籍送署中书库,后无复此制矣。又如御史巡盐茶、学政、部郎权关等差,率出俸钱刊书,今亦罕见。"此实出于宋漕司、郡斋刻书之习,沿为故事;然校勘不善,顾炎武谓:"其不工反出坊本下。"至今藏书家,均视当时书帕本,比之经厂坊肆,名低价贱,殆有过之。清同光间,湖北官书局刻《百子全书》中《孔丛子》,即出明书帕本;《尔雅》、《孔臧赋》、《连丛》皆删去。然其中亦自有佳者。南京图书馆藏有正德十年(正德,武宗年号)吉府重刻陆相本汉贾谊撰《新书》十卷。先是正德九年，长沙守陆相，得宋淳熙辛丑提学漕使程公旧版于故楼中，补刻成书，盖以备书帕之用者也。《四部丛刊》有吉府重刻之景印本焉。《四部丛刊》又景印江安傅氏双鉴楼藏明刊汉徐幹撰《中论》二卷；盖嘉靖乙丑，青州知府四明杜思重刻弘治本（嘉靖，世宗年号）；乌程刘氏嘉业堂藏明刊宋陈傅良撰《止斋先生文集》五十三卷；盖明弘治间，编修王瓒录自秘阁，授温州守莆田林长繁，乙丑刻本，皆书帕本也。至所景印涵芬楼藏明刊唐韦应物撰《韦江州集》十一卷，有嘉靖戊申晋陵华云序，谓権事江州，历览序传，知韦公曾刺是邦，爰刻是编，则亦书帕本也。然雕刻极精，经厂不如矣。明司礼监有经厂库以藏书板，其印本或称为经厂本。北平图书馆藏有经厂本宋朱熹撰《孟子集注》十四卷，经厂大字本唐吴竞撰《贞观政要》残册，经厂本宋真德秀撰《大学衍义》残册。南京图书馆藏有正统司礼监刊宋朱熹撰《诗集传》二十卷，正统经厂本宋陈澔撰《礼部集说》十六卷，吉府缮正统经厂本《四书》二十六卷，附《大学中庸或问》二卷（正统，英宗年号）。此经厂本之可征见者。藩府刻本，亦称名贵，而吉府其一。其它见著录者，曰蜀府、代府、崇府、肃府、唐府、晋府（宝贤堂亦称志道堂，亦称虚益堂，又称养德书院）、益府、秦府、伊府、鲁府（敏学书院亦称承训书院）、赵府（居敬堂亦称味经堂）、楚府、宁藩、周藩、沈藩、德藩（最乐轩）、潞藩。吉府刻多诸子，晋府刻多总集，益府刻多茶书。而北平图书馆藏有嘉靖秦藩刊《史记》一百三十卷。南京图书馆藏有嘉靖鲁藩刊晋葛洪撰《抱朴子》七十卷，嘉靖秦藩刊鲍龙云撰《天原发微》五卷，嘉靖益府刊明张九韶编《理学类编》八卷，万历益藩《新刊增修大广益会玉篇》三十卷，《篇韵指南》一卷，《总目》一卷。《四部丛刊》景印者，则有南京图书馆藏鲁藩刊《抱朴子》，及涵芬楼藏赵府居敬堂刊《灵枢经》十二卷焉。明代坊肆，亦以建安为盛。可征见者，有建安务本堂，有建安书市鼎新，有书林刘宗器安正堂，有书户刘氏慎独斋，而慎独斋所刻为夥、为著。北平图书馆藏有慎独斋刊《西汉文鉴》二十一卷，《东汉文鉴》二十卷，首行石壁野人陈鉴编，次行建阳京兆刘弘毅刊印。而南京图书馆藏有正德刘洪慎独斋刊宋章如愚撰《群书考索前集》六十六卷，《后集》六十五卷，《续集》五十六卷，《别集》二十五卷；吕祖谦撰《十史详节》二百七十三卷（正德，武宗年号），务本堂鼎新，不如慎独斋之著，而时颇早。北平图书馆藏有洪武戊辰建安务本堂重刊元董真卿撰《周易会通》十四卷（洪武，太祖年号），洪武二十一年孟春建安书市鼎新刊行元尹起莘撰《资治通鉴纲目发明》五十九卷。自宋至明，六百年间，建安书市擅天下之富，而慎独斋刊则为明本之珍。高濂《燕闲清赏笺》称："国初慎独斋刻书，似亦精美。"而徐康《前尘梦影录》谓："正德时，慎独斋本《文献通考》细字本，远胜元人旧刻，大字巨册，仅壮观耳。"此坊肆之罕品也。

明人家刻之著闻者：经部则有吴郡沈辨之野竹斋刻《韩诗外传》十卷，吴郡袁褧嘉趣堂嘉靖癸巳仿宋刻《大戴礼记》十三卷。史部则有震泽王延喆恩褒四世之堂嘉靖丁亥刻《史记集解索隐正义》一百三十卷。子部则有顾春世德堂嘉靖癸巳刻老、庄、列、荀、扬及《中说》六子全书，袁褧嘉趣堂嘉靖乙未仿宋刻《世说新语》三卷。集部则有东吴徐时泰东雅堂刻宋廖莹中世彩堂《韩昌黎集》四十卷，《外集》十卷。吴郡沈辨之野竹斋校雕《韩诗外传》（沈辨之，名与文，嘉靖间人），北平图书馆有藏本，《四部丛刊》有景印本。袁褧嘉趣堂重雕《大戴礼记》，《四部丛刊》亦有景印本。震泽王延喆刻《史记》，（王士禛《池北偶谈》云："明尚宝少卿王延喆，文恪少子也，其母张氏，寿宁侯鹤龄之妹昭圣皇后同产。延喆少以椒房入宫中，性豪侈，一日有持宋椠《史记》求鬻者，索价三百金，延喆绐其人曰：'姑留此，一月后可来取直。'乃鸠集善工，就宋版本摹刻，甫一月而毕工。其人如期至索值，故绐之曰：'以原书还汝。'其人不辨真赝持去，既而复来曰：'此亦宋椠，而纸不如吾书，岂误耶？'延喆大笑，告以故，因取新雕本散置堂上，示之曰：'君意在获三百金耳。今如数予君，且为君书幻千万亿化身矣。'其人大喜过望。今所传有震泽王氏摹刻印，即此本也。"）南京图书馆有藏本，清同光间湖北官书局有仿雕本。顾春世德堂刻《六子》，北平图书馆藏有《庄子》、《文中子中说》，南京图书馆藏有《庄子》、《荀子》、《扬子》、《文中子》，袁褧嘉趣堂刻《世说新语》，《四部丛刊》有景印本。徐氏东雅堂刻《韩昌黎集》，南京图书馆有藏本，清同光间苏州官书局有仿雕本，皆明本之精好者。

明以来，活字版盛行；出于吾无锡安国家者，流传最广，为世珍秘；其次华氏，而华氏印本，有曰“兰雪堂”，有曰“会通馆”。兰雪堂为华坚，会通馆始华燧，同县邵文庄公宝《容春堂集·会通君传》云：“会通君，姓华氏，讳燧，字文辉，无锡人。少于经史多涉猎，中岁好校阅同异，辄为辨证，手录成帙，遇老儒先生，即持以质焉。既而为铜字板以继之曰：‘吾能会而通矣！’乃名其所曰‘会通馆’，人遂以会通称，或丈之，或君之，或伯仲之，皆曰‘会通’云。”会通馆本见著录者：宋洪迈撰《容斋随笔》十六卷，《三笔》十六卷，《四笔》十六卷，《五笔》十卷（瞿镛《铁琴铜剑楼书目》、陆心源《皕宋楼藏书志》），宋赵汝愚撰《诸臣奏议》一百五十卷（见瞿镛《铁琴铜剑楼书目》），宋不知何人撰《锦绣万花谷前集》四十卷，《后集》四十卷（见缪荃孙《艺风堂藏书续记》）。而南京图书馆藏有明缗会通馆活字本《容斋随笔》至《五笔》。华坚字允刚，无可考，然燧三子曰埙、奎、壁，五行之次，火生土，皆取土旁为名；则坚从土旁，殆燧之犹子欤？（叶昌炽《藏书纪事诗》）所刻书有锡山兰雪堂华坚允刚活字铜版图记一条；可考见者，有汉董仲舒《春秋繁露》十七卷，蔡邕《蔡中郎文集》十卷（见瞿镛《铁琴铜剑楼书目》、陆心源《皕宋楼藏书志》），唐欧阳询等撰《艺文类聚》一百卷，元稹《元氏长庆集》六十卷，白居易《白氏长庆集》七十卷（见瞿镛《铁琴铜剑楼书目》）。而《四部丛刊》景印涵芬楼藏《蔡中郎文集》，即华坚兰雪堂活字本也。又有华珵者，亦以活字版著名。珵字汝德，以贡授大官署丞，善鉴别古奇器、法书、名画，筑尚古斋，实诸玩好其中，又多聚书，所制活板甚精密，每得秘书，不数日而印本出矣。其见著录者，则有宋陆游撰《渭南文集》五十卷（见黄丕烈《士礼居藏书题跋记》），左圭撰《百川学海》（见陆心源《皕宋楼藏书志》）。而华珵刻《渭南文集》，南京图书馆有藏本，《四部丛刊》有景印本。然华氏所刻书，不如安国之精。国字民泰，居积诸货，人弃我取，赡宗党，惠乡里，乃至平海岛，浚白茆河，皆有力焉。父丧会葬者五千人。尝以活字铜版印诸书，可征见者，则有唐颜真卿《颜鲁公文集》十五卷（见乌程严可均景文《铁桥漫稿》、陆心源《皕宋楼藏书志》），宋魏了翁《鹤山大全文集》一百十卷（见黄丕烈《士礼居藏书题跋记》），明沈周《石田诗选》十卷（在上海四马路博古斋书店见之）。而《颜鲁公文集》，北平图书馆、南京图书馆咸有藏本，《四部丛刊》有景印本，每叶鱼尾上有"锡山安氏馆"五字。而《魏鹤山集》，南京图书馆藏，阙一卷（卷第一百八），盖世尤称珍秘也。又缮宋版大字本，唐徐坚等撰《初学记》三十卷，则刻本而非活字本矣。其馀丛刻书，以阳山顾元庆《四十家文房小说》为最精，而以新安程荣《汉魏丛书》为尤著焉。

清有天下，文教蔚兴。有内府刊钦定各书（见礼亲王《啸亭杂录续录》），有武英殿刊版《十三经》、《二十四史》、《聚珍版丛书》（通行者一百三十八种，福州重刻杭州重刻三十九种），有各省局刻、书院刻各书。而私家刻书当以常熟毛晋子晋之汲古阁，长白纳兰性德容若之通志堂，镇洋毕沅秋帆之经训堂，余姚卢文弨抱经之抱经堂，阳湖孙星衍渊如之平津馆，歙县鲍廷博渌钦之知不足斋，江都秦恩复敦夫之石砚斋，海宁吴骞兔床之拜经楼，扬州马曰璐半查之小玲珑山馆，吴县黄丕烈荛圃之士礼居，仪征阮元芸台之文选楼，石门顾修菉崖之读画斋，三原李锡龄孟熙之惜阴轩，昭文张海鹏若云之借月山房，金山钱熙祚雪枝之守山阁，南海伍崇曜紫垣之粤雅堂，海宁蒋光煦生沐之别下斋，南海潘仕诚德畬之海山仙馆，金山钱名培梦花之小万卷楼，吴县潘祖荫伯寅之滂喜斋、功顺堂，归安姚觐元彦侍之咫进斋，陆心源存斋之十万卷楼，会稽章寿康硕卿之式训堂，遵义黎庶昌莼斋之古佚丛书，江阴缪荃孙筱珊之云自在龛，兰陵徐乃昌积余之积学斋，南浔刘承幹翰怡之嘉业堂，多者千卷，少亦数十。其刻书多倩名手工楷书者写样上版，焯焯可考见者：毛晋汲古阁刻书，则江阴周砚农荣起刊正。砚农精六书之学,王士禛《居易录》、缪荃孙《云自在龛笔记》皆著称之。陆心源《皕宋楼藏书志》,集部有王士禛池北书库旧藏江阴王逢原吉《梧溪集》七卷,周砚农手钞本,后有士禛一跋,称:"壬申岁,门人杨庶常名时所贻,江阴老儒周荣起砚农氏手录本也。书学钟太傅,稍杂八分,终卷如一。砚农寿八十有七,乃卒。"尾署渔洋山人,士禛别号也。士禛《渔洋山人精华录》十卷,侯官林佶吉人手写上版,莫友芝《旧本书经眼录》极称之。汪琬《尧峰文钞》四十卷,陈廷敬《午亭文编》五十卷,亦佶写刻也。然按王士禛《香祖笔记》载:"黄子鸿,名仪,常熟人。隐居博学,工书法。予刻《渔洋续集》将仿宋椠,苦无解书者。门人昆山盛诚斋侍御符升闻子鸿多见宋刻,独工此体,因礼致之,子鸿欣然而来,都无厌倦。今《续集》自首迄尾,皆其手书也。"仪于江藩《汉学师承记》及近人支伟成《清代朴学大师列传》皆著其行实。《江记》附胡渭,《支传》附顾祖禹,而《支传》较详,亦只叙其博通群籍,尤长舆地,而不知其工仿宋体书也。徐康《前尘梦影录》云:"嘉庆中年,许翰屏以书法擅名。当时刻书之家,均延其写样;如士礼居黄氏,享帚楼秦氏,(按:秦恩复敦夫有享帚精舍,不名楼也,此即石砚斋。)平津馆孙氏,艺芸书舍汪氏(士钟),以及张古余(敦仁),吴山尊鼏诸君所刻影宋本秘籍,皆为翰屏手书。享帚楼刻吕衡州、李翱等集,顾涧翁(广圻)更觅得足本沈亚之等集七家,皆用昌皮纸,浼翰屏精写,不加装钉,但用夹板平铺,以便付梓。一技足以名世,洵然。"则于周荣起、林佶、黄仪之外,又得一人矣。亦有著书自写刻版者,则兴化郑燮克柔自写《板桥集》,钱唐金农寿门自写《冬心集》,而尤以吴县江声艮庭自写篆字《尚书集注音疏》十二卷,《经师系表》一卷,《释名疏证》八卷,《补遗》一卷,张敦仁自书草体《通鉴补识误》三卷,可谓刻版之异军突起者也。

谨为审其流别,详其沿革,述《历史》第二。

读 本 第 三

　　湘乡曾国藩涤生《记圣哲画像》以为："书籍之浩浩，著述者之众，若江海然，非一人之腹所能尽饮也，要在慎择焉而已。"南皮张之洞芗涛督学四川时，纂《书目答问》，其略例称："读书不知要领，劳而无功；知某书宜读，而不得精校精注本，事倍功半。"然读书而必曰宋本，匪徒不能；曰能，亦徒豪举耳！海宁陈其元子庄《庸闲斋笔记》称："好古者重宋版书，不惜以千金、数百金购得一部，则什袭藏之，不轻示人，即自己亦不忍数繙阅也。每笑其痴。王鼎臣观察定安酷有是癖，宰昆山时，得宋椠《孟子》，举以夸。余请一观，则先令人负一楼出，楼启，中藏楠木匣，开匣，乃见书。书之纸墨亦古，所刊笔画，亦无异于今之监本。余问之曰：'读此可增长智慧乎？'曰：'不能。''可较别本多记数行乎？'曰'不能。'余笑曰：'然则不如仍读今监本之为愈耳，奚必费百倍之钱以购此耶！'王惠曰：'君非解人，不可共君赏鉴。'急收弄之，余大笑。"然则宋椠不易得，得亦珍罕，以骨董视之，非读本也。今为慎择约举经史子集，分别条流，取版本之易得者，要令初学者易买易读，不致迷罔眩惑而已。

　　（甲）经部　北宋各经注疏，皆单行；其合并为一，阮元刻南昌学《注疏》后作《校勘记》，据日本山井鼎《七经孟子考文补遗左传》一引《礼记》三山黄唐跋云："本司旧刊《易》、《书》、《周礼》正经注疏，萃见一书，便于披绎，它经独阙，绍兴辛亥，遂取《毛诗》、《礼记疏义》，如前三经编汇，精加雠正。乃若《春秋》一经，顾力未暇，姑以贻同志。"以其题年绍兴辛亥，遂谓合注于疏，在南北宋之间。宋椠经籍，有白文，有单注；而合疏于注，其后起者也。世所行者：白文以无锡秦镤刻巾箱本《九经》为佳,单注以《相台五经》为佳;而注疏合一,则以阮元南昌学刻《十三经注疏》为佳,《秦本》白文亦摹宋刻。巾箱本不分卷,简端有音,世称为澄江本,实临江府刻本也。无锡秦镔以清康熙间订正重刊(康熙,圣祖年号)。王士禛祯《分甘余话》云:"近无锡秦氏摹宋刻小本《九经》,剞劂最精,点画不苟,闻其板已为大力者负之而趋。余曾见宋刻于倪检讨雁园灿许,与秦刻方幅正同,然青出于蓝而青于蓝矣。"海昌吴骞兔床《拜经楼藏书题跋》载:"宋刻《九经》白文,每叶四十行,行二十七字,盖即渔洋先生《居易录》所载倪雁园尚书家小本《九经》,乃宋麻沙本之佳者,盖明锡山秦氏刊本之所祖也。其经文字句,较时本间多不同,如《曾子问》'殷人既葬而致事',下有'周人卒哭而致事'句,殆宋人因皇氏之说而增之,与日本《七经考文》所引古本相符;其余字句不及备载。又《左氏春秋》前不列惠公元妃传文一段,盖古经与传本不相联属,后人取便,合传以附经。此本首厥传文,岂先儒不敢以传前经之意欤?"然王士禛祯以为秦刻胜宋,而余姚卢文弨抱经则谓不如。尝见意于跋《白虎通》曰:"书贵旧刻,如《九经》小字本,吾见南宋本,已不如北宋本。明之锡山秦氏本,又不如南宋本。今之翻秦本者,更不及焉!"秦本原刻不分卷,凡《易》二十一叶,《书》二十六叶,《诗》四十七叶,《左传》一百九十八叶,《礼记》十三叶,《周礼》五十五叶,《孝经》三叶,《论语》十六叶,《孟子》三十四叶,每叶四十行,行二十七字,行密如樯,字纤如发,几可乱真,上格标载音义(见丁丙《善本室藏书志》)。其缮刻者,则每半叶十四行,行二十八字,其书为《易》三卷,《书》四卷,《诗》四卷,《周礼》六卷,《礼记》六卷,《春秋左传》十七卷,《孝经》一卷,《论语》二卷,《孟子》七卷,合五十卷,附《大学中庸章句》一卷,《小学》二卷。其所自出之宋刊,南京图书馆有藏本,盖吴骞故物也。而无锡县图书馆则藏有秦本之缮刻云。至岳珂《相台五经》,缮本不一,凡《易》九卷,王、韩注附《略例》一卷;《书》十三卷,孔传;《诗》二十卷,毛传郑笺;《春秋左传》三十卷,杜集解;《礼记》二十卷,郑注。其校刻之总例所传九经三传沿革例者称:以家塾所藏唐石刻本,晋天福铜版本,京师大字旧本,绍兴初监本,监中见行本,蜀大字旧本,蜀学重刊大字本,中字本,又中字有句读附音本,潭州旧本,抚州旧本,建大字本(俗谓"无比九经"),俞韶卿家本,又中字凡四本,婺州旧本,并兴国于氏、建余仁仲,凡二十本,又以越中旧本。注疏,建本有音释注疏,蜀注疏,合二十三本。专属本经名士,反复参订,始命良工入梓。可谓宋本之总汇矣!特是有注而无疏,未若黄唐所云"正经注疏,萃见一书"之便于披绎也。有宋十行本注疏者,即岳珂《九经三传沿革例》所载建本有音释注疏者也。其书刻于宋南渡之后,由元入明,递有修补。至明正德中,其板犹存,是以十行本为注疏合本最古之册。此后有闽板,乃明嘉靖中(嘉靖,世宗年号)用十行本重刻者。有明监版,乃明万历中(万历,神宗年号)用闽本重刻者。有汲古阁毛氏版,乃明崇祯中(崇祯,思宗年号)用明监本重刻者。而究其朔,则辗转出十行宋本。阮元家所藏十行宋本,有十一经,但无《仪礼》《尔雅》,而有苏州北宋所刻之单疏版本,为贾公彦、邢昺之原书。此二经更在十行本之前。元旧作《十三经注疏校勘记》,虽不专主十行本、单疏本,而大端实在此二本,嘉庆末(嘉庆仁宗年号),巡抚江西,因以二本模刻为南昌学官本。《易》则校以唐《开成石经》本(开成,文宗年号),岳珂刻单注本,钱曾校单注单疏两本,卢文弨传录明钱孙保求赤校影宋注疏本,十行九卷本,闽监本(即南监),监本(即北监),毛晋汲古阁本,日本山井鼎、物茂卿《七经孟子考文补遗》引古本,足利本,宋本。《书》则校以唐《石经》本,宋《临安石经》本,岳珂单注本,宋十行本,闽监本,监本,明葛鼒永怀堂刻单注本,《七经孟子考文补遗》引宋版本。《诗》则校以唐《石经》本,南宋《石经》残本,孟蜀《石经》残本,南宋刻十三行、行二十四字、小字本,武英殿重刻岳珂单注本,明十行行十八字本(小注行二十三字),七十卷注疏本,闽监本,监本,汲古阁本,《七经孟子考文补遗》引古本。《周礼》则校以唐《石经》本,钱孙保旧藏宋刻单注本,(宋椠小字本附载音义,春官、夏官、秋官、冬官,余仁仲本天地二官,别一宋本,秋官以俗本抄补,非佳者,以臧庸据宋刻大字本秋官二卷校补。)明嘉靖刻单注本,(八行十七字,不附音义。)惠栋校宋注疏本,(附释音十行十七字,注双行二十三字。)闽监本,监本,汲古阁本。《仪礼》则校以唐《石经》本,宋严州刻单注本,明嘉靖徐氏翻宋刻单注本,明钟人杰刻单注本,明葛鼒永怀堂刻单注本,北宋咸平刻单疏本(十五行三十字。咸平,真宗年号),闽监本,监本,汲古阁本。《礼记》则校以唐《石经》本,南宋《石经》本,岳珂单注本,明嘉靖刻单注本,(此与《周礼》、《仪礼》同为徐氏刻本。)正德修补南宋附刻释音注疏十行本(正德,武宗年号)。闽监本,监本,汲古阁本,惠栋据不附释音宋刻正义校汲古阁本,卢文弨、孙志祖校汲古阁本,《七经孟子考文补遗》引宋板本释文,叶林宗影宋抄本,宋淳熙抚州公使库刻本(淳熙,孝宗年号)。《左传》则校以唐《石经》本,南宋刻《春秋集解》残本(十行,字数不一),北宋刻小字集解残本(十一行,二十三、四、五字不一),宋淳熙刻小字附释音本(十行十八字,注双行二十二字),岳珂单注本,宋刻纂图集解本(十行,行字数不一),宋庆元沈中宾刻《正义》本(八行,行十六字,注双行二十二字。庆元,宁宗年号),明正德修补宋刻注疏本(十行十七字,注双行二十三字),闽监本,监本,明吴士元、黄锦等重修监本,汲古阁本。《公羊》则校以唐《石经》本,惠栋过录何煌校宋注疏本,明正德修补宋监本,闽监本,监本,汲古阁本。《穀梁》则校以唐《石经》本,何焯校宋余仁仲刻单注残本,明章邱李中麓(名开先)藏影宋钞单疏残本,何煌校元刻注疏本,明刻十行本,闽监本,监本,汲古阁本。《尔雅》则校以唐《石经》本,明吴元恭仿宋刻单注本(八行十七字),元雪窗书院刻单注本(十行十九字,注双行二十六字),宋刻单疏本(十五行三十字),元刻注疏本(九行二十字),闽监本,监本,汲古阁本,惠栋校本,卢文弨校本,《释文》,叶林宗影宋钞本,卢文弨《释文》考证本。《论语》则校以汉《石经》残字,唐《石经》本,宋绍兴《石经》本,日本刻皇侃义疏本,陈鳣《论语古训》引高丽本,明修补宋刻注疏本(十行十七字),闽监本,监本,汲古阁本。《孝经》则校以唐《石经》本,石台石

刻本，宋熙宁石刻本，岳珂单注本，明正德修补元泰定刻注疏本（十行
十七字，注双行二十三字），闽监本，监本，汲古阁本。《孟子》则校以
宋高宗行书石刻本，何焯校录章邱李中麓藏北宋蜀刻大字单注本，何
焯校宋刘氏丹桂堂刻单注巾箱本，何焯校岳珂单注本，何焯校宋廖莹
中刻本，孔继涵刻附音义单注本，韩岱云本，宋刻注疏十行本，闽监
本，监本，汲古阁本，《七经孟子考文补遗》引古本，足利本（据《十三经
注疏校勘记》）。为校勘记，附于每卷之末，罗列诸家异同，使人读一
本，如遍读诸本。又恐读者不知此文之有异同也，故凡有异文者，于
字旁加墨围焉；有增有减者，于两字之间加墨围焉。其为读者计，固
甚周矣。然余读海宁陈鳣仲鱼《经籍跋文》一卷，凡二十篇，宋本《十
三经》、《四书》具备，独《毛诗注疏》为元本耳。所记字句与今本异同，
多有阮元《校勘记》所未见者，元校刻亦未竣事，而调抚河南。其子福
喜孙撰《雷塘盦弟子记》称："校书之人，不能如家大人在江西之细心。
其中错字甚多，有监本、毛本不错，而今反错者。《校勘记》去取亦不
尽善，故大人不以此刻本为善也。"特是彼善于此，卒未见有过之者。
广东、四川皆有繙本，而于诸墨围皆不刻，大失阮元之意。独光绪甲
辰（光绪，德宗年号）上海点石斋石印本，墨围俱在；密行细字，而幅之
广狭损半焉。

朱子《四书》，凡《大学章句》一卷，《论语集注》十卷，《孟子集注》
十四卷，《中庸章句》一卷，其中《大学中庸章句》有序，署淳熙己酉，而
淳熙己酉原板《四书》，江南相传仅二部：一藏汪士钟阆源之艺芸精
舍，一藏蒋培泽介青之寿松堂。而蒋氏所藏缺公孙丑二卷，于咸丰己
未（咸丰，清文宗年号）假常熟瞿氏铁琴铜剑楼本，得成完璧。铁琴铜
剑楼本，盖即汪氏所藏者。而蒋氏寿松堂，则为元刊宋本，由钱唐丁
丙松生之八千卷楼以入南京图书馆矣。中华书局《四部备要》则有据
吴县吴氏仿宋本校刊《四书》云。

（乙）史部　《四库提要》以《二十四史》为正史，冠列史部。其汇
刻行于世者：有明南北监之《二十一史》，有毛晋汲古之《十七史》，有

清武英殿之《二十四史》，有金陵、淮南、江苏、浙江、湖北五局傔配之二十四史。明南监本，多存宋监、元路学旧板，其无正德以后修补者，品不亚于宋元。北监校勘未精，讹舛弥甚，且多不知妄改，顾炎武《日知录》既详论之。汲古开雕，称"随遇宋版精本考校"，然讹脱不少，反多臆改。孙从添《藏书纪要》曰："毛氏汲古阁《十三经》、《十七史》，校对草率，错误甚多，不足贵也。"其为世最所通行者，莫如武英殿本。乾隆四年（乾隆，高宗年号）武英殿校刊《十三经》毕，乃援宋监"顾兹《三史》，继彼《六经》"之语，开雕全史，其目次为《史记》、《汉书》、《后汉书》、《三国志》、《晋书》、《宋书》、《南齐书》、《梁书》、《陈书》、《魏书》、《北齐书》、《周书》、《隋书》、《南史》、《北史》、《旧唐书》、《新唐书》、《五代史》、《宋史》、《辽史》、《金史》、《元史》，凡二十二史，中缝鱼尾上右方，题"乾隆四年校刊"，每卷皆有考证。《明史》雕成在先，中缝不记刊行年岁，亦无考证。乾隆三十七年，四库馆开，从《永乐大典》中辑得薛居正《五代史》，四十七年校毕投进，四十九年镂板，首列多罗质郡王等表文。钦定《四库全书》以此列入正史，与《二十二史》、《明史》，合为二十四史。道光十七年（道光，宣宗年号），武英殿重修并刻《辽》、《金》、《元》三史附《国语解》。同治十三年（同治，穆宗年号），成都书院重刻武英殿《史记》、《汉书》、《后汉书》、《三国志》、《五代史》。至于金陵、江苏、淮南、浙江、湖北五书局合刻《二十四史》，其中金陵书局刻《史记》（仅刻《集解》，无《索隐》、《正义》）、《汉书》、《后汉书》、《三国志》、《晋书》、《宋书》、《南齐书》、《梁书》、《陈书》、《魏书》、《北齐书》、《周书》、《南史》、《北史》，淮南书局刻《隋书》（每卷各附考异），浙江书局刻《新唐书》，湖北书局刻《新五代史》，皆依汲古阁本。浙江书局刻《旧唐书》，则依江都岑氏惧盈斋本。而依武英殿本者，仅湖北书局刻《旧五代史》、《明史》，浙江书局刻《宋史》，江苏书局刻《辽》、《金》、《元》三史（《辽》、《金》、《元》三史，依道光十七年武英殿刊附钦定《辽金元三史国语解》四十六卷，厉鹗《辽史拾遗》二十四卷，杨复吉《拾遗补》五卷，钱大昕《元史氏族表》三卷，《补元史艺文志》四卷)六书而已。光绪间,泰西石印法初传至中国时,粤之徐氏创同文书局,印精本书籍;最著名者为覆印武英殿《二十四史》,皆全张付印。徒以所得非初印本,字迹漫漶,乃延人描使明显,便于付印;又书手非通人,遇字不可解者,辄改以臆,讹谬百出。尤可笑者,自明所据乾隆四年本,而不知四年所刻,固无《旧五代史》,又未见乾隆四十九年殿本,辄依殿板行款,别写一通板心,亦题乾隆四年,书估无识,有如此者。然世乃以其字迹清朗,称为佳本。竹简斋印《二十四史》,遂用同文书局本,故错字一仍其旧;而以合两行为一行,有错行者,有应另行而图省纸,与前行并为一者;至诸表则强以次叶附于前叶之下,乖舛不可究诘。钱唐汪康年穰卿《雅言集》论之甚详。独涵芬楼《四部丛刊》景印,为得武英殿本之真。然武英殿刻虽号精审,而天禄琳琅之珍秘,内阁大库之丛残(现入北平图书馆),史部美不胜收,当日均未及搜讨;仅仅两《汉》、《三国》、《晋》、《隋》五史,依据宋元旧刻,馀则惟有明两监之是赖。迁史《集解》《正义》多所芟节,《四库提要》罗列数十条,谓皆殿本所逸;若非震泽王本具存,无由知其妄删,然何以不加辑补?琅邪章怀《两汉》旧注,殿本脱漏数字乃至数百字不等。宋嘉祐时,校刊七史(嘉祐,仁宗年号),奉命诸臣刘恕、曾巩、王安国等,皆绩学之士,篇末所疏疑义,备极审慎,殿本留贻,不逮其半;实则淳化、景祐之古本,绍兴眉山之复刻(淳化,太宗年号;景祐,仁宗年号;绍兴,高宗年号),尚存天壤,何以不亟探求,任其散佚?是则检稽之略也。《后汉续志》别于《范书》,殿本既信为司马彪所撰,而卷首又称刘昭补志;且并为百二十卷,厕《八志》于纪传之间。《国志》鼎立,分卷各殊,殿本既综为六十五卷,而三志卷数,又仍各为起讫。其他大题、小题之尽废旧式者,更无论矣,是则修订之歧也。薛氏《五代史》,辑自《永乐大典》及其他各书,卷数具载原稿,乃锓板之时,悉予刊落;后人欲考其由来,辄苦无从循溯。又诸史均附考证,而《明史》独否;虽乾隆四十二年,有考核添修之诏;而进呈正本,迄未刊布。且纪、志、表之百十六卷,犹从盖阙。是则纂辑之疏也。蜀臣关羽,传自陈寿,忽于千数百年后，强代秉笔，追谥"忠义"。《薛史》指斥契丹，如戎主、戎首、犷狁、贼寇、伪命、犯阙、编发、犬羊等语，何嫌何疑，概为改避？又明修《元史》，洪武二年（洪武，太祖年号），先成《本纪》三十七，《志》五十三，《表》六，《传》六十三，《目录》二。翌年，续成《纪》十，《志》五，《表》二，《传》三十又六，厘分附丽，共成二百一十卷；一见于李善长之表，再见于宋濂之记。殿本则取先后成书之数，并为一谈，李《表》既非原文，宋《记》复失存录，是则删窜之误也。《南齐》巴州之志，桂阳、始兴二王之传，蜀刻大字，曾无阙文，果肯访求，何难拾补？然此犹可曰"孤本罕见"也。宋孝宗之纪，田况之传，至正初刊，均未残佚（至正，元顺帝年号），而何以一则窜合二字，充以他叶；一则脱去全叶，文理不贯？然此犹可曰"初版难求"也。《金史·礼仪志》、《太宗诸子传》，初印凡阙二叶，嗣已出内府藏本校补矣，而后出之本，一乃补自他书，一仍空留素纸；其他少则一二句，多至数行、数十行，脱简遗文，指不胜屈。犹不止此，阙文之外，更有复叶，如《宋史》卷三十五之《孝宗纪》，《元史》卷三十六之《文宗纪》是。复叶之外，更有错简，如《元史》卷五十三之《历志》是。此则当日校刻诸臣，不能辞其粗忽者也！海盐张元济菊生每有慨乎言之，乃从事搜辑精刻。如宋庆元建安黄善夫刊本《史记》，宋景祐刊本《汉书》，宋绍兴刊本《后汉书》，宋绍熙刊本《三国志》，宋绍兴重刊北宋本《晋书》，宋蜀大字本配元明递修本《宋书》、《梁书》、《魏书》、《北齐书》，宋蜀大字本《南齐书》、《陈书》、《周书》，元大德刊本《隋书》、《南史》、《北史》，宋绍兴刊本，配明嘉靖本《旧唐书》，宋嘉祐刊本《唐书》，吴兴刘氏刊原辑《大典》本，《旧五代史》，宋庆元刊本《五代史记》，元至正刊本《宋史》、《辽史》、《金史》，明洪武刊本《元史》，而配之于清乾隆殿本《明史》，为《百衲本二十四史》，付涵芬楼用摄影复印行世，缩损版式，冀便巾箱。其中所得宋本十有五种，元本六种，明本一种，以校殿本，有正文多出数叶者，有史注多出数十条者，其馀订讹补阙不胜枚举，洵足以补殿本之罅漏，而为乙部空前之秘笈矣。名之曰"百衲本"者，始见嘉定王鸣盛西庄《十七史商榷》载："有某氏者，自夸集诸宋版《史记》，共成一书，凡一百三十卷，小大长短咸备，因李沂公取桐丝精者杂缀为一琴，名'百衲琴'，故亦戏名此为《百衲史记》。"涵芬楼盖有影宋《百衲本史记》，影宋《百衲本资治通鉴》云。

司马光《资治通鉴》，以嘉庆间鄱阳胡克家果泉刻胡三省注为通行。而胡克家刻，则缮元兴文署刊本。莫友芝《宋元旧本书经眼录》载："元兴文署刊本《资治通鉴》胡三省注二百九十四卷，装九十六册；刻字体多波折，四边线极粗。嘉庆间，鄱阳仿刻，亦称善本，而未能毕似也。明正嘉以来，是版归南监，递有修补。此本则元末版未漫漶时印。"盖明以来刻《通鉴》祖本也。明南监本出于此，胡克家刻出于此。而胡克家之刻，其校雠属之元和顾千里涧薲。千里《思适斋集》有《通鉴刊误补正序》，有《书元版胡三省注通鉴第八十卷后》，于兴文署刊亦有微词。其《通鉴刊误补正序》曰："前鄱阳胡果泉中丞缮雕梅磵注《通鉴》（胡三省字梅磵）。史家此书空前绝后，然有三误：温公就长编笔削，不复一一对勘元文，遂或失于检照。是其一也。梅磵虽熟乙部，间有望文生义，乃违本事。是其二也。今所据兴文署本，并非梅磵亲所开刊，故于正文，有未审温公之指而错者；于注，有未识梅磵之意而舛者。是其三也。当各纂为一书，博择众说，且下己意。夫知前之二误，非遍究《十七史》而兼以旁通不办。知后之一误，必又资于兴文以上旧本。"而《书元版胡三省注通鉴第八十卷后》，则举《通鉴》晋咸宁五年"禹分九州"一事，以证兴文署刊之有脱讹，胡三省《注》之当辨正。而兴文以上旧本之无胡三省注者，则有涵芬楼《四部丛刊》景宋绍兴重刊元祐杭州本焉（元祐，哲宗年号）。

（丙）子部　周秦诸子自名家学，汇刊始盛明之嘉靖、万历。而校雠极盛清之乾隆、嘉庆，有如余姚卢文弨抱经之校刻《荀子》二十卷，贾谊《新书》十卷，董子《繁露》十七卷，蔡邕《独断》二卷，《颜氏家训》注七卷；镇洋毕沅秋帆之校刻《山海经》十八卷，《墨子》十五卷，目录一卷，《吕氏春秋》高诱注二十六卷；阳湖孙星衍渊如之校刻《六韬》六卷,《晏子春秋》七卷,《孔子集语》十七卷,《孙子》魏武帝注二卷,《孙子十家注》十三卷,《吴子》一卷,《燕丹子》三卷,《盐铁论》十卷,《抱朴子内外篇》八卷;全椒吴鼒山尊之校刻《韩非子》附顾广圻《识误》二十卷;江都秦恩复敦夫之校刻《列子》卢重元注八卷,《鬼谷子》陶弘景注一卷,《法言》李轨注十三卷;嘉善谢墉金圃之校刻《荀子》杨倞注二十卷;武进庄逵吉伯鸿之校刻《淮南子》高诱注二十一卷;西吴严万里叔卿之校刻《商君书》五卷;萧山汪继培之辑注《尸子》二卷,笺《潜夫论》十卷,咸称善本。其汇刻行于世者,则有缮刻明嘉靖癸巳顾春世德堂大字本之《六子全书》(《老子》二卷,河上公章句;《庄子》十卷,晋郭象注、唐陆德明音义;《列子》八卷,晋张湛注;《荀子》二十卷,唐杨倞注;《扬子法言》十卷,宋司马光集注;《文中子》十卷,宋阮逸注)。有明万历戊午常熟赵用贤之《管韩合刻》。有清嘉庆丁卯苏州书坊汇刻之《十子全书》。有同治间湖北崇文书局汇刻之《百子全书》。有浙江书局汇刻之《二十二子》。世德堂素称佳刻,然未若浙江书局汇刻《二十二子》之出清儒雠校本。先是同治十三年甲戌之秋,浙江书局欲刻诸子,购得《十子全书》一部,而德清俞樾曲园在苏州从坊间假得观之,乃嘉庆甲子重镌本也。《十子》者,《老》、《庄》、《荀》、《列》、《管》、《韩》、《淮南》、《扬子》、《文中》、《鹖冠》也;首刻康熙十六年张芳序,则为《庄子》而作,不知何以取冠全书? 又刻嘉庆丁卯黄丕烈序,则为王子兴刻《九子》而作;《九子》者,《荀》、《扬》、《文中》、《老》、《列》、《庄》、《鹖冠》、《管子》、《淮南》也;视《十子》少《韩非子》,不知何以并为一谈也?《十子全书》,本非佳刻;其中惟《荀子》用谢墉本,《淮南子》用庄逵吉本,尚不乖大雅。而重镌本又坊间逐利杂凑而成,体例不一。樾谓未可据依,因诒书力争于浙江巡抚杨昌濬。《春在堂随笔》详载之。然仁和谭献《复堂日记》则称:"浙江书局刻诸子:《荀子》,谢墉、卢文弨本。《董》、《贾》皆卢本。《法言》,秦恩复本。《中说》,明世德堂本。《老子》,会稽章氏原本校聚珍官本。《文子》,聚珍本。《管子》,明赵用贤本。《孙子》,孙星衍十家注本。《商君书》,湖州严万里本。《韩非》,吴鼒、顾广圻本。《墨子》,毕沅、孙星衍本。《吕氏春秋》,毕沅本。《淮南》,庄逵吉本。《尸子》,汪继培辑本。《晏子春秋》,孙星衍本。《列子》、《庄子》,皆世德堂本。"凡十八子,荟萃名刻,岂曰徒然;与《春在堂随笔》不同,岂俞樾一书之力耶?惟浙刻今《二十二子》中《老子》署据华亭张氏本校刻,似与谭记《老子》会稽章氏原本校聚珍官本者不同;然华亭张氏本者,盖聚珍官本之所自出。浙刻《老子》,名为据华亭张氏本,实据浙江聚珍本;观其附识称遵聚珍本校,及"玄"皆避清讳作"元",可见也。至谭氏之所未记者:《黄帝内经》,明武陵顾氏景宋嘉祐本。《山海经》,毕沅本。《竹书纪年》,徐文靖本。《孔子集语》,孙星衍辑本。合《谭记》十八子称《二十二子》。谭记又称:"欲广之《韩诗外传》,赵怀玉本;《吴子》,孙星衍本;《盐铁论》,汪继培本;《新论》,孙冯翼辑本;《潜夫》,汪继培本;《抱朴子》,孙星衍、严可均本;《说苑》、《新序》、《傅子》、《正论》、《申鉴》未见善本;以上皆《群书治要》所收。又欲广以《太玄》,万玉堂本(《天禄琳琅后编》著录误入宋版,实明刻也);《论衡》足本,闽中周季贶藏;《文心雕龙》,黄叔琳本,顾广圻校;《金楼子》,鲍氏知不足斋丛书本;刘子无善本;《风俗通义》,有钱校本。如此则唐以前成家著述备矣。以许迈孙所藏足本《意林》续之,岂非艺林盛事!"此则谭氏之所欲广,而浙刻之未及备矣。浙刻《二十二子》,卷端多署据某本刻;而湖北崇文书局刻《百子全书》,则不著何据。然就谭献校读而著之日记,亦有可考见者:《孔子家语》,宋薛据本。《孔丛子》,明书帕本,《尔雅》、《孔臧赋》、《连丛》皆删去。而《荀子》则胜卢校所摘俗本;盖颇杂用宋元本,又多依注改定。《邓析子》,江山刘履芬彦清得宋本景写付刻,谭氏为撰校文;瑞安孙诒让仲容又撰《拾遗》,大都据《意林》、《绎史》及旧钞本;而鄂刻则与谭、孙所见钞本合云。《尸子》,孙星衍本。《韩非》,赵用贤本,后数卷中有意改数处,故与浙刻吴鼒《韩非》后顾广圻《识误》所云今本不全合。《太玄》,五柳居陶氏刻《司马公集注》影宋本。《墨子》,毕沅本,而中有依高邮王念孙石臞《读书杂志》刊正者。《鬼谷子》,似出

《道藏》本，脱误至数十百处。（博尝以正统藏本、秦刻、鄂刻《鬼谷》三本互校，其中颇有一二处鄂刻胜者。）《鹖冠子》出《十子书录》朱养纯评本。《金楼子》出鲍氏知不足斋丛书本。《白虎通》，据何允中本。《牟子》，孙星衍本。《山海经》与郝懿行《笺疏》所据藏本不同，往往合于《艺文类聚》所引；鄂刻补遗，郝本仅有五则，参差互异，未详鄂本所出。《列子》同明人仿宋刻。《庄子》校世德堂本多合，无注，附杨慎《庄子阙误》；杨氏所见旧本，颇有可取。凡十六种。而亦有与浙刻合者，如《墨子》之用毕沅，《庄子》之用世德堂是也，惟浙刻连注，而鄂刻去注耳。鄂刻不称佳本，而浙刻颇有名。然《谭记》又称浙刻毕沅本《山海经注》二卷，不知何人校，卷四坏失二十字，又有跳行误连上文者，（不在刻本，见吾友徐夷吾薇生《复堂日记补录》稿本。）则亦不免乖剌。然底本佳，终是可据。

（丁）集部　文集猥众，难以遍纪，于是总集尚焉。一则网罗放佚，使零章残什，并有所归；一则删汰繁芜，使莠稗咸除，菁华毕出。是固文章之衡鉴，著作之渊薮也！自魏文帝始集陈、徐、应、刘之文，自是以后，渐有总集。传于今者，《文选》最古矣。梁昭明太子萧统撰，唐文林郎、守太子右内率府录事参军、事崇贤馆直学士江都李善为之注。《新唐书·李邕传》称："其父善始注《文选》，释事而忘义，书成以问邕，意欲有所更。善因令补益，邕乃附事见义，故两书并行。"今本事义兼释，似为邕所改定。然考李匡乂《资暇集》曰："李氏《文选》有初注成者，有复注者，有三注、四注者，当时旋被传写。其绝笔之本，皆释音训义，注解甚多。"匡乂唐人，时代相近，其言当必有征。是善之定本，本事义兼释，不由于邕。《旧唐书·儒学传》载李善受曹宪《文选》之学，号为精审。至开元六年，工部侍郎吕延祚复集衢州常山县尉吕延济，都水使者刘承祖之子良、处士张诜、吕向、李周翰五人共为之注，表进于朝。其诋善之短，则曰："忽发章句，是征载籍，述作之由，何尝措翰？使复精核注引，则陷于末学；质访旨趣，则巍然旧文。只谓搅心，胡为析理！"其述五臣之长，则曰："相与三复乃词，周知秘旨；一贯于理，杳测澄怀。目无全文，心无留意，作者为志，森然可观。"观其所言，颇欲排突前人，高自位置。然李匡乂《资暇集》备摘其窃据善注，巧为颠倒，条分缕析，言之甚详。又姚宽《西溪丛语》诋其注扬雄《解嘲》，不知伯夷、太公为二老，反驳善注之误。王楙《野客丛书》，诋其误叙王暕世系，以览后为祥后，以昙首之曾孙为昙首之子，则不如善注，久有定论。其书本与善注别行，故《唐志》各著录，黄伯思《东观馀论》，尚讥《崇文总目》误以五臣注本置李善注本之前；至陈振孙《书录解题》，始有《六臣文选》之目。盖南宋以来，偶与善注合刻，取便参证；元明至今，遂辗转相沿，并为一集。其行世者：六臣注，有明吴郡袁褧仿宋裴氏本；李善单注，有胡克家仿宋尤丞相本，可作虎贲中郎，咸称佳刻。袁褧刻，南京图书馆有藏本；而涵芬楼《四部丛刊》又有景宋刊《六臣注文选》六十卷。胡克家刻，有湖北崇文书局翻本，有广州翻本。宋版书自来为人珍贵者：一、《两汉书》，一、《文选》，一、《杜诗》，皆元赵文敏松雪斋故物。《两汉书》，尝为明太仓王世贞元美家藏，而于乾隆时进入内府者。《文选》亦在内府，二十三卷，后有赵文敏小行楷书跋云："霜月如雪，夜读阮嗣宗《咏怀诗》，九咽皆作清冷气。而是书玉楮银钩，若与镫月相映，助我清吟之兴不浅！至正二年仲冬三日夜，子昂识。"亦有王世贞跋云："余所见宋本《文选》，亡虑数种。此本缮刻极精，纸用澄心堂，墨用奚氏，旧为赵承旨所宝。往见于同年生朱太史家，云得之徐太宰所，几欲夺之，义不可而止。"又有万历甲戌人日王穉登书云："此本纸墨锓摹，出良工之手；政与琅琊长公所藏《汉书》绝相类。《汉书》有赵魏公小像，此书有公手书，流传至今，仅三百年，而卷帙宛然。今归朱司成象玄，出示谛赏。此本视《汉书》，亦犹蜀得其龙，吴得其虎矣！"又董其昌跋云："颜真卿书《送刘太冲序》后，有'宋四家书派，皆宗鲁公'之语，则知北宋人学书，竞习颜体，故摹刻者以此相尚；其镌手于整齐之中，寓流动之致，洵能不负佳书。至于纸质如玉，墨光如漆，无不各臻其妙。在北宋刊印中，亦为上品。"乾隆御题云："此书董其昌所称与《汉书》、《杜诗》鼎足海内者也。纸润如玉,南唐澄心堂法也,字迹精妙,北宋人笔意。《汉书》现在大内,与为连璧;不知《杜诗》落何处矣!"《天禄琳琅目》载宋版书甚多,而御题云:"若此者亦不多得。"嘉庆二年,武英殿灾,与《汉书》同归一烬,神物久归天上矣!

清自桐城方苞望溪以义法为古文,其邑人刘大櫆耕南继之。而姚鼐姬传私淑于大櫆,又以所闻授门人上元梅曾亮伯言、管同异之及兴县康绍镛兰皋、江宁吴启昌佑之,为《古文辞类纂》,为十三类,曰:论辨、序跋、奏议、书说、赠序、诏令、传状、碑志、杂记、箴铭、赞颂、词赋、哀祭,每类自为之说,分隶简首,自明去取之意甚当;而于先秦、两汉自唐宋诸家以迄于清,究极端委,综核正变。其书有嘉庆末康绍镛刻七十四卷(每卷末有"合河康氏刻梓家塾"长方印),有道光五年吴启昌原刻本(每卷有"金陵吴氏佑之校刊"长方印),有光绪辛丑滁州李承渊求要堂校刊本。而据李承渊校刊后序称:"姚氏命名《古文辞类纂》,'纂'字本《汉书·艺文志》序《论语》云:'门人相与辑而论纂,故谓之《论语》。'颜师古注'纂,与撰同。'康氏不明纂字所由来,误刊为《古文辞类纂》。至今《古文辞类纂》之名大著,鲜有知为纂字本义者已!其它通行本题作纂者,皆承康刻之误也!"吴氏刻后来居上,而胜康刻者有数端:书中姚氏加案及引他人之评语,吴刻皆双行小注,附于篇末,当为原本如是。而康刻则一律晋为大字,列诸每篇文题之后。惟卷二柳子厚《桐叶封弟辩》,姚氏引姜坞先生云云,仍作双行小注,附于篇末,当即康氏所窜改未尽者。此其一。吴刻七十五卷,系足本,康刻阙一卷。此其二。康刻据乾隆中叶姚氏主讲扬州梅花书院订本,而吴刻则据姚氏晚年主讲钟山书院所授本,所有姚氏晚年评语,康刻皆无之。此其三。康刻多讹字夺句,往往有文理扞格不通之处;检吴刻可以校正其误。此其四。综此数端,其于康刻,实有雅、郑之别。惜板存金陵,毁于洪、杨,传本甚稀,不易多觏也。迄光绪之世,滁州李氏好姚纂,参据康、吴两刻,而见《史记》、前后《汉书》、《文选》及司马光《资治通鉴》,宋元以后、康熙以前各家专集旧椠,有关姚氏纂录之文,随时校勘字句,用朱墨笔注上下方。其圈点则自姚氏少子曰雉藏本转录者也。既博考群书,正其句读,矻矻二十年,勒为定本,殆视康、吴两刻弥为后来居上矣。挽近以来,又有张刚校刻之吴挚甫先生手辑五色评点姚选古文真本,徐树铮辑刊之诸家评点本,类皆辑集诸家批点,旁考诸集评识,标于眉间,颇便学者,则又于康、吴、李三刻之外,别成一家已。

(戊)类书 类事之书,兼收四部,而非经非史,非子非集,四部之内,乃无类可归。《皇览》始于魏文;晋荀勖《中经簿》分隶何门,今无所考。《隋书·经籍志》始隶子部。不知古人之所以自命一子者,以其旨无旁出,而各有立言之宗也。至类书之辑,不过以广搜采,备检考;其书有经有史,其文或墨或儒,博涉而无所宗;抄撮前人典籍,岂所语于立言而可擅名家哉!然古籍散亡,十不存一;遗文旧事,往往托以得存。《艺文类聚》、《初学记》、《太平御览》诸书,残珪断璧,摭拾不穷。阮元谓:"《太平御览》一书,成于太平兴国八年(太平兴国,太宗年号)。北宋初,古籍未亡,其所引秦汉以来之书,多至一千六百九十余种。考其书传于今者,十不存二三焉。然则存《御览》一书,即存秦汉以来佚书千余种矣!"(见《揅经室三集·重刻宋本〈太平御览〉叙》)此为《太平御览》言之,然而不仅为《太平御览》言之。《艺文类聚》一百卷,唐欧阳询撰。其书比类相从,事居于前,文列于后,览者易为检,作者资其用;诸类书中,体例最善。至清末有刊本。北平图书馆藏有一部明嘉靖戊子胡缵宗刊本,后有长洲陆采子玄跋称:"是书之刊,可泉胡公实主之,始于丁亥之秋孟,迄于今岁之秋仲,凡岁有一月而成;费缗钱四百千有奇,而校雠供馈之劳,不知凡几,其成亦云难矣。继公政者,爱民惜费,欲杜往来之求也,命余焚之。余不忍,仅剹其半,以示存羊之意,庶几他日可补而竟,以副胡公博雅好古之志云。是书也,其印止二百本,览者其毋忽诸!"同治间为谭献所得,借闽中陈征芝兰邻带经堂冯已苍、钱求赤校本过录其上,罕书也。《初学记》三十卷,唐徐坚等奉敕纂。经史文章之要,以类相从,其例前为叙事,次为事对,末为诗文;其叙事虽杂取群书,而次第若相连属,与他类书独殊。所见者明刻四本:有锡山安国桂坡馆嘉靖甲午刻宋绍兴本,有晋府重刊安国桂坡馆嘉靖甲午本,皆南京图书馆所藏也。有项氏印徐守铭宁寿堂万历丁亥刻本,则北平图书馆所藏也。陈大科校刊本,则坊间时有之,而清又有内府刻古香斋袖珍本。独以安国桂坡馆刻为最著名。嘉庆间乌程严可均景文得宋本,以校徐守铭刻而书其后曰:"《初学记》今世行本,仅明安国民泰所校刊者为稍旧。安国得宋版大字本,多阙叶,倩馆客郭禾采他书补足,而通部亦改窜删补,非宋旧也。其陈大科、徐守铭等本,皆祖安国,复加改窜。别有古香斋巾箱本,未知所祖,嘉庆初,王兰泉少寇得宋版大字本。丙寅春,孙渊翁借以示余。余案头有徐本,取与对勘。开卷见《刘序》'刑名度数',宋本'刑'作'形','形名'犹言'名物',改便失之,因竭四十日力,得互异字累万,用丹笔悉注于徐本之旁。宋有而徐无者,注于上方。宋无而徐有者フレ之。卷十七,宋阙第二十叶,验行数、字数,知安国所据本不阙。卷二十五、二十六、二十八、二十九、三十,凡二十二叶,宋与徐绝异:皆安国所据本之阙叶,而郭禾补足者也;不能对勘,别写之,夹置之各卷中。审知此书自唐开元而北宋,展转胥钞,到绍兴四年始镂板。胜处固多,误亦不少,然往往即误处可得胜处,故宋本可宝也。"(见《铁桥漫稿书初学记校宋本后》)其后可均校本为嘉兴沈曾植子培所得,秘为鸿宝。长沙叶德辉奂彬与缪荃孙皆向借校,靳勿许也。又劝其假之有力者刊行,亦勿应。德辉戏为荃孙言:"古人著述,遇此辈人收藏,真可云冤沉海底,永无见天之一日矣!"曾植既殁,其书流出北平厂肆,索饼银五百元。长沙易培基寅邨假之,尽二十日之力,过录一部,复审再三,自谓于原校无毫发之恨也(见叶德辉《易氏过录严校宋本初学记跋》)。《太平御览》一千卷,宋李昉等奉敕撰,凡分五十五门,引用书一千六百九十种,征引至为浩博,于类书中最为巨帙。向行钞本,明以来始有刻,而万历元年无锡黄正色刻本最著。然阮元《重刻宋本太平御览叙》谓:"吴门黄荛圃主事有刊本三百六十六卷，乃前明文渊阁宋刻残本；又五百二十卷，亦依宋镌所抄；其余缺卷，并从各家旧钞过录。予取黄正色本属友人密加誊校，知黄本颠倒脱落，至不可读，与明活字板相似；其偏旁之讹，更无论矣。且又妄据其时流传经籍，凭臆擅改，不知古书文义深奥，与后世判然不同；浅学者见为误而改之，不知所改者反误矣！"其后有鲍渌钦校刊宋小字本，有张氏所刻大字本，咸胜黄正色本。而北平图书馆则藏明蓝格钞本《太平御览》一千卷，有日本人印云。世所传宋以前类书，可考见古籍佚文者，仅此《艺文类聚》、《初学记》及《御览》三书而已。

综右所陈，书在必读，本取可得，或径取之坊肆，或旁求之图书馆，譬按图而索骥，将有裨于末学乎！述《读本第三》。

馀 记 第 四

自镂版兴，于是兼言版本。其例创于吾锡尤文简公袤《遂初堂书目》。目中所录，一书多至数本，有成都石经本、秘阁本、旧监本、京本、江西本、吉州本、杭本、旧杭本、严州本、越州本、湖北本、川本、川大字本、川小字本、高丽本；此类书，以正经正史为多，大约皆州郡公使库本。而岳珂刻《九经三传》，其《沿革例》称："自监、蜀、京、杭而下，有建余仁仲，兴国于氏二本，皆分句读，称为善本。"知辨别版本，自南宋已然。而宋本书，特表而出之，则始自常熟毛扆斧季《汲古阁珍藏秘本书目》，注有"宋本"、"元本"、"影宋"、"校宋"本等字。其后同县钱曾遵王《述古堂书目》，泰兴季振宜《季沧苇书目》，卷首均别为宋版书目。明高濂《燕闲清赏笺》论藏书，以为："宋书纸坚刻软，用墨稀薄，虽着水经燥无湮迹，开卷一种书香，自生异味。元刻仿宋，纸松刻硬，用墨秽浊，开卷了无臭味。又若宋版遗在元印，或元补欠缺，时人执为宋刻。元版遗至国初补欠，人亦执为元刻。然而以元补宋，其去犹未易辨。以国初补元，内有单边、双边之异，且字刻迥然别矣。"盖宋版在所珍，而元明不为罕也。然宋版既罕，元刻亦珍。至于乾嘉之际，吴县黄丕烈荛圃自号"佞宋主人"，藏宋版书百余种，学士顾莼为之颜其室曰"百宋一廛"。元和顾广圻千里为之赋，而丕烈自疏所藏以作注。海昌吴骞兔床亦富藏书，拟作"千元十驾"以敌之，意盖欲广购元椠佳本，取荀子驽马十驾之意，颜所居曰"千元十驾"，占长句戏丕烈。丕烈既老而贫，乃以所藏归之同郡汪士钟阆源艺芸精舍。汪氏不能守其有，往往为聊城杨端勤公以增所得，构海源阁藏之，别辟一室曰"宋存"；而以元本校本、钞本附焉；盖多士礼居印记矣。归安陆心源存斋有宋版书二百部,其中士礼居藏书亦不少,故自颜其居曰"皕宋楼"。及陆氏败,所有皕宋楼书,尽以售之日本人岩崎某,载归贮之静嘉堂文库。而百宋一廛旧籍,乃有流落海外者矣。然陆氏自夸皕宋以傲丕烈之百宋一廛,而细核所记,有明仿宋本,有明初刻似宋本,有误元刻为辽金本,有宋版明南监印本,存真去伪,合计不过十之二三,尚不足丕烈之百宋也!杭州孙凤钧铨伯藏有宋刊单行本《魏志》,抚州本《公羊》,皆世间绝无之本,虽少而精;簿录之学,一时无比。人呼为"宋版孙"。宋元旧刻日稀,而文苑、儒林、佞宋、秘宋之风,遂成一时佳话矣。

　　明嘉靖时,吾锡华夏中父好藏书,图记曰"真赏斋印",扁式,茶陵李东阳西涯八分书,以米元章有"平生真赏"印也。鄞县丰坊道生铺张所藏而为《真赏斋赋》,盖顾广圻《百宋一廛赋》之所自脱胎。惟顾《赋》扬厉百宋;而道生则不限宋元版书。其涉及宋元版书者,有曰:"暨乎刘氏《史通》、《玉台新咏》(上有"建业文房"之印),则南唐之初梓也。聂崇义《三礼图》,俞言等《五经图说》,乃北宋之精帙也。荀悦《前汉纪》,袁宏《后汉纪》(绍兴间刻本,汝阴王铚序),嘉史久遗。许嵩《建康录》,陆游《南唐书》,载纪攸罕。宋批《五礼》,五采如新。古注《九经》,南篱多阙。苏子容《仪象法要》,亟称于诸子。张彦远《名画记》,鉴收于子昂。相台岳氏《左传》,建安黄善夫《史记》,六臣注《文选》,郭知达《集注杜工部诗》(共九家,曾噩校),曾南丰序次《李翰林集》(三十卷),五百家注《韩柳文》(在朱子前),《刘宾客集》(共四十卷,内外集十卷),《白氏长庆集》(七十一卷),《欧阳家藏集》(删繁补缺八十卷,最为真完),《三苏全集》,《王临川集》(世所传只一百卷,唯此本一百六十卷),《管子》,《韩非》,《三国志》(大字本淳熙乙巳刊于漳州转运使公帑),《鲍参军集》(十卷),《花间集》(纸墨精好),《云溪友议》(十二卷),《诗话总龟》(百卷,阮阅编),《经钼堂杂志》(八卷,灵川倪思),《金石略》(郑樵著,笪氏藏),《宝晋山林拾遗》(八卷,孙米宪刻),《东观馀论》(宋刻初印,卷帙甚备,世所罕见),《唐名画录》(朱景玄),《五代名画补》(刘道醇纂),《宋名画评》,《兰亭考》(十二卷,桑世昌),皆传自宋元,远有端绪。"即以宋元版书而论,可谓夥颐沈沈者矣!何减于百宋一廛哉!

百宋一廛藏有建溪三峰蔡梦弼傅卿家塾,乾道七年刻《史记》(乾道,宋孝宗年号),有《索隐》而无《正义》。而嘉定钱大昕辛楣《十驾斋养新录·论史记宋元本》曰:"予所见《史记》宋椠本,吴门顾抱冲所藏澄江耿秉刊于广德郡斋者,纸墨最精善。此淳熙辛丑官本也(淳熙,亦孝宗年号,为乾道改元)。黄荛圃所藏三山蔡梦弼刊本,亦在淳熙间(淳熙,想系乾道之误)。海宁吴槎客所藏元中统刊本(中统,元世祖年号。中统元年,当宋理宗景定元年),计其时在南宋之季。此三本,皆有《索隐》而无《正义》。明嘉靖四年,金台汪谅刻莆田柯维熊校本,始合《索隐》、《正义》为一书;前有费懋中序称:'陕西翻宋本,无《正义》,江西白鹿本有《正义》。'是柯本出于白鹿本矣。同时震泽王氏亦有缮宋本,大约与柯本不异。(嘉兴钱泰吉警石《甘泉乡人稿·五校史记杂志》一则云:"小题在上,大题在下。柯、王两本皆然。然柯本大题旁注不若王本,并作大字,尤为近古。"又云:"柯本《索隐序》后有'绍兴三年四月十二日右修职郎充提举茶盐司干办公事石公宪发刊至四年十月二十日毕工'三十八字,凡三行,始知柯本从绍兴本缮刻也。")《史记索隐》、《正义》,皆各自为书,不与本书比附。宋南渡后,始有合《索隐》於《史记》者,创自蜀本;继有桐川、三山两本,皆在淳熙以前。其时《正义》犹单行也。白鹿本未审刻于何年?以意揆之,必在淳熙以后。盖以《索隐》为主而《正义》辅之,凡《正义》之文与《索隐》同者,悉从删汰,自是《正义》无单行本,而守节之元本,不可考矣。"此可以考《史记》刊本之沿革。海昌吴寿旸虞臣《拜经楼藏书题跋记》载:宋本《前汉书·列传》十四卷,每叶十六行,行十六字;首行大名在下,小名在上;次行题"汉护军班固撰";三行署"唐正议大夫、行秘书少监、琅琊县开国子颜师古集注";并与监本不同。卷末书"右将监本、杭本、越本及三刘、宋祁诸本参校;其有异同,并附于古注之下"。后记正文注文字数。东里卢抱经学士跋:"汲古所梓《汉书》,当是据北宋本,此疑是南宋本,误字亦少。汪文盛本,殆亦从此本出。"(福建汪文盛嘉靖己酉刻《前汉书》一百二十卷,《后汉书》一百二十二卷,见钱大昕竹汀《日记抄》、《丁丙善本书室藏书志》。)而独山莫友芝子偲《宋元旧本书经眼录》有《题湘乡曾氏藏金元间刊本汉书》云:"宋冑监《汉书》始淳化五年孙何、张佖等校本(淳化,宋太宗年号),次景德二年刁衎、晁迥等复校本(景德,真宗年号),次景祐二年余靖、王洙重校定本(景祐,仁宗年号),次熙宁二年刊进嘉祐中陈绎重校、欧阳修看详本(嘉祐,仁宗年号;熙宁,神宗年号),次宣和六年重修本(宣和,徽宗年号),次绍兴二十一年重刊本(绍兴,高宗年号)。今惟景祐、绍兴二本,尚著录于旧藏家;大率每叶二十行,行大字十九,注字二十五至二十七八不等。此本行字悉同。其《列传》第二十九之后九叶,及他卷阙一二叶者,悉影乾道三年刊本补之,其行字亦同。大抵皆出景祐、绍兴二本。乾道本版心,下端有乾道三年隶书白文五字,其写刻人名,悉此本中所有;愈知景祐、绍兴为同祖。惟按宋以后,刊《汉书》有元大德九年太平路本(大德,成宗年号),此本本纪第三一叶,版心有'大德八年补刊'六字,则当为大德以前刊。且北宋讳避阙至钦宗之'桓',南宋讳自'构'、'慎'皆不阙,知非南宋乾道庆元及川、吉、越、湖北诸本(庆元,宁宗年号)。然审其字体版式,已是宋末元初不精之刻;盖金元间以绍兴本繙雕,而大德修补之本。《爱日精庐藏书志》记宋刊元修本,版心有记大德、至大、延祐、元统补刊者(至大,武宗年号;延祐,仁宗年号;元统,顺帝年号),其行字同。友芝又见丰顺丁氏收黄丕烈旧藏景祐残帙,足以宋刊元修若干卷者,亦有大德、至大诸补版行字亦同,纸墨字体约略相似;则此为金元间刻,益无可疑。"此可以考《汉书》刊本之沿革。又黄丕烈《士礼居藏书题跋记》称:"《后汉书》本,宋刻佳者,淳化不可得见。景祐本,残者有之。此外,如建安刘元起刊于家塾散室本,又有一大字本,皆名为宋;而实则不及元明刊本。何以明之?盖所从出本异也。惟正统本最称善,以所从出为淳化本也（正统，明英宗年号）。元大德本，亦自淳化本出。此外，又有景祐间余秘丞书者，乃翻淳化本耳。景祐至大德，大德至弘治，递为修补（弘治，明孝宗年号），故版刻字样各有不同。非如正统十年一例专刻也。"此可以考《后汉书》刊本之沿革。又《士礼居藏书题跋记》载："宋咸平刊本《吴志》二十卷，其目录自一卷至十卷，分为上袟；十一卷至二十卷，分为下袟；并载中书门下牒一通。因检毛汲古、钱述古两家书目，皆载有《吴志》二十卷本，其为专刻无疑。"杭州孙凤钧铨伯藏有单刊本《魏志》，而长沙易培基寅邨《三国志校义跋》则称："明景北宋本《三国志》，三志各自为卷，目录分列。"益征宋刊《三国志》，各自为书，武英殿本《三国志》目录，虽统编六十五卷，而《魏志》三十卷、《蜀志》十五卷、《吴志》二十卷仍各自为卷。以视宋刊本，惟目录不分列耳。此可以考《三国志》刊本之沿革。汇录之于此。

宋版书不易得，于是言景钞。《天禄琳琅》载："毛晋藏宋本最多。其有世所罕见，而藏诸他氏，不能得者，则选善手，以佳纸墨影钞之，与刊本无异；名曰'影宋钞'。一时好事家皆争仿效。而宋椠之无存者，赖以传之不朽。"孙从添《藏书纪要》曰："汲古阁印宋精钞，古今绝作，字画纸张，乌丝图章，追摹宋刻为近世无有，能继其作者，所钞甚少。钞录书籍，以软宋字小楷颜、柳、欧字为工，宋刻字更妙。摹宋版字样，笔画均匀，不脱落，无遗误，乌丝行款，整齐中带生动，为至精而美备；序跋、图章、画像，摹仿精雅，不可呆板，乃为妙手。"而自黄丕烈以下，一汲毛氏汲古之流焉。此景宋钞也。若言宋钞，贵于宋刻。孙从添《藏书纪要》谓："宋人钞本最少，字画墨气古雅，纸色罗纹旧式，方为真本。若宋纸而非宋字、宋跋，宋款而非宋纸，即系伪本。或字样、纸色、墨气，无一不真；而图章不是宋镌，印色不旧，割补凑成，新旧相错，终非善本。元人钞本亦然。常见古人稿本，字虽草率，而笔法高雅，纸墨图章，色色俱真，自当为稀世之宝。以宋元人钞本，较之宋刻本而更难也。古人钞录书籍，俱用黄纸；后因诏诰用黄色纸，遂易以白纸。宋元人钞本用册式，而非汉唐时卷轴矣。其记跋校对，极其精；笔墨行款，皆生动可爱。明人钞本，各家美恶不一。吴门宋性甫，（按：文徵明《宋性甫先生墓志铭》："吾苏宋性甫存理，闻人有奇书，辄从以求，以必得为志。或手自缮录，动盈筐箧，群经诸史，下逮稗官小说，无所不有；尤精楷法，手录前辈诗文积百馀家。他所纂集有《经子钩元》、《吴郡献征录》、《名物寓言》、《铁网珊瑚》、《野航漫录》、《鹤岑随笔》，总数百卷。"）钱叔宝子允治，（按：钱谦益《列朝诗集》小传："钱谷字叔宝，少孤贫，游文待诏门下，日取架上书读之，以其馀功点染水墨，得沈氏之法。晚葺故庐，读书其中，闻有异书，虽病必强起匍匐请观，手自钞写，几于充栋，日夜校勘，至老不衰。子允治，酷似其父，年八十馀，隆冬病疡，映日钞书，薄暮不止。"）手钞本最富，后归钱牧翁；绛云焚后，仅见一二矣。吴宽、柳佥、吴岫、孙岫、太仓王元美、昆山叶文庄、连江陈氏、嘉兴项子京、虞山赵清常、洞庭叶石君诸家钞本，俱好而多，但要完全校正题跋者方为珍重。王雅宜、文待诏、陆师道、徐霬翁、祝京兆、沈石田、王质、王穉登、史鉴、邢参、杨仪、杨循吉、彭年、陈眉公、李日华、顾元庆、都穆、俞贞木、董文敏、赵凡夫、文三桥、湖州沈氏、宁波范氏、吴氏、金陵焦氏、桑悦、孙西川皆有钞本甚精。钞本书，画图最难；用白描法，运笔古雅秀劲为主。人物画像要生动，又要清雅而端庄，方为合式。有皇宋五彩画本。《本草图经》最精工，集天下名手，着色画成；又有白描《列女传》、《孝经》等书，无出其右者。近时钱遵王有五彩着色画本《香奁集》，白描《卤簿图》、《营造法式》、《营造正式》等书，虽弗及前人，今亦不可得矣。吴匏庵宽钞本，用红印格，其手书者佳。吴岫、孙岫钞用绿印格，甚有奇书，惜不多见。叶文庄钞本用绿、墨二色格，校对有跋者少，未对草率者多，间有无刻本者亦精。"至近时精钞本，如金山钱熙祚守山阁钞本，十二行绿格，格阑外有"守山阁钞本"五字。归安姚觐元咫进斋钞本，十三行绿格，版心有"咫进斋"三字。又厉樊榭鹗钞书用八行墨格，钮匪石树玉钞书用十行绿格，皆钞本之可贵者。

古本既以罕而益珍，人情遂以伪而相罔。而宋版书之有伪，盖自明而已然。高濂《燕闲清赏笺》谓："近日作假宋版书者，神妙莫测：将新刻摹宋版书，特抄微黄厚实竹纸，或用川中茧纸，或用糊背方帘绵纸，或用孩儿白鹿纸，筒卷用捶细细敲过，名之曰刮，以墨浸去臭味，印成。或将新刻版中残缺一二要处。或湿霉三五张，破碎重补。或改刻开卷一二序文年号。或贴过今人注刻名氏留空，另刻小印，将宋人姓氏扣填。两头角处，或用沙石磨去一角；或作一二缺痕，以灯火燎去纸毛，仍用草烟熏黄，俨然古人伤残旧迹。或置蛀米柜中，令虫蚀作透漏蛀孔。或以铁线烧红，锤书本子，委曲成眼，一二转折，种种与新不同。用纸装衬，绫锦套壳，入手重实，光腻可观，初非今书仿佛，以惑售者。或札夥囤，令人先声，指为故家某姓所遗。百计瞽人，莫可窥测。"而海宁蒋光煦生沐序吴寿旸《拜经楼藏书题跋记》则称："欲得旧刻旧钞，而苦贾射利，弊更百出：割首尾；易序目；剔画以就讳；刓字以易名；染色以伪旧；卷有缺，划他版以杂之；本既亡，录别种以代之。反复变幻，殆不可以枚举。"总之，不出以明翻宋版剜补改换之一途：或抽去重刊书序；或改补校刊姓名；或伪造收藏家图记，钤满卷中；或移缀真本跋尾题签，掩其赝迹而已。余故表而出之，以为好古而无真赏者鉴焉。

宋版书之不无讹误，苏东坡、叶石林、陆放翁已切论之。然刻书之误，有由于校之不审者；有由于校之妄改者。《颜氏家训·勉学篇》曰："校定书籍，亦何容易！自扬雄、刘向方称此职耳。观天下书未遍，不得妄下雌黄。或彼以为非，此以为是；或本同末异；或两文皆欠；不可偏信一隅也。"《东坡志林》讥切："世人以意改书，遂使古书日就讹舛，深可忿疾。"而顾炎武《日知录·论勘书》曰："凡勘书，必用能读书之人。偶见《焦氏易林》旧刻，有曰'环绪倚钼'，乃'环堵'之误，注云：'绪疑当作珮。''井堙水刊'，乃'木刊'之误，注云：'刊疑当作利。'失之远矣！幸其出於前人，虽不读书，而犹遵守本文，不敢辄改。苟如近世之人据臆改之，则文益晦，义益舛；而传之后世，虽有善读者,亦茫然无可寻求矣! 然则今之坊刻,不择其人而委之雠勘,岂不为大害乎? 梁简文帝《长安道诗》:'金椎抵长乐,复道向宜春。'是用《汉书·贾山传》:'隐以金椎,树以青松,为驰道之丽至于此。'《三辅决录》:'长安十二门,三途洞开,隐以金椎,周以林木,左右出入,为往来之径。'今误作'金槌',而又改为'椎轮'。唐阎朝隐《送金城公主适西蕃诗》:'还将贵公主,嫁与傉檀王。'是用《晋书·载记》河西王秃发傉檀;今误作'耨檀',而又改为'褥氈'。比于'金根车'之改'金银'而又甚焉者矣!"阳湖李洛申耆为《涧薲顾君(广圻)墓志铭》痛诋"校者荒陋,不守'阙如'之戒,妄缘疑而致误,至剟肉而成疮,至有谬称皇考,妄易银根者。本初无误,校乃致误;此自书有刊本,轻加雌黄,倪经三刻,而古人之真尽失!"盖有慨乎其言之。而极称清儒不敢妄改为善刻书。顾广圻《思适寓斋图自记》曰:"以思适名斋者何? 顾子有取于邢子才之语也。史之称子才曰'不甚校雠'。顾子役役以校书而取之者何? 谓'顾子之于书,犹必不校校之也'。子才诚仅曰:'不校乎哉? 则乌由思其误,又乌由而有所适也!'故子才之不校,乃其思不校之误。使人思误于校者,使人不能思去误于校者,而存不校之误,于是日思之,遂以与天下后世乐思者共思之。此不校校者之所以有取於邢子才也。"夫不轻改旧刻,而综所欲正定者为考异,或为校勘记以识异同,听天下后世之好学深思者玩索而自有得焉。此顾子之所谓不校校也,是可为校刻古书者法。

版本之书,不胜仆举。若论治学,宜有入手。就所睹记,挈其纲要。可先读长洲叶昌炽鞠裳所撰《藏书纪事诗》六卷,以明藏书之掌故。次看长沙叶德辉奂彬所著《书林清话》十卷,以析版本之沿革。又次阅元和江标建霞所辑《宋元本行格表》二卷(近有赵鸿谦据南京图书馆善本甲库所藏丁丙善本书室宋元本仿江氏例,自五行以至二十行,记其行格,版载南京图书馆第一年刊),及《盍山书影》(此系南京图书馆所藏宋本,每种首页影印宣纸),涵芬楼《百衲本二十四史》样本等书,以验宋元之版式。然后读黄丕烈以下诸家藏书目录、题跋，乃有头绪，不然无入手处。至诸家藏书目录题跋，其中不鲜煌煌巨册，可先读嘉兴钱泰吉警石《曝书杂记》三卷，独山莫友芝子偲《宋元旧本书经眼录》三卷，《邵亭知见传本书目》四卷，简而扼要，然后再事博涉。不然，徒惊河汉之无涯，岂易得要领！浸淫及于日本，则如森立之《经籍访古志》六卷，《补遗》二卷，岛田翰《古文旧书考》四卷，皆于宋元古钞各书，考订至为精析。至宜都杨守敬惺吾所撰《日本访书志》，中载卷子本《佛经》各种，大半近百年内高丽旧钞，而《留真谱》则误以明繙宋刻为真宋本。论者谓其鱼目混珠，不过以为贩鬻射利之计，未可信据。而欧儒如法人伯希和得敦煌鸣沙山石室古书，乃能辨析卷数之异同，刊刻之时代。上虞罗振玉叔蕴撰《鸣沙石室秘录》，述其问答之词，读之令人惊叹，不可不涉猎及之。

於戏。版本之学，其始以精校雠，其蔽流为骨董。于是网罗旧闻，整齐杂语，拾遗补艺，以卒于篇。述《馀记》第四。